「究」叢書・知を究める 17

ユーラシア・ダイナミズム

大陸の胎動を読み解く地政学

西谷公明［著］

ミネルヴァ書房

はしがき――動態的ユーラシア試論

ユーラシアは陸伝いの広大無辺の地平である。

これから私が記そうとするのは、冷戦終焉後の四半世紀に、このユーラシアの地平で進行している静かな変化についての考察である。私は、海のむこうのユーラシアの変容について、またその静かなダイナミズムの意味とその行方について、ユーラシアの地平にのびやかにひろがる長大な歴史的な時空のなかで考えたいと思う。煎じ詰めれば、それはロシアという国がこれからどうなっていくかを考えるということでもあるだろうし、あるいはまた、中国とロシアの関係のさきゆきにいささかの思いを馳せるということでもあるだろう。

いうまでもなく、それは海の日本で生きる私たちが視界に入れておくべき地政学上の重大な要件でもある。私は、世紀の変わり目で生じた次のふたつの事態が、ユーラシアの変容をひきおこす大きな変化点になったとみている。ひとつは、ソ連の崩壊とともにユーラシアの内陸部に生じた地政学上の転換で、もうひとつは中国の発展と強大化という世界史的な構造変化ともいうべきあたらしい現実である。ユーラシアは、このふたつの事態によってあらたな時代をむかえている。

考察にあたっては、特に次のことがらを心がけた。

第一に、事実と統計（ファクツ&フィギュアーズ）を重視した。およそ主観というものは、ときに現実を見えにくくするかもしれない。大局をみきわめるうえで、主観にながれるほど危ういことはない。ひたひたと静かに進行する変化の要因を理解し、将来を考察するためには、統計の客観的な分析をつうじて、ダイナミズムの背後に兆す長期的な構造変化をあきらかにすることが欠かせない。本書では、ユーラシアで進行する変化の潮流を客観的にとらえることを心がけたいと思う（もっとも近頃、その統計というものの信ぴょう性に疑いがもたれていることは至って残念ではあるのだが）。

第二に、私は現場主義を大切にしたいと思っている。私はもともと、旧長銀（日本長期信用銀行）傘下の長銀総合研究所で、故竹内宏理事長のもとで調査マンとしてのキャリアをつんだ。またその間には、外務省の専門調査員としてウクライナの日本大使館で外交官として勤務する機会もえた。そして、長銀の破たんと国有化をきっかけにトヨタ自動車へ転職し、トヨタの仕事を一から学んでロシアへわたり、全ロシアの販売マーケティングをひきいた。モスクワ駐在中は、広大なユーラシアを文字どおり飛んでまわった。いまはふたたび日本へもどり、エコノミストとして仕事をしている。長いあいだに職場はいろいろ変わったが、共通するのは現場主義に徹して現地を歩いてまわったことである。いかなる調査といえども、自分の足で情報をとり、かつその意味を現場の視点で考えることにまさる方法はない。課題はつねに現場にある。ならば、解決への手がかりもまた現場にあるはずだ。現場主義に徹することは調査研究の基本である。

他方、ポスト冷戦のグローバルな世界は、政治や経済だけでなく、地理や歴史、言語や宗教、文化の属性など、さまざまなたて糸とよこ糸がおりなす綾のようなひろがりのなかで動いている。またそれは、クロス・ボーダーの概念ともちがう。クロス・ボーダー（国をまたぐ）とは、つまるところ「国際」である。点と点をむすぶ、いうなれば線である。

あるいは、イデオロギーの大義が剝げおちた結果、国民国家というものの素の地肌がおもてにあらわれてきた、ということかもしれない。たとえば、失業問題に端を発した移民排斥の動きや人種主義的なナショナリズムの激化は、どこの地域でもいっこうに鎮まる気配がない。二〇一四年にウクライナでおこった政変も、ロシア系住民とウクライナ系住民がひとつの器で共存するウクライナという国民国家の脆さをあらためて世界に知らしめるできごとであった。しかも、いまやその国民国家のあつまりとしてながく保持されてきた国際社会という概念そのものもまた揺れている。ブレグジットをめぐるイギリスの迷走と、アメリカにおけるトランプ政権の誕生はそれを象徴する動きといえよう。そして、ＥＵ（欧州連合）は一体性の保持で揺れている。

付言すれば、私はかねてから既存の国際政治学や国際関係学の枠ぐみ、あるいは地域研究のアプローチからだけでは、現下の世界の動きを見通すことはむずかしいのではないかと思っている。特定の国や地域を理解するためにおのおのについてのミクロ研究が欠かせないことはいうまでもないのだが、現実の世界で進行する構造的な変化は、国もしくは国どうしの関係や地域のくくりからだけではとらえきれないのではないかとも思っている。

世界は大きく動いている。世界を動いている現実として実践的に理解するためには、個々の国や地域の境界にとらわれない総合的で広域的な考察が求められているといえよう。そして、これに対するひとつの答えを「トランスエリア・スタディーズ」と呼びたいと思う。私は、ユーラシアという領域をひとつの面としてとらえ、広域的な動態とその底流でうごめく構造的な変化を実践的に論じたいと思う。本書はそのような視点にたった、いわば「動態的ユーラシア論」の試みである。

本書は、同名の「ユーラシア・ダイナミズム」と題して、ミネルヴァ通信『究』の二〇一七年四月号から二〇一九年五月号まで全二六回にわたって寄稿した一連の論考をひとつづりにまとめたものである。本として上梓するにあたって、はじめからあらためて読みかえし、章立てをととのえながら、連載では書ききれなかったことがらを中心に加筆し、随所に修正をほどこした。

また本書は、かたくるしい学術論文からはほどとおい、いわば研究エッセイともよぶべきものである。読者の理解に供するため、必要と思われるところには地図を配した。また、図表はできるだけシンプルでわかりやすいものにするよう心がけた。海の向こうで進行する静かなダイナミズムの意味とその行方について、私の理解の仕方にいささかなりとも共感いただけるところがあるとすれば望外の光栄である。

ユーラシア・ダイナミズム——大陸の胎動を読み解く地政学

目　次

関係地図

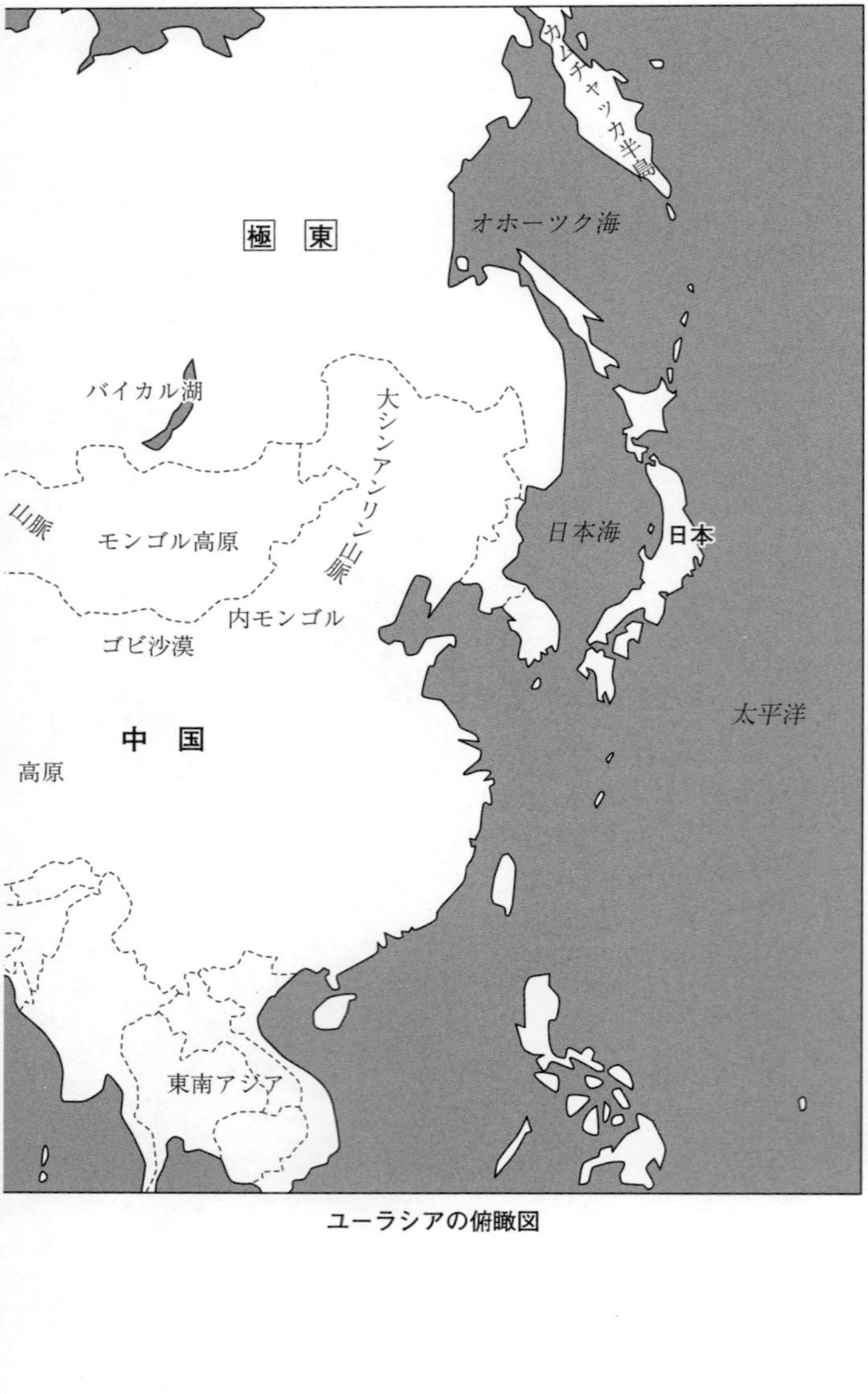

ユーラシアの俯瞰図

北極海
フィンランド
バルト海
ヤマル半島
中欧
ベラルーシ
ウラル山脈
ウクライナ
ロシア
バルカン半島
ロシア平原
モルドバ
シベリア
黒海
トルコ
カザフ草原
ジョージア
カフカス
カスピ海
中央アジア
アルタイ
ウズベキスタン
中東
トルクメニスタン
天山山脈
アゼルバイジャン
キルギス
新疆
タジキスタン
タクラマカン沙漠
パミール高原
イラン高原
アフガニスタン
ペルシャ湾
チベット
パキスタン
ヒマラヤ山脈
インド
アラビア海
インド洋

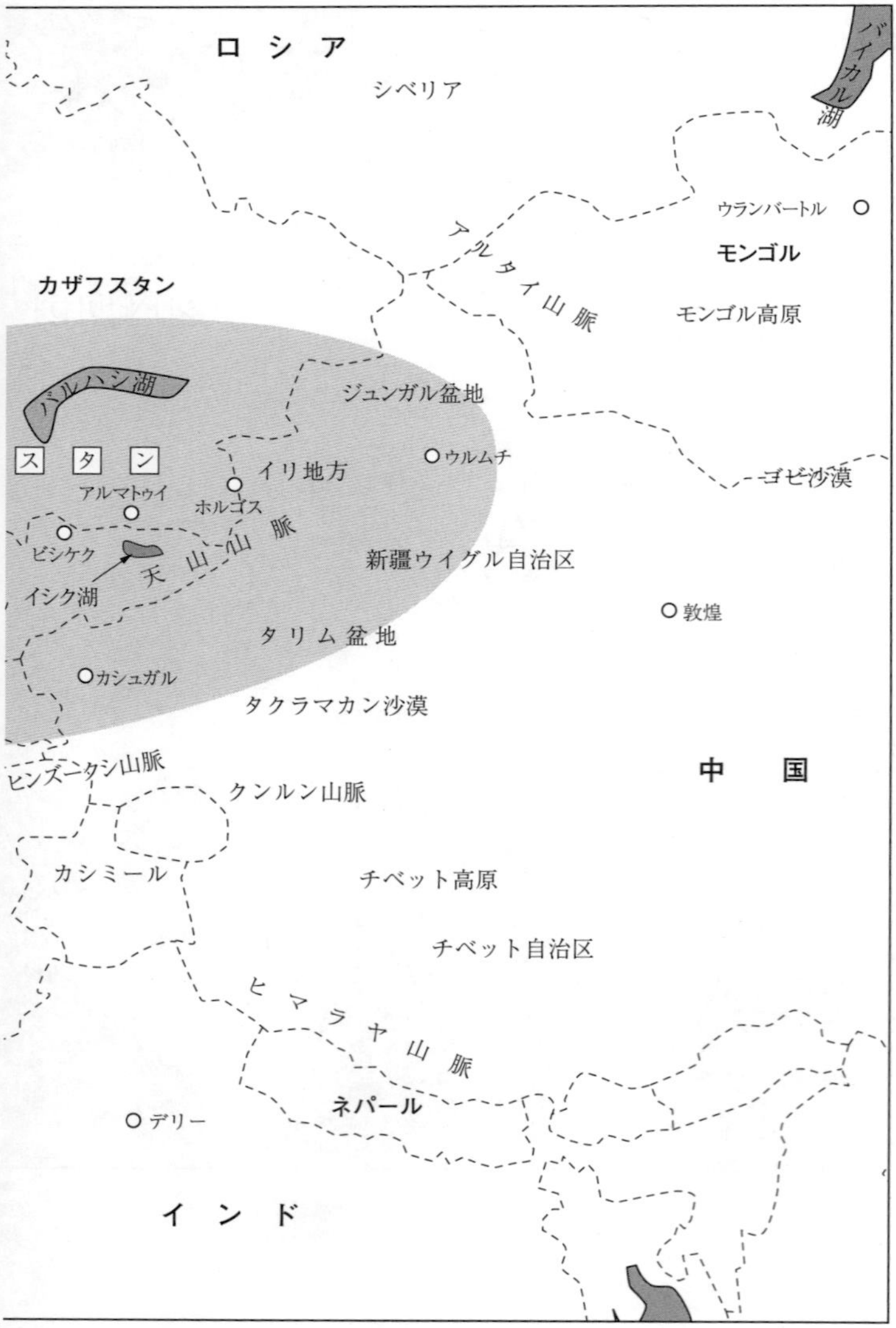

内陸ユーラシアの拡大図

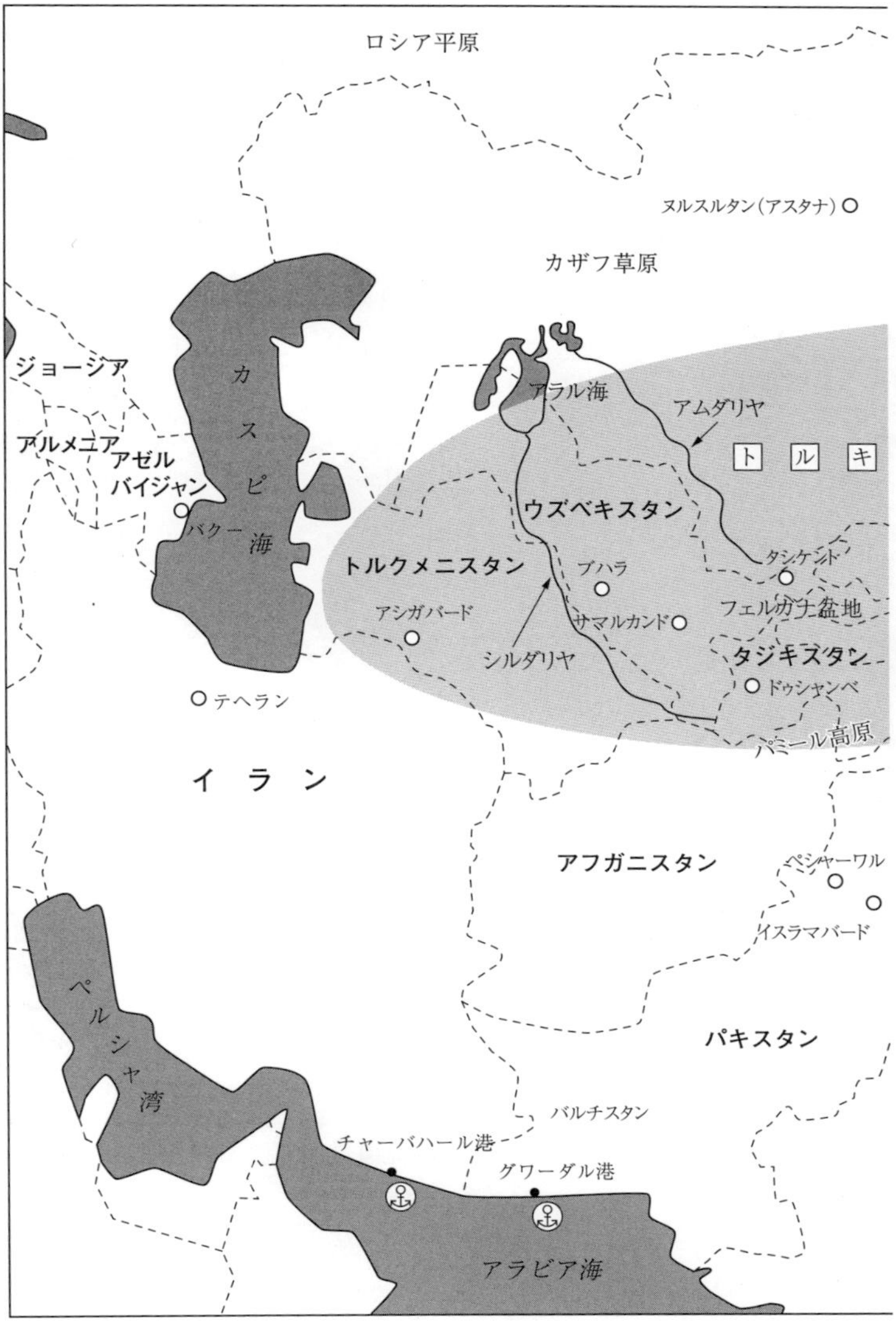

ロシア平原
ヌルスルタン（アスタナ）
カザフ草原
ジョージア
アルメニア
アゼル
バイジャン
バクー
カスピ海
アラル海
アムダリヤ
トルキ
ウズベキスタン
トルクメニスタン
ブハラ
タシケント
フェルガナ盆地
アシガバード
サマルカンド
シルダリヤ
タジキスタン
ドゥシャンベ
テヘラン
パミール高原
イラン
アフガニスタン
ペシャーワル
イスラマバード
パキスタン
ペルシャ湾
バルチスタン
チャーバハール港
グワーダル港
アラビア海

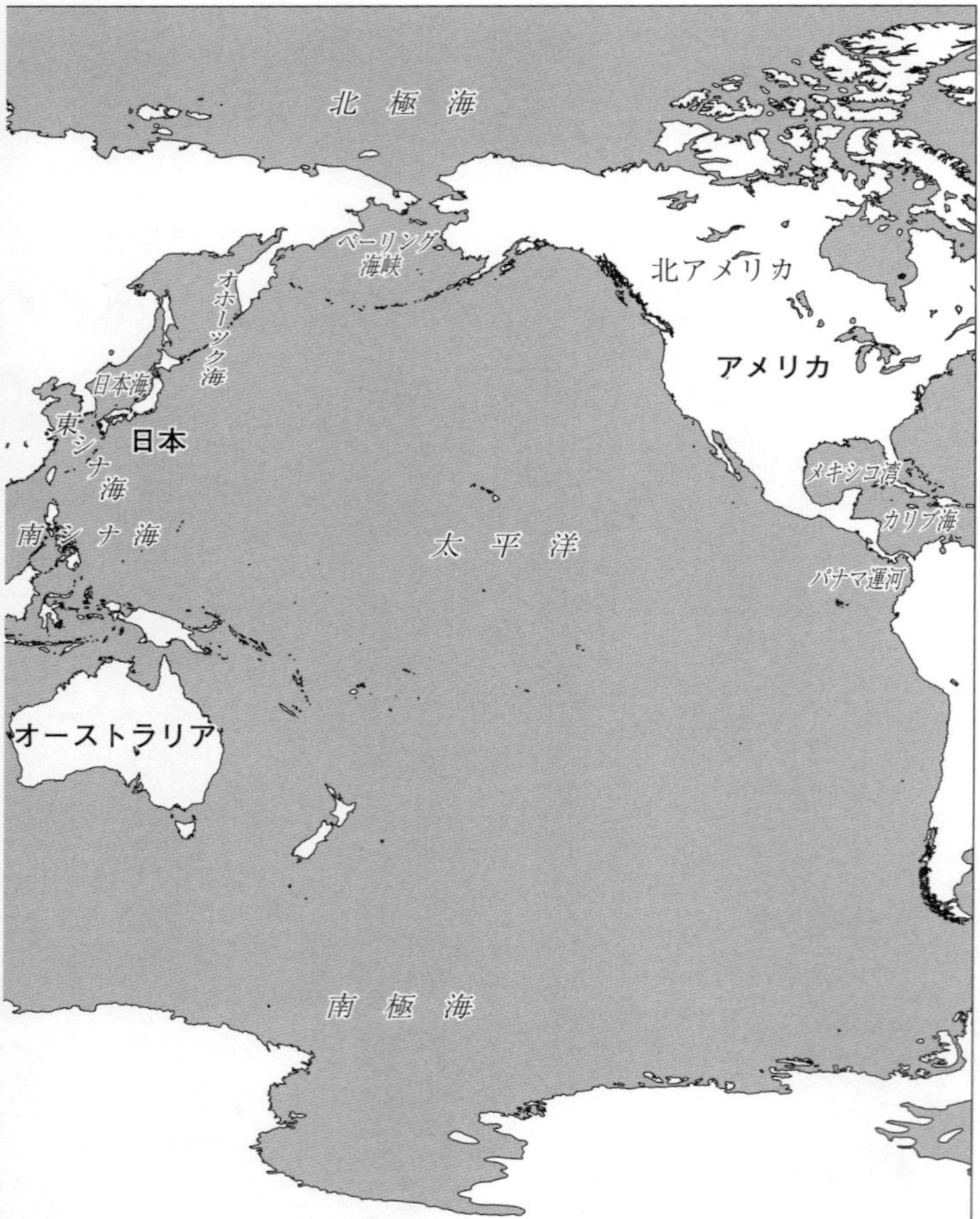
北極海
ベーリング海峡
オホーツク海
北アメリカ
アメリカ
日本海
東シナ海
日本
南シナ海
太平洋
メキシコ湾
カリブ海
パナマ運河
オーストラリア
南極海

陸と海の世界地図

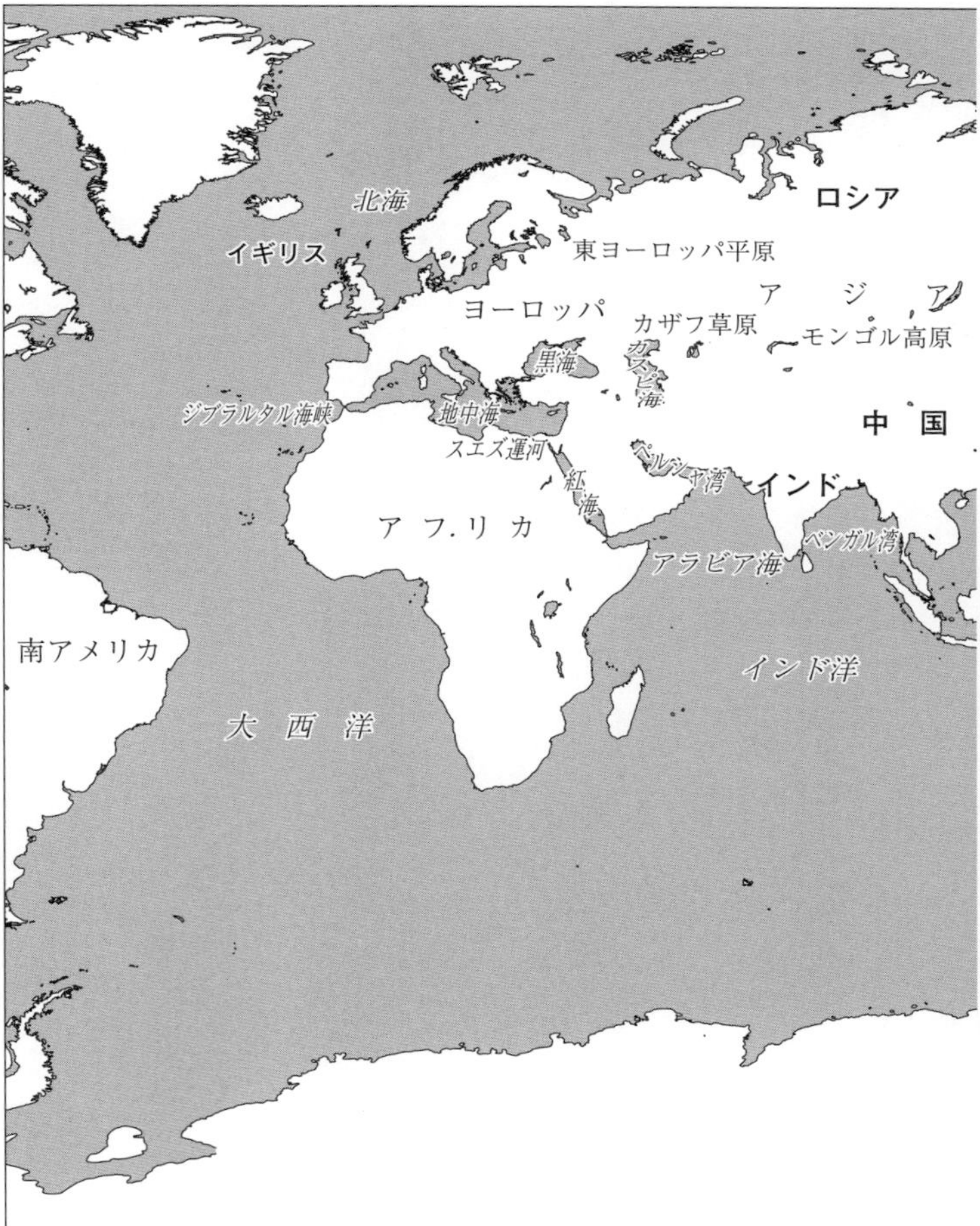
北海
イギリス
ロシア
東ヨーロッパ平原
アジア
ヨーロッパ
カザフ草原
モンゴル高原
黒海
カスピ海
ジブラルタル海峡
地中海
中国
スエズ運河
ペルシャ湾
インド
紅海
アフリカ
ベンガル湾
アラビア海
南アメリカ
インド洋
大西洋

序説　モンゴル草原から見たユーラシア

1　草原の石塔は何をか語らん

ウランバートル郊外にて

モンゴルへの旅の終わりにスレンさんは言った。

「中央アジアの国ぐににとり、ロシアは脅威の対象というよりも、むしろ頼りにできる重要な国なのです。他方、中国に対する猜疑心と警戒心はとても根がふかい。そのため、中国との関係において、彼らはロシアの関与を重視し、かつ望んでいます。そして、中国が経済力で影響を強めれば強めるほど、人々の心はロシアの方へ傾いていくでしょう。それはモンゴルにとってもおなじです」。

ユーラシアでロシアと中国は連携できるだろうか。

二〇一五年の夏、私は思いたってモンゴルへいった。ウランバートルから車でほんの二、三時間もいくと、そこはもう壮大な大草原のパノラマである。なだらかな丘にたつと、遠くの方にあたらしい国際空港の工事現場がみえた。無辺の草原に滑走路のほそい線が二本、白くまっすぐ伸びていた。タンクローリー車が数台、無声映画さながらに土けむりを巻きあげながら走っている。大草原では、なにもかもがミニチュア模型のように小さくみえる。

「これが完成すれば、イスタンブールまで直行便がとぶようになりますよ」。

スレン博士（モンゴル国立科学技術大学教授）は遠くを指さしながらそういった。

あちらこちらに小さな花が群がって咲いていた。馬に跨った若者が、私たちのそばを羊の群れを追ってすぎていく。

スレンさんの案内で、草原のゲル（丸い筒形の移動式住居）を訪ねた。若い夫婦と子供三人、奥さんの妹夫婦とその子供がひとり、ふた家族八人がふたつのゲルで遊牧生活をおくっていた。ちょうど一週間ほどまえにこの草原へやってきて、八月なかばまでここで過ごすつもりなのだという。

草原を彼らは季節ごとに移動していた。だいたい半径三〇キロメートルぐらいの円形のなかを移動し、そこから遠くはなれて遊牧することはしない。土地と自然を熟知しているし、ちかくに友だちもいるからだという。そして彼らは馬に乗り、牛を飼い、山羊と羊の群れをつれて大自然につつまれて生きる。家族の皆がのびやかで逞しそうだ。

ゲルのなかは意外にひろかった。奥さんが「ここへきてまだ間がないのでなにもありません」と申し訳なさそうにいいながら、新鮮な山羊のミルクティーと馬乳酒でもてなしてくれた。馬乳酒はすこ

モンゴルの草原にて

し生臭くて甘酸っぱい香りがした。スレンさんが「遠慮はいりませんよ」といって、まるで自分の家にいるかのように、テーブルのまわりを片づけて私のためにスペースを整えてくれる。

「遊牧民は来客へのもてなしを大切にします。ゲルを留守にするとき、テーブルに食べ物や飲み物を置いていくのは、留守中に訪れた客人をもてなすためです。遊牧民はみな自然のめぐみで暮らしています。自然のめぐみを分けあうことは、遊牧生活ではあたりまえのことなのです」。

スレンさんによれば、ほとんどのモンゴル人は皆なんらかの形で遊牧生活を経験しており、牧畜をはなれて生活してきた人の方が少ないそうだ。スレンさん自身にも遊牧経験があった。だから、突然の来客はふつうのことで、モンゴル人同士でお互いにわかりあえるのだとか。主人に、子供の教育はどうするのかと尋ねると、学齢になると村にあずけて学校へ通わせるのだという。そして、近ごろでは卒業後もそのまま都市にのこって仕事につくことが多いのだとも。

そとへ出て住まいの裏手へまわると、移動のための軽トラックの傍らに、小型のソーラー・パネルと丸いパラボラ・アンテナがたっていた。そういえば、リビング・スペースの奥に韓国ブランドの薄型テレビがあり、CNNニュースらしい映像がながれていた。オートバイもあった。ゲルのまわりを一周しておもてへもどると、遠くの丘に米粒ほどの小さな人影があらわれてこちらへ向かってちかづいてくる。さっきまで奥さんのそばに寄り添っていた女の子が、大きなバケツを提げて水を運んでくるのだった。

突厥の碑文

草原には音がなかった。時間のながれと空間のひろがりだけがそこにはあった。青い空と白い雲、起伏のゆるやかな丘と緑の草だけの広大で無限の天地。小さな島国の日本では実感できないような、際限のない、五感をこえた別世界にいるようでもある。それゆえだろうか。草原に立つとさまざまな感慨がわいてくる。

モンゴルの草原は西の方角へ果てしなくつづく。そして、草原からおこった歴史上の遊牧民たちはみな西をめざした。

たとえば、紀元前四世紀から紀元後にかけて活躍した匈奴は西へ移動し、やがて四世紀にフンになってヨーロッパのハンガリー平原を駆けたという。それがゲルマン人の大移動をひきおこし、かのローマ帝国の分裂（三九五年）につながったことはつとに知られている。また、ふるくは匈奴よりもまえの紀元前七世紀ごろから黒海北岸、現在のウクライナあたりにあらわれたというスキタイも、もともとは南シベリアの高原で放牧していた騎馬遊牧民族だったという説がある。

そして、六世紀にモンゴル高原から中央アジアにまたがる広域を支配した突厥とよばれる遊牧民も西へ移動し、その子孫はながい時をへてアナトリア半島までたどりつき、ついには今日のトルコ共和国へとつながるという。一三世紀にモンゴルが西をめざし、ユーラシア大陸の東西を制する大帝国をうちたてたことはいうまでもない。歴史学や考古学の碩学たちによる研究成果は、現代を生きる私たちに多くのことを教えてくれる。草原の空想はつきない。

だが、それにしても彼らは皆なぜ西をめざしたのだろう。

ウランバートルのモンゴル国立歴史民族博物館に、「突厥の碑文」として知られる石塔のレプリカが展示されている。楊海英博士（静岡大学人文社会科学部教授）によれば、ほんものはウランバートルの西、ホショー・チャイダムという草原にぽつんと立つらしい。八世紀なかばのものだという。

実はユーラシアについて考えていた私に、モンゴルへ行ってみてはどうかと勧めてくれたのは楊先生である。楊先生は南モンゴル（現在は中国の内モンゴル自治区）のオルドス高原で生まれたモンゴル人で、自身も遊牧民の血をひく文化人類学者だ。ちなみに、生まれ故郷のオルドスはかつて匈奴の本拠地があった場所である。黄河が内陸で北へまがりくねったさきの上流域にあって万里の長城からもほどちかく、生家の玄関からみえた長城の烽火台は幼いころからの原風景のひとつだという。

シルクに騙されてはならぬ

草原の遺跡は後世になにを伝えているだろうか。石塔には次のように刻まれている（原文は突厥文字）。

「タブガチの民は言葉が甘く、その絹はやわらかい。かれらは甘い言葉とやわらかい絹で欺いて、遠方の民をちかくに来させようとする。近づいて住みついた後には、悪い智慧をはたらかす。甘い言葉とやわらかい絹に欺かれて、多くのテュルクの民が死んだ」。

（楊海英著『逆転の大中国史』文藝春秋、二〇一六年）

「これは先人が子孫に刻みのこした警世の句です」。

歴史民族博物館の学芸員は神妙そうな顔で私にこう説明した。

絹（シルク）に騙されてはならぬ、と碑文はつたえている。「タブガチ」とは、もともとは突厥とおなじ遊牧騎馬民族でありながら、しだいにシナ化した拓跋のことらしい。拓跋は、二世紀末にモンゴル高原から中国北部にかけての一帯を支配した鮮卑系の遊牧集団の一氏族のことで、四世紀末に北魏を建国し、つづく五世紀半ばには華北を統一し（中国史でいう南北朝時代）、やがて一族の血脈は隋、唐の時代へつらなって支配層の一部を形成した。そして楊先生によれば、当時の突厥（テュルク）にとって「もはや拓跋は謀略に長けたシナ人の代名詞であった」という。

他方、子孫とは、いうまでもなくトルコ系遊牧民の血をひく人々（テュルク）、現在の中央アジアに多く住む人々のことをさす。否、中央アジアにかぎらない。東は中国の西域（新疆ウイグル自治区）から、西はカスピ海をこえてカフカスからアナトリア半島にいたるまで、中央ユーラシアの高原や平原（草原ステップと沙漠のオアシス）は、ふるくから放牧でいきるトルコ系の遊牧民と、オアシスの水をたよりに農耕をいとなむ人々が移動し、居住し、また交流する地域、トルキスタン（トルコ人がすむ土地）として知られる。

この広大な領域では、六世紀にモンゴル高原からおこった突厥（トルコ）の西進によって東から言語のトルコ化がすすみ、他方八世紀なかばに天山山脈の西の北麓で中国の唐軍がアラブ軍に敗れたこと（世界史上「タラス河畔の戦い」として知られる）がきっかけとなり、西から宗教のイスラム化がすすむことになったといわれる。つまり、そこでは一〇〇〇年をこえる言語（トルコ語）と宗教（イスラム教）のつながりが文化の古層をなしている。

「突厥の碑文」のレプリカ（モンゴル国立歴史民族博物館）

ちなみに、私がモンゴル草原で出会った遊牧民たちはテュルクではない。中央アジアにイスラムが入るまで、テュルクとモンゴルはおなじ北方の草原からおこった遊牧民だった。けれども、いまは互いに反対の方角をみている。モンゴルではチベット仏教が支配的だ。これに対して中央アジアはイスラムである。仏さまは陽が昇る東の方角を向いてすわるが、メッカのある西は陽が沈む方角である。イスラムの人々はその西へむかって礼拝する。

また、文字の起源もおなじテュルク文字（突厥文字）なのだが、伝統的なモンゴル語がタテ書きのまま残ったのに対し、トルコ語はアラビア文字で記されたコーランの影響で右から左のヨコ書きになったというわけである。もっとも、モンゴル語は社会主義時代にソ連政府の指導でキリル文字をもとにしたアルファベットで表記されるようになって、いまもそれが踏襲されており、また他方、現在のトルコ共和国で用いられるトルコ語は、二〇世紀はじめの西欧化運動によってローマ字で左から右へ書かれるようになっているのだが。

さて、それはともかく、時をこえて現代の中国《シナ》もまた「シルクロード経済ベルト」の旗をかかげる。そして、西の内陸へむかってトルキスタンの地をめざす。だが、シルクときいて、トルコ系遊牧民の子孫《テュルク》たちはいったいなにを思うだろう。かつて彼らの先人たちがシナ人を邪悪な存在ととらえ、中国から遠ざかるように草原を西へむかって移動したのだとしたら。

中国は、北のロシアとの協力なしに構想をまえにすすめることはむずかしいのではなかろうか。ロシアと中央アジアの一帯は最近までおなじソ連邦に属し、政治と経済でひとつのまとまりをなしていた。そして、ロシアはいまもその一帯に影響力を保持している。そうだとしたら、ロシアと中国は中央アジアで争わないだろう。ユーラシアにおけるロシアと中国の関係を軸におき、広大なユーラシアの内陸で進行する静かなダイナミズムの意味とその行方について記したいと思う。

2　世界の構図が変わるキャンバス

ユーラシアにおいて、ロシアと中国は相異なるふたつの経済協力構想を相互に連携してすすめるという（二〇一五年五月八日、中ロ首脳会談後の共同声明）。

ユーラシアの俯瞰図

ロシアは二〇一五年一月に「ユーラシア経済連合」を発足させ、域内での物とサービス、人や資金の移動の自由化にのりだした。これはもと「宗主国」のロシアが胴もとになって、旧ソ連の国ぐにを経済で束ねる動きとみることもできる。他方、中国は「一帯一路」の旗をかかげる。「シルクロード経済ベルト」構想は、海のシルクロード（一路）と対をなす陸の経済ベルト（一帯）として二〇一三年九月に表明された。陸と海のふたつのシルクロードからなる一帯一路の構想は、長大な時間軸と空間軸をそなえた中国の国家戦略の基軸のひとつとみられている。このふたつの構想は内陸の中央アジアで交錯する。はたしてロシアと中国はほんとうに連携できるだろうか。ユーラシアの内陸が静かに動こうとしている。

まず、地図をひろげてみよう（巻頭「ユーラシアの俯瞰図」を参照）。ユーラシア大陸の北部、緯度でいうとだいたい北緯五〇度（樺太の真ん中）ぐらいから北にロシアの領土が東西にのびて、一部は南へもせりだしている。あらためてみるとやはり大きいが、シベリアの大半は荒涼たるツンドラと針葉樹林のタイガでおおわれている。これに対し、中国の国土もまたひろい。東の沿海部から内陸へむかって西へ奥ふかくひろがって、チベット高原やヒマラヤ山脈、パミール高原までせまる。同時に、ロシアと中国は、日本からもちかい極東でながい国境（四三八〇キロメートル）をはさんで向きあっている。そして、西の内陸でこのふたつの大国にはさまれたところにあるのが中央アジアである。

中央アジアというとふつう、カザフスタン、キルギス、タジキスタン、ウズベキスタン、トルクメニスタンの五ヵ国をさす。一九九一年末にソ連（正式名はソビエト社会主義共和国連邦）が崩壊したとき、連邦を構成していた共和国を継承してそのまま独立した国ぐにだ（スタンはもともとペルシャ語で国という意味。キルギスは一九九三年に国名をキルギスタンから改称）。総面積四〇〇万平方キロメートル（日本の国土の約一一倍、インドとパキスタンを合わせたぐらいの大きさで、EUよりも少し小さい）、総人口七〇〇〇万人（面積のわりには少ない）。中央ユーラシアの広大な草原ステップと沙漠のなかにあり、東は天山山脈をこえて中国の西域、新疆ウイグル自治区と国境で接し、また南はパミール高原からヒンズークシ山脈の山岳地帯へとひろがる地域である。

ちなみに現在の中央アジアの原型は、ソ連政府が民族共和国の境界を確定した一九二〇年代へさかのぼる。スターリンは中央アジアの民族独立運動をおさえこむために、行政単位としての共和国の境界を意図的にさだめて部族や氏族のまとまりを分断した。国境が無造作に直線状に画されたり、あるいはモザイク状に複雑に入りくんだりしているのはそのなごりである。

中央アジアの西の内陸に、世界最大の湖といわれるカスピ海がある。念をおすが、広さからいえば、これは湖ではなくまさしく海である。面積は日本の国土とおなじぐらいおおきく、実際に沿岸国のあいだでは、これが湖なのか海なのかで長いあいだ揉めてきた（二〇一八年八月、関係するアゼルバイジャン、イラン、ロシア、カザフスタン、トルクメニスタンの五ヵ国は、沿岸に領海を設定することで合意し、法的地位を事実上「海」とすることで決着した）。また、ここにはロシア海軍が巡航している。二〇一五年一〇月には、ロシア軍がカスピ海上の艦艇からシリア領内の「イスラム国」（ＩＳ）にむけて巡行ミサイルを発射して世界の耳目を驚かせたこともある。そして、カスピ海の南にはイラン高原があってペルシャ湾へとつながり、また西はカフカスからトルコへ、さらには黒海北岸のウクライナへとつづく。

他方、中央アジアの南には、高原や峻険な山岳地帯がいくえにもつらなって大陸の背骨のようによこたわる。「世界の屋根」とも呼ばれる。南の海から吹きあがる湿った風が山脈にあたって雨を降らせ、山脈の北側では乾燥した風が吹きおろす。内陸に沙漠が多いのはそのためである。そして、パミール高原やヒマラヤ山脈を南へこえるとアフガニスタンとパキスタン、インドである。これがユーラシアの内陸とそのまわりをおおきく俯瞰したときのひろがりである。

ユーラシアとはなにか

さて、ユーラシア大陸の東部、シベリアのタイガと中国の内モンゴルのゴビ沙漠とのあいだ、大シンアンリン山脈の西方にひろがる一帯がモンゴル高原である。中央ユーラシアの草原とステップは、ここらあたりからはじまって遠く東ヨーロッパまで帯状につづく。

モンゴルという国もまた、中央アジアとおなじようにロシアと中国に挟まれている。だが、両者に住む人々の祖先の多くは、かつてはおなじモンゴルの草原からあらわれながらも、ながい時をへて今日、モンゴルはイスラム化した中央アジア（テュルク）と距離をおく。私はそのモンゴル草原から本書の筆をおこし、ユーラシアの動向を考えるための複眼的な視点をえたいと思う。

だが、そもそもユーラシアとはなにか。困ったことにユーラシアという概念そのものが曖昧模糊としている。ユーラシアがヨーロッパとアジアの合成語であることぐらいは容易に想像がつくのだが、ユーラシアというときに地域としてはいったいどこをさすのか、地球上の陸地の四〇%をしめる広大なユーラシア大陸のどこに線を引けばよいのかがはっきりしないのである。たとえば、中国はまるごとユーラシアにはいるのか、インドはどうか、トルコや中東はどうか、はたまた東南アジアはユーラシアなのか、等々といったぐあいに。

そこで、私はユーラシアの範囲について、大胆にロシアをふくむ旧ソ連の国ぐにとそのまわりの領域というぐらいに、おおらかかつ広域的にとらえたいと考えている。それを前提にして言うならば、この領域にこれからもっとも大きな影響を与えるのは、ほかならぬ中国である。中国がユーラシアという領域に、今後どれぐらいのはやさで、どのようなかたちで、どれほどの影響をおよぼしてくるかは重大な問題である。なによりもまず、それはロシアという国の命運にかかわってくる。したがって、これから述べようとするユーラシアの問題に今日的な意味あいがあるとすれば、それは一義的にはロシアがこれからどう生きていくかを問う、ということでもあるだろう。

中国の興隆とロシアの命運

歴史をさかのぼって一六世紀のイワン四世（雷帝）の治世以来、ロシアは数世紀にわたって領土を拡張しつづけ、ついには地球上の全陸地の六分の一をしめてユーラシア大陸の東西にひろがる巨大国家になった。また同時に、北半球の辺境からおこった未開の小国から西ヨーロッパの列強と肩をならべる大国になった。だが、二〇世紀はじめに帝政ロシアは崩壊する。そして、その後は東西の冷戦にもやぶれ、これが引き金となってソ連邦も崩壊し、現在のEU（欧州連合）をはるかにうわまわる広大な領土を失った。ロシアは依然として世界最大の領土を有するが、そのひろがりは小さくなっている。また、最近では二〇一四年にウクライナ政変に乗じてクリミア半島を併合し、さらにはドンバスとよばれる東部ウクライナを実質的に取りこもうとした。だが、逆にそれは多くのウクライナ国民をロシアばなれに向かわせることになっている。ロシアは戦争には勝ったかもしれないが、ウクライナそのものを失ったといえよう。

そのうえ、経済の長期的な衰退も止まっていない。成長へのダイナミズムは衰え、人材の流出も止まっていない（政府系世論調査機関VTsIONが二〇一八年七月におこなった調査によれば、ロシアの一八歳から二四歳の若者の三一％がドイツ、アメリカ、スペインなど外国への移住を希望している）。また、豊富な天然資源に依存した経済は、すでにながく出口のない壁に突きあたってもいる。原油価格が低迷すれば、経済も停滞を余儀なくされる。ロシアはながくこういうパターンをくりかえしてきた。ソ連邦の解体も例外ではなかっただろう。

俗に「資源の呪い」ともいう。広大な国土と肥沃な大地に恵まれ、世界有数の資源保有国であるがゆえか、産業の近代化で欧米におおきく後れをとってきた。あるいは、ロシア経済の後進性は宿命的な課題ですらあるかもしれない。そのため、一七世紀末に登場したピョートル一世（大帝）以来、ロシアの為政者たちは国家の主導による上からの経済発展をこころみてきた。プーチン大統領にしてもそうだろう。そして、モスクワのエリートたちは、欧米と互角に競いあえる力をもつことがロシアの地位と生存を保証すると考えている。だが、現在のままではそれを実現できないことはすでに明らかだ。ロシアはどう生きるべきか。プーチン大統領はロシアをユーラシア国家と位置づける。そして、アジアとヨーロッパをつなぐ架け橋とすることに活路を見いだそうとしている。

他方、過ぎ去った二〇年をグローバルにふりかえるとき、中国という国の存在が格段におおきくなったことが最大の変化点であることに異論の余地はないだろう。世界経済に占める中国の割合をドル換算のGDP（国内総生産）でみると、それは一九九五年から二〇一五年までの二〇年間にわずか二・四％からアメリカに次ぐ一五・〇％へとおよそ六倍に増えている。しかも、まだまだはかり知れない伸びしろを残している。中国はさきのリーマン・ショック直後には、その巨大な経済パワーで四兆元（当時の為替レートで約五六兆円）というけたちがいの景気刺激策をうって、米国発の世界不況のショックをやわらげることに貢献しただけでなく、逆にその後、中国が「新常態」（ニューノーマル）を宣言して景気のアクセルをゆるめると、世界経済にたちまちかげりがでるようなことにもなっている。これは、見方をかえれば、世界の経済はすでにそこまで中国頼みになっているということでもあるだろう。日本もまた例外ではないのだが。

経済パワーがつくと政治パワーもつく。中国の存在がおおきくなったことは、国際紛争の調停にはたすアメリカの役割が後退したことと対照的である。中国は戦後七〇年をへて、いまや揺るぎもしないグローバル・パワーに変貌したといえよう。私は、この二〇年の変化の大きさをこれから二〇年先の将来まで引きのばすと、世界の構図はいまとはおおきく変わるのではないかと考えている。それがくっきりとあらわれるキャンバスが、ほかならぬユーラシアなのだと思う。

3　ユーラシアを覆う歴史的空間

本書で私は、中央アジアをふくむユーラシアという領域を歴史的、文化的な空間として広域的に俯瞰したいと思う。そして、ユーラシアの内陸で進行する静かなダイナミズムの意味とその行方について、歴史や文化の古層といった、いわばヨコにひろがる視点をまじえて広域的かつ総合的に論じたいと思う。

国ぐにの固有性と多様性

もっとも、ひとくちに中央アジアといっても各国の事情はさまざまで多様である。国ぐににには国境があり、国土の大きさや人口の規模もことなっている。たとえば、もっとも大きいカザフスタンの面積は日本の七倍半ちかくもあるのにくらべ、山懐のキルギスやタジキスタンは本州よりもずっと小さい。また、ウズベキスタンには三二〇〇万の人びとが住むが、キルギスやトルクメニスタンの人口は六〇〇万にも満たない。そのうえ、民族の構成も色模様のつづれ織りのように多彩で、さまざまな部族や氏族が入りまじって住んでいる。概してトルコ系遊牧民の子孫たち（テュルク）が主流だが、タジキスタンだけはペルシャ系のタジク人が多数をしめる。

また、経済の基盤もことなっている。ソ連邦の時代、モスクワはイスラムの中央アジアに重要産業を配置しなかった。そのため、国土に天然資源を「持てる国」と「持たざる国」のちがいが、独立後の明暗を分けることになった。カザフスタンは地下資源の宝庫として知られ、石油・天然ガス、石炭のほか、かのメンデレーエフの周期律表にならぶすべての元素がそろうほどにラインナップが多種多様である。また、カスピ海に面するトルクメニスタンは天然ガスが豊富である。他方、この二国がエネルギー資源の輸出をよすがとして豊かになっていくかたわらで、国土にわずかの鉱物資源しかもたないキルギスやタジキスタンは、近隣の大国や国際機関の援助をたよりに生きていかざるをえない。また、ウズベキスタンは綿花のモノカルチャー経済から出発した。

付言すれば、内陸の草原ステップや乾燥した沙漠では、水もまた貴重な資源である。古来、遊牧民たちは泉のわく草原をもとめて移動し、またときに争ってきた。盆地や平原で農耕をいとなむ部族や氏族のあいだで、水利をめぐる争いがたえなかったこともよく知られている。現在、キルギスやタジキスタンにとって山岳地帯の雪どけ水は電力の源だが、下流のウズベキスタンでは沙漠の灌漑ができなくなれば綿花や米は枯れるだろう。

しかし、そのように地域としての中央アジアにフォーカスし、各国の情勢を分析してその特徴や課題を明らかにすることは本書の趣意ではない。中央アジアについて記すとしても、そこで地域論を縷々述べるつもりはさらさらない。私はむしろ、ユーラシアという大きなひろがりのなかで中央アジアの変容とその意味について考えたい。歴史の時間軸をたて糸に、文化の空間軸をよこ糸にして、ユーラシアをひとつの面としてとらえてその動態について論じたいと思う。

私は、今日のユーラシアは、おおきくふたつの歴史的、文化的な空間でおおわれていると考えている。

テュルクの古層とソ連邦の遺産

ひとつは、トルコ語系の言語空間によって特徴づけられるテュルクの古層で、宗教としてはイスラムが支配的である。すでにのべたように、それはモンゴル高原からあらわれて草原を西へすすんだ歴史上の遊牧民たちが、ながい時をへて刻印した文化の古層ということでもある。そして、東は中国の新疆ウイグル自治区から西はカスピ海をこえてトルコにいたるまで、中央アジア全体をすっぽりとおおってユーラシア大陸の中央部に東西にひろがる。また同時に、このテュルクの古層は多民族国家ロシアのボルガ河中流域にも分布している。他方、シベリアのエニセイ河や極東のレナ河の流域などにも、テュルクとみなされる人びとがすむ地域がインクのしずくのように点在するが、彼らは宗教的にはイスラムではない。

もうひとつは、時をくだり、二〇世紀にソ連の支配によって形成された言語と情報の共通空間である。中央アジアの国ぐにをまわると、人びとのあいだに、ロシアとの一体感やロシアへの親近感が日常的に存在していると感じるのは私だけではないはずだ。ロシア語が公用語として支障なく通じるし、ビジネスのための法律や制度もロシアとほとんど共通している。中央アジアの法律には、独立後、ロシアから借用したものが多いためだ。また、テレビではモスクワのニュースやバラエティ番組が日常的にながれているし、多くの人びとが親や兄弟、学生時代のクラスメイトなどをつうじてロシアの各地とつながってもいる。ふるくは古代までさかのぼるテュルクの古層ほどの厚みはないが、これもまた二〇世紀の七〇年がきざんだ歴史の遺産といえよう。そして、この言語と情報の共通空間はいまも脈々と息づいている。

このように、中央アジアはかつて草原を移動した遊牧民たちがきざみこんだテュルクの古層と、ソ連邦がのこした社会の遺産という二重の歴史空間によってロシアとつながる。ちなみに、現在の中央アジアではイスラム色は概してうすい。それもまた、宗教を否定したソ連邦がのこした遺産のひとつであるのだが。だが反面、このような歴史と文化の共有感覚は中国とのあいだにはない。多くの中央アジアの人びとにとり、中国はいまも異質な国なのである。

中国と西域

「内陸ユーラシアの拡大図」（巻頭）に示したように、中央アジアのパミール高原と、そこを水源とするシルダリヤ、アムダリヤのふたつの河川（ダリヤとは大河の意）を中心として東西にひろがる草原ステップと沙漠の広大な一帯は、古来「トルキスタン」（トルコ人がすむ土地）とよばれてきた。

中国にとっても、西域のさきにひろがるトルキスタンは異国にひとしいとおい辺境である。否、トルキスタンは中国の内なる領土、新疆ウイグル自治区にもひろがっている。ウイグル人はテュルクに属している。そして、そこでは「東トルキスタン」の民族独立運動がいまも絶えない。中国にとり、西域の経営は、かの張騫が生きたとおい昔（紀元前二世紀、漢の武帝の時代）からながく艱難の地でありつづけている。

ソ連解体後まもない一九九六年四月、中国は新疆ウイグル自治区と国境で接することになった新生のカザフスタン、キルギス、タジキスタンと、そのもと「宗主国」のロシアの四ヵ国によびかけて「上海ファイブ」を創設した。内陸の国境を画定し、西域を平定するために。中国は、これを協議の枠ぐみにして中央アジアの国ぐにとの対話をかさね、テュルクの人びとと協力しあえる良好な関係を築こうとしている。あたかも、かつて匈奴の掠略に手をやいた古代中国の君主たちが、西の内陸に割拠する遊牧諸民族と通じようとしたように。

他方、この上海ファイブは、二〇〇一年六月に内陸のウズベキスタンをくわえて常設の「上海協力機構」として仕切りなおしされた後、二〇一七年六月にはそこにあらたに南のインドとパキスタンが加盟した。また、イランやトルコもオブザーバーや対話パートナーとして参画している。ちかい将来、この機構にイランが加盟すれば、中国、ロシア、インドとあわせてユーラシアの四大国がそろうことになる。そして、オブザーバーや対話パートナーをふくめたその領域は、中国が構想する「一帯一路」の要路とかさなるように、いまでは中央アジアをこえてユーラシア全体にひろがろうとしている。誤解をおそれず大胆にいえば、私は、もともと中国のイニシアティブではじまったこの機構こそは、中国（シナ）とテュルクをへだてる文化の垣根をこえるための試みではなかったかととらえている。

K・カルダー教授（ジョンズ・ホプキンス大学大学院ライシャワー東アジア研究所所長）は「領土的に近接する国々が大陸的なスケールで政治・経済的な統合を促進する社会・経済的な諸施策」のことをまとめて「大陸主義」とよんでいる（K・カルダー著、杉田弘毅監訳『新大陸主義』潮出版、二〇一三年）。今後、内陸ユーラシアの国ぐにが相互にきそいあうか、あるいは協力しあえるかは、世界経済にとって第一級の重要性をはらむ問題といえよう。はたして中国のイニシアティブではじまった上海協力機構の枠組みは、中国とテュルクをへだてる文化の垣根をこえる力を持つことができるだろうか。中国パワーが起爆剤となって大陸がゆっくりと動こうとしている。

ところで、ウランバートルのモンゴル国立歴史民族博物館で、もうひとつ興味をひかれたものがある。ながい竿のさきに黄金の輪。そこから白い吹き流しのようなものが垂れさがる。一見、大江戸日本の火消しのまといに似てもいる。ロシアのツァーリがかかげて戦ったというモンゴル軍の戦旗である。

ロシアの古層

近代ロシアはモンゴルの殻をやぶってあらわれた。一三世紀にロシアのルーツをなすキエフ公国がモンゴル軍の手におちたあと、スラブ人が北方の森林地帯へ移動しておこしたのがロシアである。だが、スラブはモンゴル軍の支配下におかれた。アジアの草原からおこった遊牧帝国の支配は二四〇年の長きにおよんだ。ロシア史上、「タタール（モンゴル）のくびき」とよばれている。

一五世紀なかば、モスクワ大公国にイワン三世があらわれるや、ついにモンゴル軍に勝利した。そして、つづく一六世紀なかば、イワン四世（雷帝）はボルガ河をくだって南を征服し、ウラル山脈をこえて東のシベリアへと領土を拡大した。ツァーリがかかげるモンゴルの戦旗をみると、平原の遊牧民やタイガの狩猟民たちはみなおそれをなしてしたがったという。ロシアは勇猛果敢なモンゴル軍への畏怖心を利用して版図をひろげ、統治の基礎をきづいたともいえる。

実は、イワン四世にはモンゴルと深いかかわりがあったという。杉山正明氏（京都大学大学院文学研究科教授）の研究によれば、イワン四世の母親は、チンギス・ハーンの長男ジョチ一族が治めるジョチ・ウルス（キプチャク・ハン国のこと）の有力者だったママイの直系にあたる。しかも、二番目の妻マリア・テムリュコヴナこそは、ほかならぬジョチ家の王族の血脈であったという。つまり、イワン四世の母と妻はともに錚々たるモンゴル帝国の名門の出身で、雷帝自身もその血の半分はモンゴルだったというのである。杉山教授は、当時のロシアのことをいみじくもモンゴルの「婿たるモスクワ」だったとのべている（杉山正明著『モンゴル帝国と長いその後』講談社学術文庫、二〇一六年）。

モンゴル軍が掲げた戦旗（モンゴル国立歴史民族博物館）

モスクワ大公国は、モンゴルと血の連携をむすび、モンゴルの後ろ盾と威光を利用して台頭した。ロシア史はこうしてモンゴルと重なりあいながら大きく旋回し、ロシアの専制政治はそのようにしてはじまっている。ユーラシアの東西を制したモンゴル帝国のハーンの支配は七〇〇年前にさかのぼるロシアの古層といえまいか。そして、その古層はテュルクのそれに重なってユーラシアをおおう。私はモンゴル草原から本書の筆をおこしている。草原の定義はいかにも曖昧だが、草原は広大にして無辺である。国や地域をこえたトランスエリアの視点にふさわしいと思っている。

第一章　変貌するユーラシア

1　昇りゆく大国と沈みゆく大国

私はいま、広大なユーラシア大陸をみている。まず、この二〇年の変化について述べようと思う。

ロシア vs. 中国

過ぎ去った二〇年をふりかえるとき、ユーラシアで生じたもっとも大きな構造変化は、ロシアの衰退と、それにかわる中国の強大化である。中国は、二〇〇〇年代にはいると輸出主導型の高い経済成長のレールにのる。経済活動の大きさをドル換算のGDP（国内総生産）でみると、一九九五年から二〇一五年へいたる二〇年間になんと約一五倍に拡大している。また、世界経済全体にしめるシェアも、おなじ期間に二・四%から一五・〇%へと六倍以上にふえている。中国は、いつしかアメリカにせまるグローバル・パワーへと変貌した。

かたや、ロシア経済の凋落は鮮明である。ロシアは、ソ連邦の崩壊（一九九一年一二月）とそれにつづく国家存亡の大混乱期をへたのち、二〇〇〇年代にはいると原油価格の高騰の波にのっていっとき順調な復興をとげるかにみえた。だが、二〇〇八年秋のリーマン・ショックをさかいに原油価格が急落すると、一転して深刻な不況におちいることになる。そして、ここ数年はあきらかに勢いをかいている。いわゆる「資源国のわな」にはまったのだ。ロシア経済はエネルギー資源の輸出への依存度がたかい（二〇〇八年には輸出額の六六％が石油と天然ガス関連でしめられた）。そのため、原油やガスの価格次第で、景気が上下におおきく揺さぶられるわけである。

その結果、二〇一五年になると、ロシアのGDPは中国の八分の一以下にまで後退している。中国との対比において、もはや落日の感が色濃いといえよう。しかも、中国にはまだまだはかりしれない成長への伸びしろがある。それに対し、ロシアは資源国のわなからのがれられず、いまもなお原油価格の長期的な低迷というグローバルな構造変化の渦にのまれてもがいている。中国の背中は小さくなるばかりだ。そして、かつては社会主義陣営の後発国であったはずの弟分の後塵をとおくから拝している。まさしく、昇りゆく大国と沈みゆく大国のコントラストといってよいだろう（図1－1）。

中国の圧倒的な存在感

経済の勢いのちがいは、両国にはさまれた中央アジアとの貿易にもくっきりとあらわれている。中央アジア五ヵ国と中国との貿易額（輸出入の総額）は、二〇〇〇年代にはいるといっきにふえはじめる。そして、ピーク時の二〇一三年には五〇三億ドルを記録し、二〇〇〇年以降の一三年間でなんと約二八倍にふえている。これに対し、ロシアとの貿

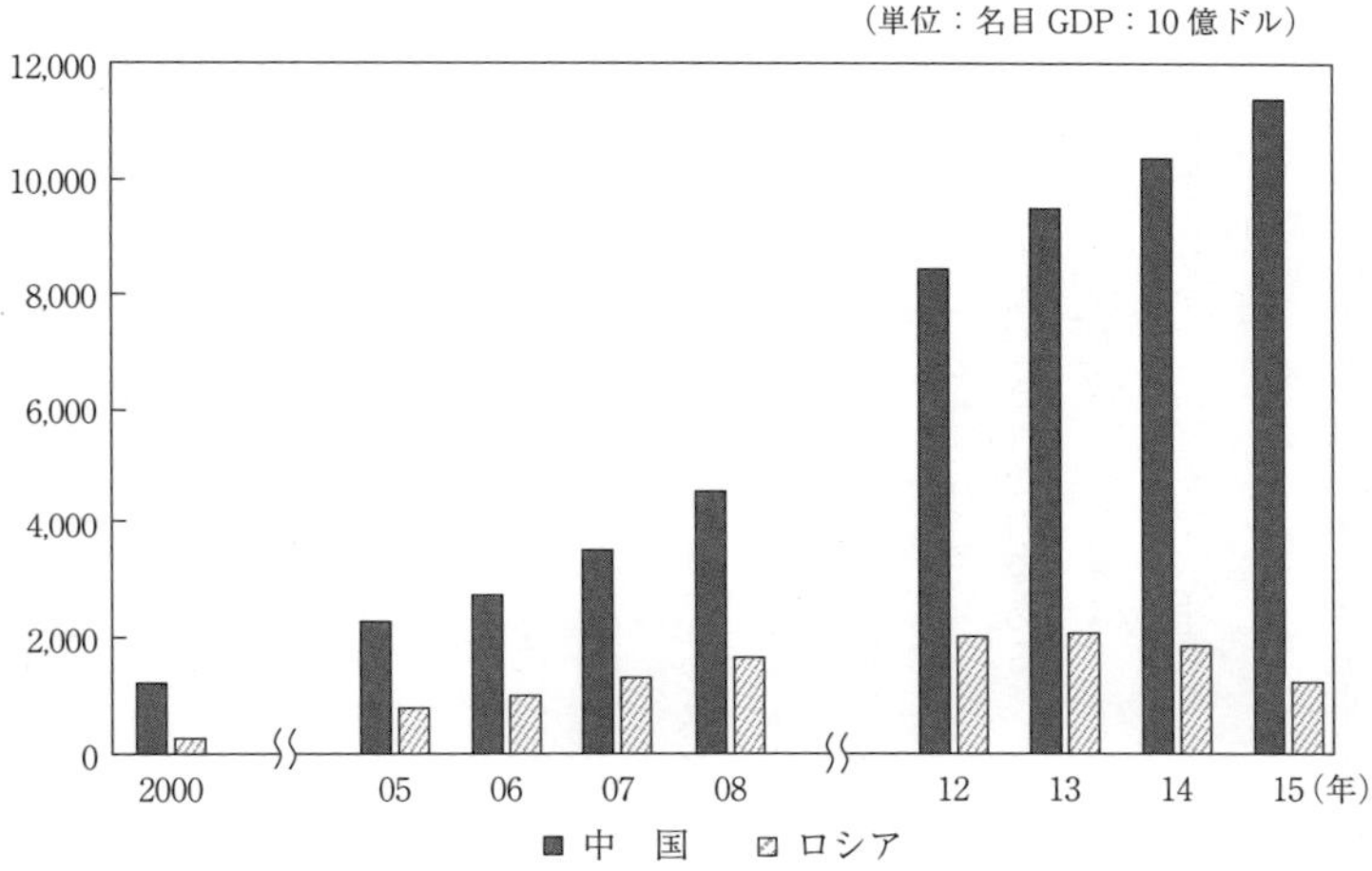

図1-1　中国とロシアの経済規模の推移の比較
(出所) IMF World Economic Outlook Database (2015) より作成。

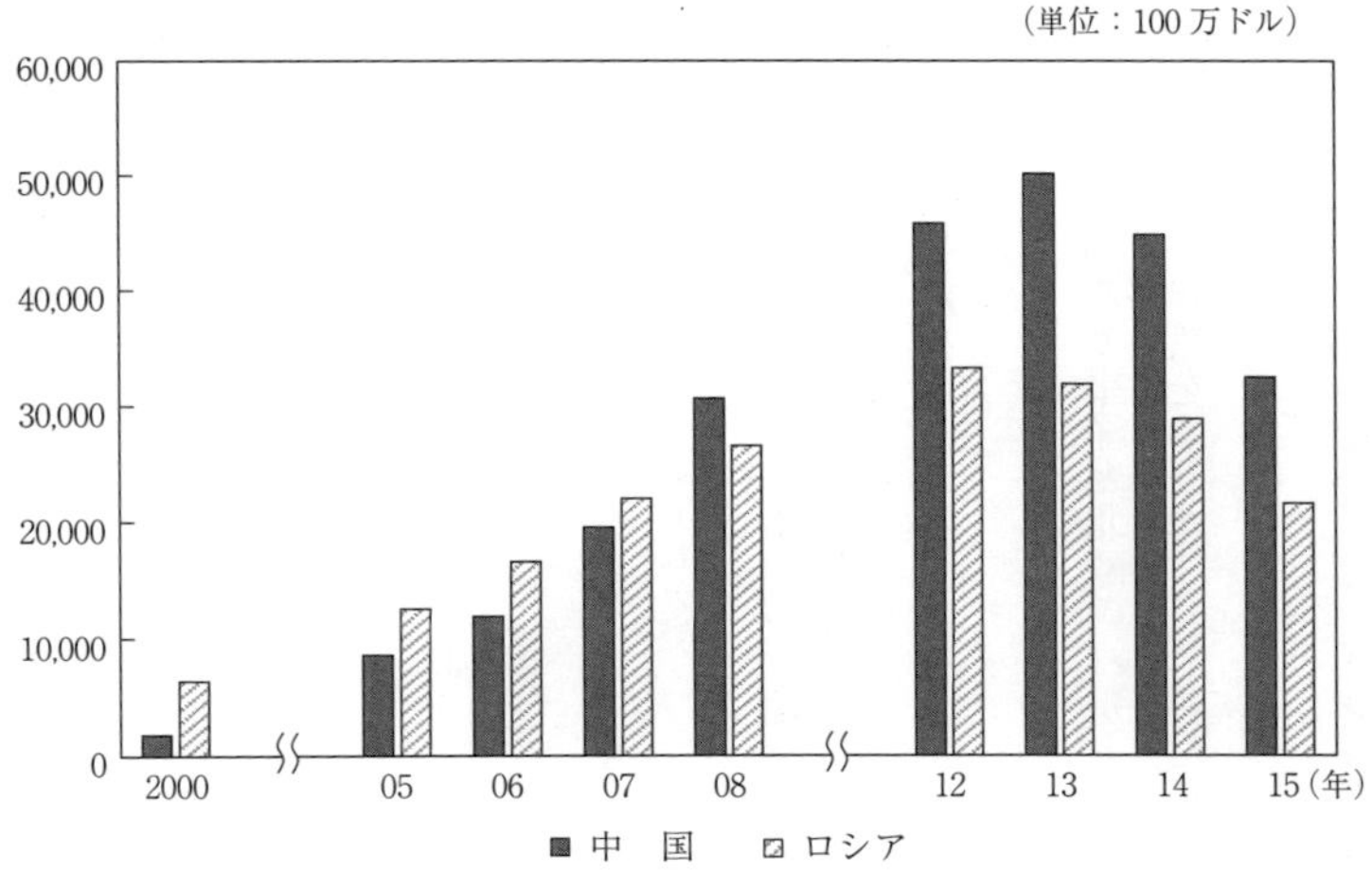

図1-2　中央アジア5ヵ国の対中国，対ロシアの貿易額の推移
(出所) ロシア統計局データ，中国統計年鑑 (各年版) より作成。

易額はリーマン・ショック以降伸び悩み、二〇一三年には三二〇億ドルにとどまり、おなじ期間に約五倍にふえたにすぎない。そして、二〇〇八年には中央アジアとの貿易をめぐる両国の立場も逆転し、中国は中央アジアにとり、いまではかつての「宗主国」ロシアにかわる最大の貿易パートナーになっている。もはやロシアにこの流れを押しもどし、中国の発展に対抗していくだけの力はないだろう（図1－2）。

このような現実のなかで、二〇一三年九月、中国の習近平国家主席は満を持したように中央アジア四ヵ国（タジキスタンをのぞく）を歴訪した。そして、カザフスタンの首都アスタナ（二〇一九年三月、ナザルバエフ初代大統領の退任を記念して、アスタナから同大統領の名を冠してヌルスルタンに改称された）のナザルバエフ大学でおこなった記念スピーチで、中央アジアに対する経済協力コミットメントとして「シルクロード経済ベルト」構想を提唱する。また、つづく一〇月には、インドネシア議会で「二一世紀海上シルクロード」構想を表明する。そして、このふたつがセットになり、翌年一一月、北京のAPEC（アジア太平洋経済協力会議）サミットにおいて、陸と海のシルクロードからなる壮大な「一帯一路」構想がうちだされたのである。

ナザルバエフ大学で習近平は、ユーラシア大陸の東端にひろがる太平洋と北欧のバルト海をつなぎ、同時に東アジア、南アジア、中東をつなぐ長大な陸上輸送回廊の建設をよびかけて若者たちを魅了した。この一帯の人口をあわせると、ざっと三〇億人の巨大市場が形成されるだろう。そして、このたった一回の歴訪で、彼はカスピ海沖での石油・天然ガス開発や、中国へのパイプライン建設など、カザフスタンに対して総額三〇〇億ドルの投融資をおこなうことを約束しただけでなく、資源開発や道路・鉄道網の整備などへの投資や融資など、中央アジア全体で今後、総額五〇〇億ドル（およそ五、六兆円）という空前の経済協力をおこなっていく考えを表明したのである（ちなみに、タジキスタンへは翌年九月に訪問。総額六〇億ドルの投融資協定に署名したが、これはなんと同年のタジキスタンのGDP九二・四億ドルの三分の二に相当する）。

中国中央テレビのニュース番組では、アスタナからアルマトゥイへむかう中国政府機内で、習氏のまえに小さくかしこまり、緊張のあまりふるえながらおかゆをすするナザルバエフ大統領（当時）の姿がうつしだされた。本国で共産党幹部のトラとハエによる汚職とたたかう習近平は、旅先の迎賓館の食堂に用意された盛りだくさんの肉と魚、野菜やフルーツの朝食をことわって、ナザルバエフを簡素な機内食にさそったのだと同行記者は報じていた。まさにグローバル・パワーのリーダーとして格のちがいをみせつける映像であった。

とはいえ、中央アジアは中ロの国益が交錯する地域である。しだいに高まる中国の存在感は、あきらかにロシアの犠牲のうえになりたっている。英国『エコノミスト』誌は、この歴訪を中央アジアにおける中国の「圧倒的な存在感」と評し、ロシアの経済覇権の後退ぶりを報じていた。そして、この地域への影響力をめぐり、両国間にあらたな確執と対立が生じようとしているとも指摘していた（『エコノミスト』二〇一三年九月一四日号）。

現実を容認するロシア

けれども、ロシアはこの現実を静かに容認しているようにみえる。否、注意ははらっていても、おおやけには懸念を表明していない、といったほうがよいかもしれない。なぜなら、ロシアの思いがどうであれ、彼我の経済力のちがいはもはや競いようがないし、それになによりもロシアにとって中国は、経済の屋台骨をなす石油と天然ガスの最重要な買い手なのだから。また、外交面でも中国は、米国に対抗するうえで、なくてはならない「盟友」なのだから。

付言すれば、二〇一三年三月一四日、習近平はその日の午前に開催された第一二期全国人民代表大会第一回会議で中国のあたらしい国家主席に就任するや、午後にはプーチン大統領とながい電話会談をおこなって「史上もっとも友好的な中ロ関係の構築」を約束しあうと、なんと翌週の二二日にはモスクワへ飛んで首脳会談にのぞんでいる。そして、プーチン大統領は遠来のその賓客をクレムリン宮殿の儀じょう隊でむかえると、「タバーリシ」（同志）と声高らかに呼びかけて、ふたりの格別な盟友ぶりを世界にみせつけたのだった（近藤大介著『対中戦略』講談社、二〇一三年）。

他方、中国のほうも、ロシアの複雑な思いについてはよく心得ているのだろう。この中央アジア歴訪のルートに、中国側の深慮のほどが透けてみえるのだ。ロシアの面子をつぶさないため、ということなのだろう。具体的にいえば、九月はじめにサンクトペテルブルクで開催されたG20サミットをはさんで、習近平はまずロシアへ向かう道すがらトルクメニスタン（国連が承認する永世中立国である）へ立ちより、G20サミットのサイドラインでプーチン大統領と会談したのち（つまり、旧「宗主国」であるロシアに対し、いわば「仁義」をきったうえで、という格好になる)、帰路カザフスタンとウズベキスタンを訪れている。そして、そこから上海協力機構サミットが開かれるキルギスへ飛び、そこでふたたびプーチン大統領と会見して言葉をかわすというように、中国一流の気くばりをおこたっていない。両国は、たがいに摩擦の可能性をうまく制御し、注意ぶかく回避しているようにみえる。

しかも、中央アジアへの中国の経済進出は、なにもいまになってはじまったわけではない。中国は、はやくから中央アジアをエネルギー資源の供給基地にしてきたし、自国の巨大な生産力の受け皿にしてきてもいる。実際、中国がトルクメニスタンから天然ガスを輸入するため、自己資金でパイプラインを完成させたのは、はやくも二〇〇九年一二月にさかのぼる。また、それにさきだつ二〇〇五年一二月には、カザフスタンと中国の新疆ウイグル自治区をつなぐ原油パイプラインをとおしてもいる。これにより、このふたつの国はロシアを経由せず(つまり、ロシアの手をはなれて)、直接中国へ天然ガスや原油を輸出できるようになったわけである。また、タジキスタン外務省のひときわあたらしいモダンな建物は、独立してまだまもないころに中国からプレゼントされたものであるし、中国の援助で整備された幹線道路のわきには、習近平国家主席とラフモン・タジキスタン大統領の銅像がたっている。そして、キルギスやウズベキスタンにも、中国の援助で整備された道路や鉄道、送電網などがいくつかある。

このように、中央アジアにおける中国の存在は、いまではあたりまえで不可欠な要素になっているといっても過言ではない。またその意味では、シルクロード経済ベルト構想は、ここにきてあらたに打ちだされた政策というよりも、むしろ中国が経済力に自信をつけ、それを背景にして、これまでおこなってきた政策を長期的な国家戦略の基軸として再定義し、世界にむけて発信したものとみなすほうがよいだろう。ロシアは、強大化する中国への狭隘な競争心をすでに克服しているのではないかと私はみている。

2　一九九四年秋、天山の風

天山の真珠

すこし余談になる。山懐の高原にねむる「真珠」のことである。作家の井上靖（一九〇七〜一九九一）は生前、東京狸穴《まみあな》のソ連大使館をおとずれ、ある相談をもちかけている。応対したのは、当時、文化担当の書記官をしていたK・サルキソフ博士（現山梨学院大学名誉教授）だった。いまから四〇年ちかくまえ、ソ連末期の一九八〇年ごろのことだという。イシク・クルへ旅行したいのでビザを出してほしいと相談にきたのだった。

イシク・クルとは、中央アジアのキルギス東部、標高一六〇〇メートルの高原にねむる湖のことだ（「クル」はキルギスのことばで「湖」の意）。「天山の真珠」ともよばれる。大きさは琵琶湖の九倍ほどもあり、真冬でも凍結しないという。しかし、ソ連政府は湖への外国人の立ち入りをかたく禁じていた。ちかくに鉱山があったからだとか、魚雷の実験がおこなわれていたからだとか。文字どおり、秘境である。「それならば、どうぞ私に目隠しをしてください」と作家は懇願した。そこで、「先生は、なぜそうまでしてイシク・クルへいきたいのですか」と博士が訊くと、「天山の風を感じてみたい」と作家は短くこたえたそうである。

さて、私がはじめて中央アジアへいったのは、ソ連解体からまもない一九九四年九月のことだった。二〇数年前、独立後まもない中央アジアには、どこもまるでタガがはずれたかのような、のどかな開放感がただよっていたように思う。米ソの冷戦期には、社会主義ソ連邦のはずれ、ユーラシア大陸のまんなかにあって、外界とのつながりを断たれた内陸の孤島さながらだった。それがある日、ソ連邦が消滅して五つの共和国がまるで糸の切れた凧のように遊離して漂い、世界にひらかれることになったのである。そう考えると、無理はないのかもしれない。

このときは、ウズベキスタン、カザフスタンとキルギスの三ヵ国をまわった。フランクフルトからルフトハンザ機でまっすぐウズベキスタンのタシケントへはいったが、国際空港とは名ばかりで、ユーラシアの辺境のさびしい飛行場という風情だった。滑走路だけが、やけにひろびろとしていたことが印象にのこっている。閑散とした空港に降りたち、国境警備の係官からその場でビザを買って入国審査をすませ、他の乗客たちのあとについてうす暗い建物を抜けて外で待っていると、やがて丸いウズベク帽をかぶったおじさんがトランクを山積みした台車を押してやってきた。乗客はその荷物の山からおのおの自分の荷物をみつけてピックアップするのである。こうした光景は、当時の旧ソ連の国ぐににほぼ共通していたのだが、東京からはるばるヨーロッパ経由で各国の空港へつくたびに、まるで遠い昔へタイムスリップしたかのような、なんだか心細い気持ちになったものである。いまとなっては懐かしい記憶でもあるのだが。

キルギス中央銀行で、戦後日本の金融・財政政策や長期設備資金の供給システムなどについてレクチャーしたあと、当時この銀行でアドバイザーをしていた日本銀行出身の田中哲二氏のはからいでイシク・クルへ行こうということになり、昼食後、車二台に分乗してビシケクの街を出発した。湖は、そこから東へ二〇〇キロちかくはなれた山中の高原にあった。ところが、ときどき岩肌がのぞく石ころだらけの一本道を延々といくこと三、四時間ほど（と記憶している）、案の定というべきか、中銀のボルガ（ソ連製のいかにもぶこつな中型セダン）が故障してうごかなくなった。陽はすでに沈みかけていた。車からおりて天を仰ぐと、暗くなりはじめた空にたくさんの星がまたたいていた。通りすがりの運転手の手をかりようにも、私たちのほかに車がとおる気配はない。そこで、仕方なくボルガの修理をあきらめて運転手ひとりをその場にのこし（放置すると盗まれるおそれがあった）、多少窮屈ではあったが皆でランドクルーザーに乗りこんで湖へいそぐことにした。

湖畔の保養所（ソ連時代は共産党員だけが利用していた宿泊施設）についたときには、夜はすっかりふけていた。無数の星が真っ暗な空いっぱいにひかっていた。見上げると、無限大の宇宙がまるで天蓋のようにおおいかぶさってくる気がして、星が手を伸ばせばつかめるぐらいにちかく見えたことをおぼえている。

翌日は、空がたかく澄みわたる朝だった。大気は肌寒かったが、明るい陽射しがまぶしかった。サルキソフさん（たまたまご同行いただいた元駐日ソ連大使館書記官のK・サルキソフ氏ご当人である）にさそわれて、ふたりで湖に入って泳いだ。湖水は透きとおっていた。遠くの対岸に、白い雪をいただいた雄大な山々が屏風のようにそびえていた。外国からの訪問者がイシク・クルで泳ぐなど、ソ連時代にはおよそ考えられないことだったろう。

結局、作家の希望は叶えられなかったそうである。井上靖は、イシク・クルの誕生にまつわる伝説をもとに短編「聖者」をかいている。手もとの年譜によれば一九六九年夏とある。冒頭のエピソードから、さらに一〇年ほどまえにさかのぼる。湖面をわたる風はすがすがしく心地よかった。私は、中央アジアがはれて自由の身になったことを実感した。

中央アジアの国づくり

私がはじめて訪れた一九九四年秋、タシケントやアルマトゥイ、ビシケクなど各国の中心都市では、ＩＭＦや世界銀行、ＵＳＡＩＤ（米国国際開発庁）など、さまざまな国際機関や政府系の援助組織が事務所をかまえ、欧米から派遣されたコンサルタントたちが、まるで「進駐軍」さながらに市場経済化のための指南をしていた。

これに対し、受けいれ側の政府や中央銀行の幹部たちは概してみな若かった。彼らのおおくは私たち日本人に似て平ら顔で鼻もひくく、お互いになんとなく通じあえる雰囲気があった。彼らは朝から晩まで「進駐軍」とのミーティングに追われ、それだけで疲れきっているようだったが、それでも外国から使節団がくれば忙しい時間をさいて応対し、「ＩＭＦのアドバイスにしたがってインフレをおさえ、経済と貿易の自由化をすすめています」と殊勝にも説明するのだった。もっとも夜の席ともなると、「アイ・エム・エフ イズ ナンバーワン」などと、上から目線のアドバイザーたちをかたことの英語で露骨にもちあげて、私たち日本人にむかって片目をつぶってみせたりもする。意外と老獪でしたたかなところもあり、はらのなかではいったいなにを考えているのやら、と訝しく思わせる一面もあるのだったが。

市内には、食料品から日用雑貨までたくさんの輸入品が出まわっていた。民営化されたデパートの家電売り場には、サムスンやソニーのパソコンやカラーテレビ、ビデオ製品などがならんでいたし、ホテルの売店ではシャネルやディオールの香水が売られてもいた。また、街なかでは、ソ連製のおんぼろのボルガやラダにまじって、ベンツやトヨタなどの輸入中古車が走っていた。大通りから一歩はいると、そこは薄よごれたアパート群や古くて朽ちかけた住宅ばかりで人びとの暮らしぶりは貧しそうにみえたが、それでも自分たちの国をもてたことで自由な明るさと活気に満ちていたように思う。

もっとも、国づくりへのアプローチはどこも一様ではなかったが。たとえば、ウズベキスタン政府は、カザフスタンやキルギスとはちがって、ＩＭＦの助言どおりに金融を引き締め、経済活動を自由化することには消極的なようだった。そして、企業の民営化や貿易の自由化よりも治安の維持と民生の安定を優先し、政府による統制をつづけていた。また、そのためなのか、タシケントでは高価な輸入品の出まわりは少なく、人びとの暮らしぶりもいくらか質素にみえた。だがその反面、旧ソ連の他のどの都市よりも治安はよかった。これらの国ぐにが資本主義へむかうということが、とりもなおさず旧システムの解体と裏腹なのだという現実がそこにはあった。

ボーダーレス・エコノミー

外国企業はあたらしい国ぐにの発展に期待し、市場開拓に余念がなかった。シェブロン（米）やBP（英）、シェル（蘭・英）などの欧米オイルメジャーは、テンギス油田をはじめカスピ海の資源開発にいちはやく名乗りをあげていた。天然資源の宝庫として知られるカザフスタンへの投資額ではオランダとアメリカが群をぬいていた。アメリカ系のNGO団体は、キルギスやウズベキスタンでもさかんに活動していた。また、投資の規模では欧米の巨大資本にかなわなかったが、おなじイスラムで言語もちかいトルコをはじめ、陸つづきのアフガニスタン、パキスタンなどからやってきた事業家たちが、中小のさまざまなビジネスを数多く手がけていた。

また、バザールでは中国商人がところせましとばかりに軒をつらね、中国製の衣料や靴をはじめさまざまな日用雑貨を売っていた。特に、アルマトゥイやビシケクでは中国人を多くみかけた。カザフスタン政府の説明によれば、ソ連時代末のペレストロイカ期にビザなし入国ができるようになって以来、当時ですでに五〇万もの中国人が流入し、彼らのなかには地もとのカザフ女性と結婚し、住みついている人びとも多いとのことだった（カザフスタン政府はその後、中国人への入国ビザを復活させた）。

他方、ソ連解体後、西はウクライナのキエフから、東はカザフスタンのアルマトゥイにいたるまで、各国の首都をめざしていちはやくエアラインをひらいたのは、ほかならぬドイツであった（カザフスタンはその後一九九七年に、首都を中国との国境にちかいアルマトゥイから北部のアスタナへうつしている）。その背景には、経済への期待にくわえて民族の保護があったと思う。独立当時、中央アジアには主としてカザフスタンを中心におよそ一〇〇万のドイツ系ロシア人がすんでいた。一八世紀から一九世紀にかけて、エカチェリーナ二世（ロマノフ朝の女帝、ドイツのプロイセン生まれ）を追ってロシアのボルガ河下流域へ移りすんだドイツ人の子孫たちで、一九四〇年代はじめに母国ドイツとの戦争がはじまったときに内陸へ強制的に連行された人びとだ。また、ウズベキスタンにも、おなじ頃にロシア極東から強制的に移住させせられた、およそ二〇万の朝鮮系移民がすんでいた。そのウズベキスタンでは、韓国の財閥、大宇グループが自動車工場を建設するうごきもあった。

ともあれ、このようにその当時の中央アジアでは、ソ連邦が崩壊して生じた経済の空白と物資の不足をうめるように（あるいは、競って奪いあうように）近隣諸国との往来がいきおいよくはじまっていた。そして、東は中国、韓国から、西はトルコやイラン、イスラエル、また南はアフガニスタンやパキスタン、インド、マレーシアなどとの人、物、お金の行き来が活発になって経済がボーダーレス化すると同時に、そこに宗教や言語、民族や移民のつながりといった文化的、歴史的な要素や、アメリカやイギリス、ドイツ、ロシアといった大国の思惑と国益がさまざまに重なりあって、ユーラシア全体をつつむ経済のダイナミズムが織りなされているという印象があった。

3　草原を洗う中国経済の波

二〇数年前、はじめての中央アジア出張から帰国したのち、私は旅の所感をある月刊誌に寄稿した。そして、その最後をこう結んだ。

「私は、日本にとっての中央アジアの重要性は、中国経済のひろがりのなかにあると思う。中国西域から中央アジアにいたる地域には、二五〇〇年以上にもおよぶ東西交易のながい歴史がある。内陸の交易路は、やがて南をゆく海路の繁栄とともに衰退した。だが、いまやエアラインがつぎつぎにひらかれ、また物やサービス、お金の取り引きが、グローバルな情報通信ネットワークを介しておこなわれる社会になった。他方、中国経済のダイナミズムは西の辺境へむかって激しいいきおいで浸透している。その波がこの地域全体をつつみこみ、広域的なアジア経済圏を形成するときは意外に早くおとずれるかもしれない」（月刊『VOICE』一九九五年二月号）。

二〇年後のいま、そこではアメリカやヨーロッパ、ロシアをしのいで中国経済への傾斜がいちじるしい。二〇〇〇年から二〇一五年までの中央アジア五ヵ国の貿易額（輸出入の総額）の推移を相手国・地域別にふりかえると（図1-3）、中国との貿易額がロシアとのそれを上まわり、最近ではEU全体との貿易額をしのぐいきおいである。ちなみに、中国は二〇〇一年にWTO（世界貿易機関）に加盟している。

しかも、そこには資源国カザフスタン一国の貿易額がおおきく影響しているのだが（全体の約六五%が同国によって占められる）、そのカザフスタンにおいて、北カスピ海沖の資源開発（世界有数の石油鉱床とみられるカシャガン油田）をめぐり、二〇一三年一〇月に米国オイルメジャーのコノコ・フィリップスにかわって中国CNPC（国営石油・天然ガス集団公司）が事業権益を取得（八・三三%）したことは象徴的である。付言すれば、カザフスタンは二〇〇五年から中国へ原油を輸出している。

（単位：100 万ドル）

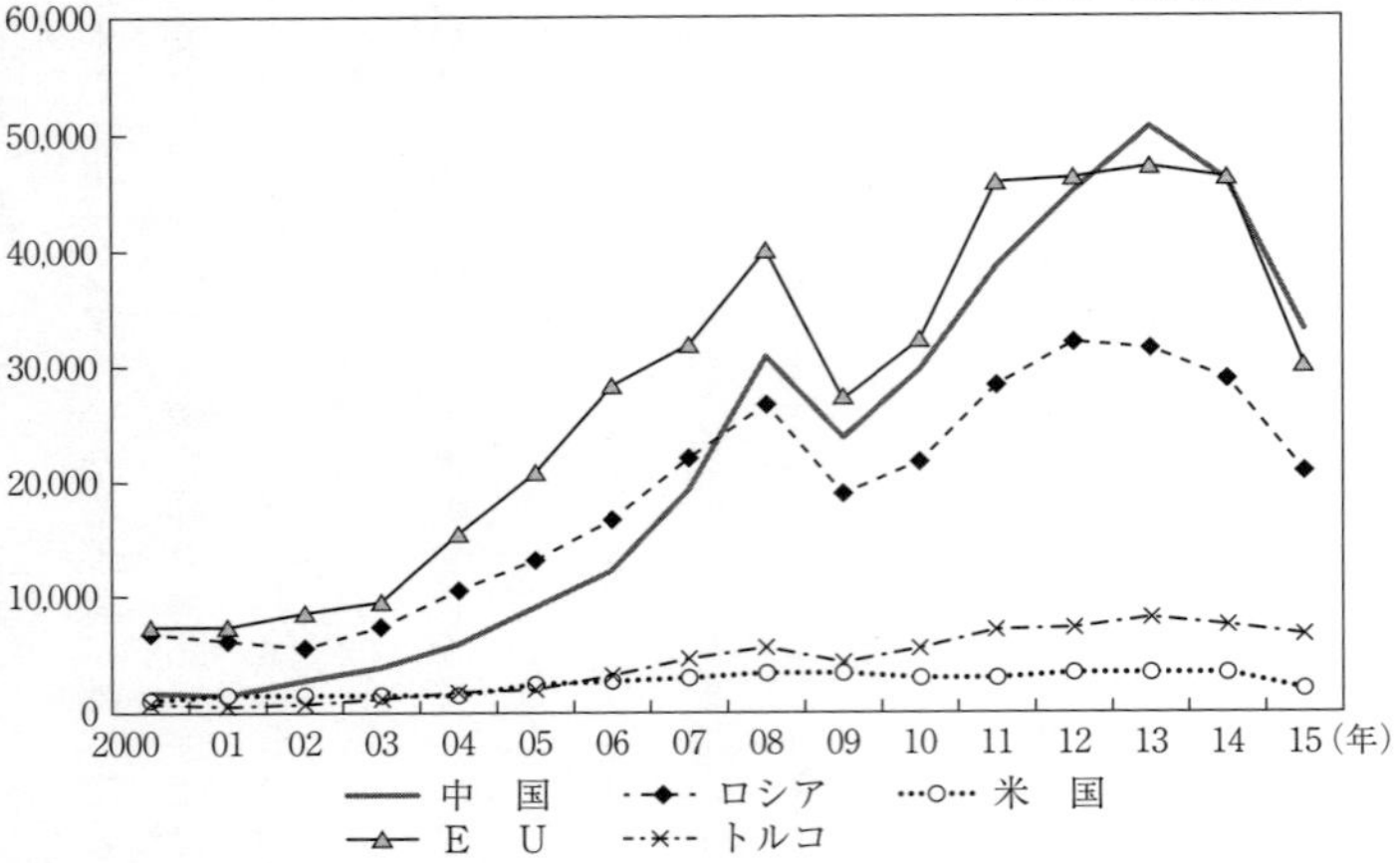

図 1 - 3　中央アジアの貿易額の相手国別推移

（出所）UN Comtrade Database より作成。

（単位：100 万ドル）

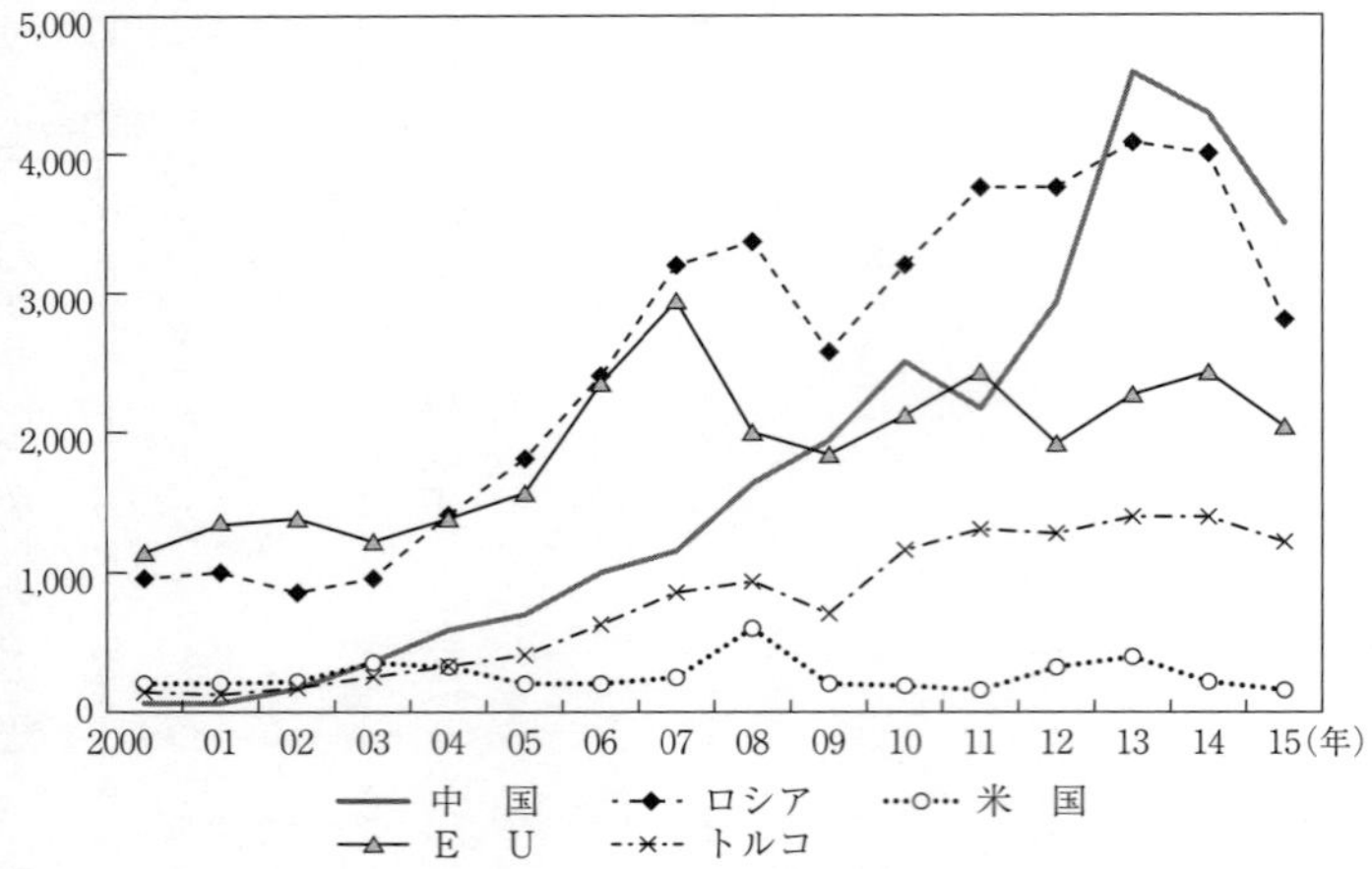

図 1 - 4　ウズベキスタンの貿易額の相手国別推移

（出所）UN Comtrade Database より作成。

また、おなじく資源国のトルクメニスタンが、二〇〇九年に中国への天然ガス輸出をスタートさせ、いまでは最大の供給国になっていることはよく知られている。ＢＰ（英国石油）の統計によれば、同国の天然ガス輸出の六〇％以上が中国むけで、それは中国のガス輸入量（ＬＮＧをふくむ）の約四〇％をしめる（二〇一七年実績は三四％）。しかも中国は、カスピ海をのぞむ内陸の沙漠地帯からパミール高原をこえて新疆ウイグル自治区へむかう、長大な第二パイプラインの建設をスタートさせてもいる。中国経済への傾斜は今後ますます大きくなるだろう。

他方、ウズベキスタンでも、二〇一三年をさかいにロシアと中国の関係が逆転している（図１－４、ただしタテ軸の単位が図１－３とくらべてひと桁小さいことに留意されたい）。そのウズベキスタンでは、首都タシケントと山あいのフェルガナ盆地にある第二の都市ナマンガンを鉄道でむすぶためのカムキック・トンネル（全長一九・二キロメートル）が、二〇一六年六月に中国のゼネコン（国営鉄道トンネル集団公司）によって開通した。中国の土木工事技術は、パミール高原の山岳地帯にトンネルをくりぬくまでに進化している。総工費四億五五〇〇万ドルのうち三億五〇〇〇万ドル（七七％）は、中国輸出入銀行の融資でまかなわれた。竣工式に習近平国家主席の姿があったことはいうまでもなかろう。

また、フェルガナ盆地をかこむキルギスとタジキスタンは、巨大な中国とパミール高原や天山山脈の山岳地帯でつながる陸つづきの小国で、ふたつの国の貿易収支の推移には、中国に対する赤字が急速にふえていることがはっきりと示されている（図１－５、図１－６）。そして、ＡＤＢ（アジア開発銀行）の推計によれば、中国は二〇一六年時点ですでに両国の対外債務の四〇～五〇％（ＧＤＰの二〇～

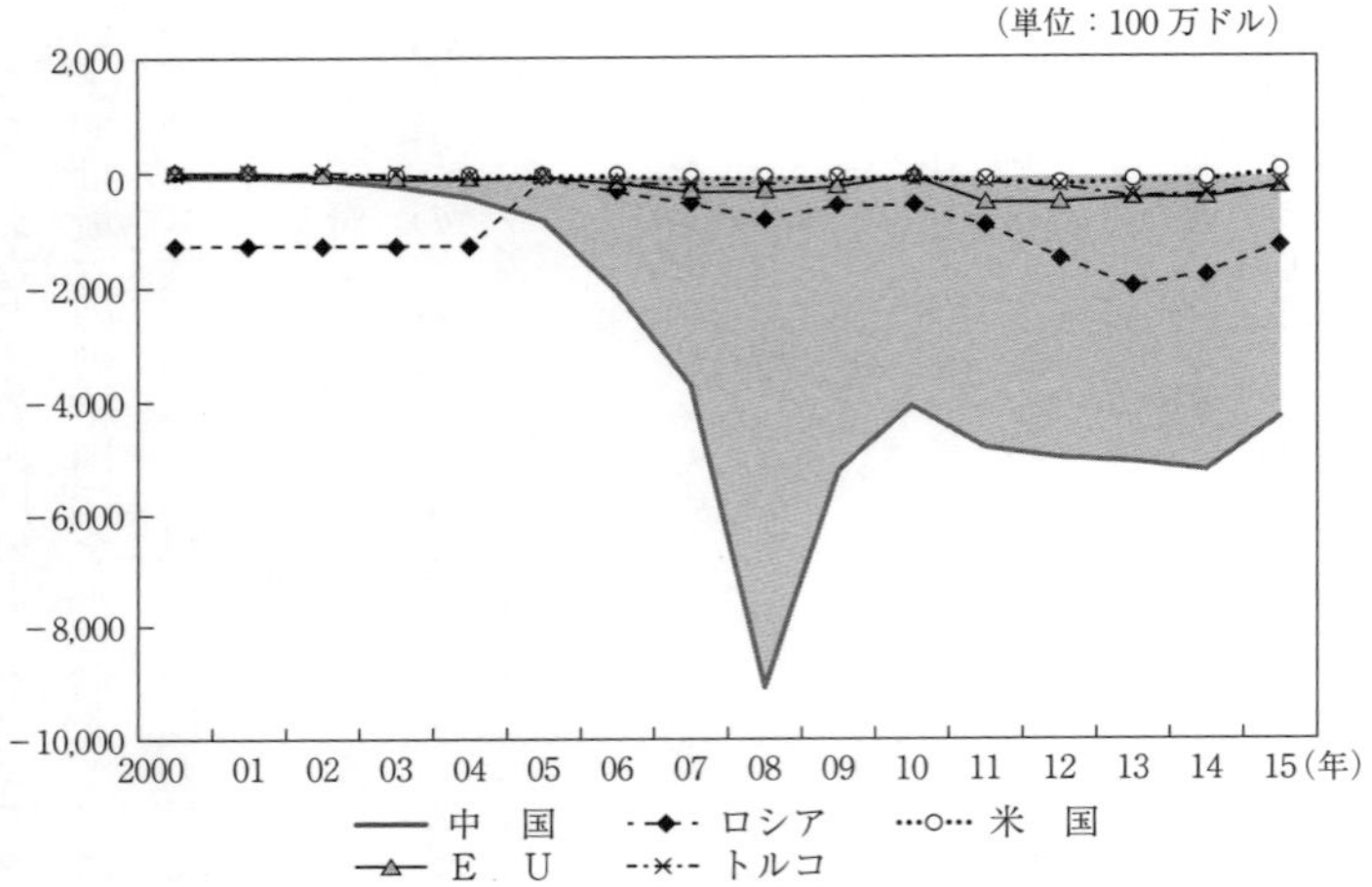

図1－5　キルギスの貿易収支の推移（相手国/地域別）

（出所）UN Comtrade Database より作成。

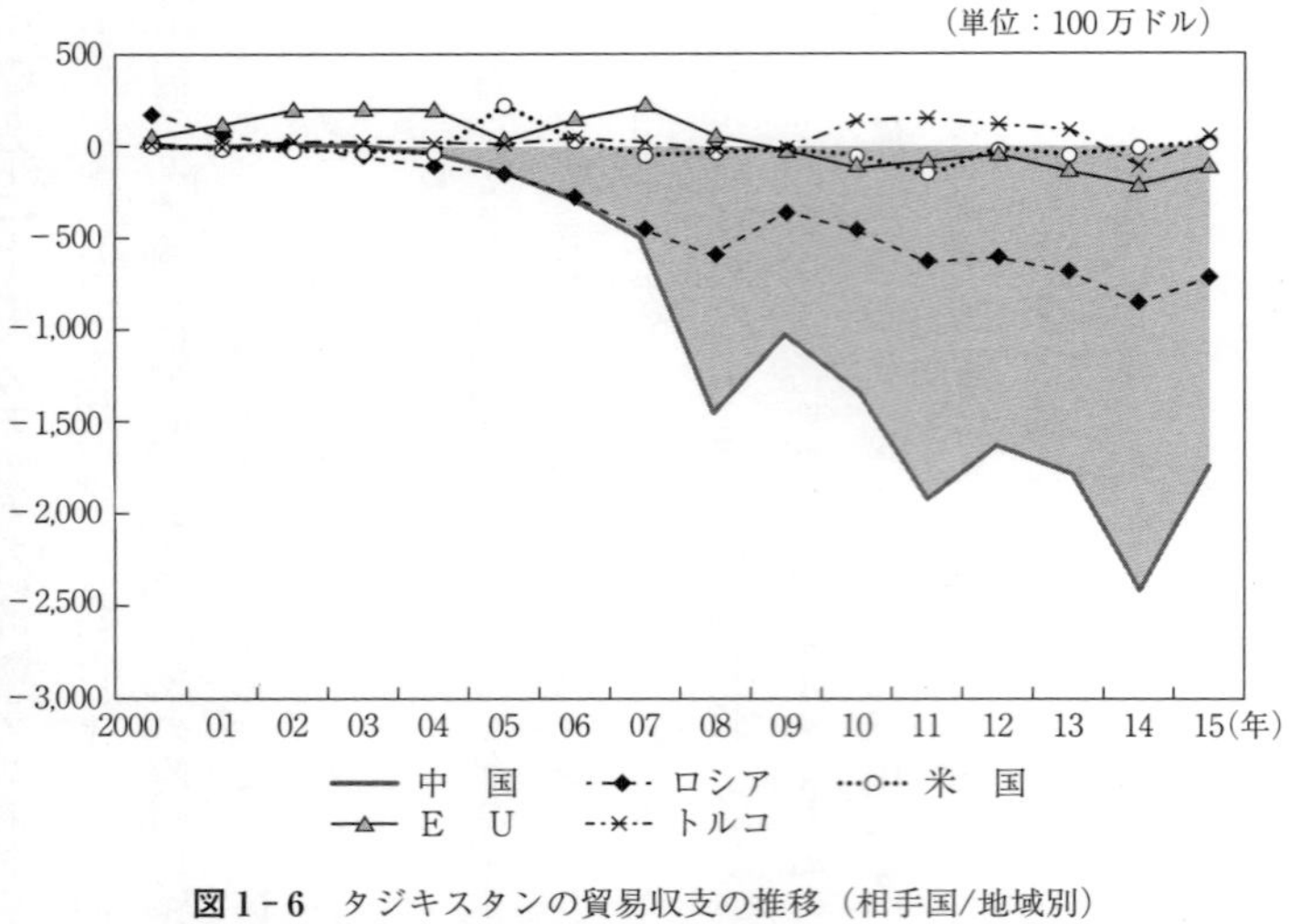

図1－6　タジキスタンの貿易収支の推移（相手国/地域別）

（出所）UN Comtrade Database より作成。

二五％）をしめる最大の債権国になっている。資源を持たないこれらふたつの国ぐにが、中国の援助にどっぷりと浸かっていることは想像にかたくない。

変貌する国々

旅の報告をつづけよう。二〇一四年一一月、私は中央アジア四ヵ国（トルクメニスタンをのぞく）を訪問した。はじめての訪問からちょうど二〇年後にあたる。中東のアラブ首長国連邦のドバイからエミレーツ航空の夜行便でタジキスタンの首都ドゥシャンベへはいり、その後カザフスタンのアルマトゥイへ移動し、そこをハブにして首都アスタナやキルギスのビシケクとウズベキスタンのタシケントへ飛んだ。カザフスタンへはモスクワ駐在時代にときどき足を運んでいたが（当時、カザフスタンにおけるトヨタのビジネスはモスクワからハンドリングされていた）、キルギスとウズベキスタンへはまさに二〇年ぶりの再訪となった。また、タジキスタンへはこのときはじめて訪れた。

アルマトゥイを最後に訪問したのは、リーマン・ショックからまもない二〇〇八年一〇月のことだった。ひどい不況で資金繰りがとどこおったためか、あちこちの建設現場でタワー・クレーンが中空に高く伸びたままむなしく放置されていた光景が忘れがたい。また、完成したばかりのショッピングセンターでは、借り手のいない店舗のショーウィンドウが寒風にさらされてもいた。

ところが、それから六年が過ぎて、街はショックからすっかり立ち直っていた。そこここに古びた集合住宅や朽ちた建物があり、新旧がとなりあわせで併存する様は相変わらずなのだが、空港には中央アジアの空のハブとしてのにぎわいがあり、国営アスタナ航空の機材はどれも新品のボーイングで

厳冬の摩天楼，アスタナ（現ヌルスルタン）

心地よかった。また、リーマン・ショックのとき、私が「大きな投資はひかえたほうがいい」と助言した自動車販売店のオーナーは、いまでは国を代表する大実業家のひとりになって誇らしげだった。私は資源国の強さをまのあたりにする思いがした。もっとも、私が訪問した二〇一四年の秋には、米国におけるシェール開発の影響ではやくも原油の値崩れがはじまっており、また中国経済の成長にもかげりがみえて、中央アジア経済全体に暗いかげを落としはじめてもいたのだが（図1－3～4の貿易推移にもその様子がうかがえる）。

他方、タシケントの街には、新旧とりまぜてたくさんのシボレーが走っていた。否、行き交う車はほとんど皆ＧＭかシボレーだ。米国のＧＭ（ゼネラル・モーターズ、シボレーもそのブランドのひとつ）が韓国の大宇自動車を買収し、政府の産業保護政策にまもられて乗用車を独占的に生産していたためである。韓国からは、ＫＤＢ（韓国開発銀行）をはじめ、旧大宇グループの自動車部品サプライヤーが数多く進出し、またサムスンやＬＧなどの家電・電子機器メーカーも工場をもっていた。反面、マクドナルドやメトロなど欧米系のファーストフードや流通チェーンはひとつもなく、カフェやスーパーマーケットはどれもローカル資本によるもので地味だった。が、こざっぱりした雰囲気で客足はわるくない。外資の規制がつづくなかで華やぎこそなかったが、それでも二〇年のあいだに国民の生活はいくらか豊かになっているようにみえた。

資源の供給基地、製品の輸出先

どこへいっても共通するのは、安価な衣料品やさまざまな日用雑貨、掃除機や冷蔵庫、エアコンなど中国製消費財の広汎な流通である。ビシケクやドゥシャンベの郊外には、巨大な中国バザールがあっておおいににぎわっていた。また、若者たちのあいだでは、ファーウェイやレノボのスマホやパソコンの人気が高かった。ファーウェイは、訪問したどの都市にも立派なオフィスをかまえていた。他方、中国の建設企業は、道路や鉄道ばかりでなく、中央アジアのあちこちで商業ビルやオフィスビルの開発を請け負っていた。そのためか、内陸のタジキスタンやウズベキスタンでも、中国人らしき出張者の一団や労働者の群れをしばしばみかけた。

カザフスタンの新しい首都アスタナは、草原ステップの真っただ中に開発されたモダンな都市だ（ちなみに、マスタープランを描いたのは日本の建築家、故黒川紀章氏である）。冷たい風が大地を吹きぬけ、大きな夕陽が官庁ビル群のあいだの遠い地平線にしずむ。政府の戦略策定センターの所長によれば、中国はいま、原油や石炭の採掘をはじめ、同国で五〇以上のプロジェクトをすすめているという。建設現場にそびえる大型クレーンには、中国のゼネコン名がおおきく印字されていた。そして、そこでは中国製の資材や器材がおおく使われている。

他方、タジキスタン政府の高官によれば、同国には四〇〇社をこえる大小さまざまの中国系企業があり、そのひとつのセメント工場からは、すでにパキスタン、アフガニスタン、キルギスなど近隣諸国への輸出がはじまっている。そして、中国の投資は肥料やアルミニウムなどの分野へもひろがっているという。また、ウズベキスタンの戦略・地域関係研究所の幹部からは、中国企業はタシケントから南西へ一〇〇キロほどはなれた開発特区（鉛、亜鉛、石灰などの産地）に多く進出しているという説明があった。

ここでもう一度、貿易動向にもどろう。二〇〇〇年以降の貿易額の推移をふりかえると、宗教や言語でつながるトルコとの関係が意外なほどに伸びていない（図1-3）。トルコと中国では、そもそも経済のスケールとダイナミズムがちがいすぎるということなのだろう。二〇数年前まで内陸の孤島さながらだった中央アジアは、いまや中国に対する資源の供給基地、製品の輸出先になろうとしている。中央アジア経済は、すでに巨大な中国経済の影響下にあるといってよいだろう。

第二章　シルクロード経済ベルトと中央アジア

1　ユーラシアの長大な弧

陸の港、ホルゴス大開発

中国新疆ウイグル自治区のホルゴスは、カザフスタンとの国境をまたぐ内陸の辺境である。新疆の中心都市ウルムチから西へおよそ五五〇キロ、天山山脈をまぢかにのぞむ山麓の丘にある。かつて、このあたりは夏にはラベンダーの花が咲き、羊や馬があそぶのどかな草原だったという（ホルゴスのあるイリ地方は北海道中央部とほぼ同緯度）。また、古代シルクロードの天山北路は山脈の北の山あいをすすみ、ここをとおって西へつづいた。そのさきのカザフスタンのアルマトゥイまではおよそ三八〇キロ、車で四、五時間の距離である。

そのホルゴスがいま、中国製品の一大輸出基地に変貌している。二〇一一年一二月に、国境をまたぐ自由貿易ゾーンがここに開設されたためである。同時に、両国の鉄道がここでつながり、またあい

ホルゴス・ドライポートのコンテナ積み替えターミナル

前後して、中国側では蘭州からウルムチをへて国境へいたる高速ハイウェイが開通した（つまり、東の沿海部から内陸の国境までが四〇〇〇キロの高速道路でつながった）。念をおすが、この開発はいまにはじまったことではない。すでに七年以上もまえにさかのぼるできごとだ。自由貿易ゾーンの総面積はおよそ五平方キロメートル、東京ドーム一〇〇個分をゆうにこえる広さである。そして、そこには大型の免税ショッピングセンターはいうにおよばず、トラック用の通関ターミナル、鉄道の連結ターミナル（両国間でレール幅が、中国は標準軌で旧ソ連は広軌と異なるため、コンテナを積みかえる必要がある）や保税倉庫だけでなく、ホテルや展示ホールなど、国際的な物流基地としてのインフラ機能がひととおり整備され、開発はいまもつづいている。

二〇一七年一〇月、私はアルマトゥイから車を走らせてホルゴスを訪れた。雪をいただく天山を背景に、広大な貨物鉄道ターミナルがひろがっていた。ユーラシアの東西をつなぐ二本の引きこみ線に二基の巨大なゲート型クレーンがそびえ立つ。いかにも内陸のゲートウェイという風情がただよう。

ターミナルでは、中国からついた貨車からヨーロッパ行きの貨車へコンテナを積みかえていた。パスポート・コントロールをとおって自由貿易ゾーンへはいると、フェンスのさきの広場の真ん中に国境をしめすボーダースポットがあった。ここを歩いてこえると中国である。「中国商城」と紅くかかれたショッピングセンターへはいると、そこには衣類や下着、靴、寝具、子供服からオモチャやタイヤ、自転車まで、ありとあらゆる日用品を売る店がぎっしりとならび、おおぜいの買い物客でにぎわっていた。店員の多くはカザフ系の中国人でロシア語が通じた。私を案内してくれたドライバーも、孫のためにとスニーカーとストッキングを買った。アルマトゥイの中国バザールで買うよりも三割は安いのだとか。

日系輸送会社の駐在員によれば、カザフスタン側からここをおとずれる商人とその担ぎ屋、買い物客などの数は一日ざっと二〇〇〇〇人。担ぎ屋たちが免税枠（ひとり月五〇キロ、一五〇〇ドル以内）で買いつけた物資は、カザフスタン側で待機する二〇トン積みの大型トラックに満載され、国内だけでなく中央アジアの各都市へ、さらに

中国側の巨大ショッピングセンター

陸路ロシアやベラルーシなどへむけてピストン輸送されている。そして、中国政府はここをシルクロード経済ベルトの「ドライポート」（つまり、海の港ならぬ陸の港というわけである）と位置づけて、国内各地から企業を誘致し、開発に力をいれているという。

国境貿易から国際貿易へ

そもそも中国新疆と中央アジアの貿易のはじまりは、中国の改革開放時代（一九八〇年代）へさかのぼる。それまでは中ソ間の緊張（後述）がつづいたため、国境はながく閉鎖されていたからである。まず一九八三年に、当時のソ連との国境の数ヵ所に陸上輸送ルートがひらかれ、やがて三年後には国境でのバーター交易がほそぼそとはじまる。そしてソ連が崩壊し、中央アジアの国ぐにが分離して経済が自由化されると、それが雨後のたけのこのようにのびそだつ。だが、国境地帯の緊張がつづいたことと輸送インフラの悪さがネックになり、その後しばらくは草の根の行商人ビジネスの域をでなかった。変化がおとずれたのは二〇〇〇年代にはいってからである。

中国新疆ウイグル自治区から近隣の中央アジアなどへの輸出額をみてみよう（図2-1）。二〇〇〇年から二〇一五年までの推移をふりかえると、新疆の輸出は、二〇〇〇年代のなかば（二〇〇五年ごろ）をさかいにまるで弾みがついたかのようにふえはじめる。そして、その後リーマン・ショックによっていったん減少するが、長期的にみれば右肩あがりでふえているといってよい。その結果、二〇一五年には前年にくらべて減りはしたものの、それでも輸出額は一七五億ドルにのぼり、これは辺境の国境貿易のスケールをはるかにこえている（ちなみに、同年の日ロ貿易は輸出入の往復で二〇九億ドル）。

しかも、その推移の変化を相手国別にみると、おなじ二〇〇〇年代のなかばごろから、中央アジア以外の国ぐにへの輸出が伸びはじめ、その傾向は二〇一一年以降いっそうきわだっている。新疆の輸出先は、このころから近隣の中央アジアやロシアなどにくわえて、パキスタンやインド、イランなど南西アジアや中近東にまでひろがっている。他方、そのような変化は、それとほぼ同じタイミングで、輸出全体にしめる一般貿易の割合がおおきくなっていることと軌を一にしている（図2-2）。そして、ここでも二〇一一年以降、その傾向がいっそうくっきりとあらわれる。

つまり、辺境貿易はあいかわらず輸出全体の五〇％以上をしめてはいるのだが、最近では近隣の中央アジアよりも、むしろそれ以外の遠隔の国ぐにへの一般輸出が全体の伸びをリードするように変化しているのである。新疆ウイグル自治区の貿易は、地もとの個人や商人が中心の、いわば草の根の国境貿易から、企業によるグローバルな国際貿易にかわりつつあるとみることができよう。その背景に、国境地帯の安定にくわえて、鉄道や道路などの輸送インフラの開発や整備があることはいうまでもなかろう。

この新疆の貿易でもうひとつ注目したいのは、二〇〇〇年から二〇一五年までの一五年間に、輸入はわずか二倍にしかふえていないのに対し、輸出だけがなんと一四・五倍に突出してふえていることだ（図2-1）。ここには、北京政府が輸出主導型の経済開発によって、「西域」（ウイグル人が多くすむ）の安定と発展をめざそうとする意図がありありとうかがえる。ホルゴス草原の開発には、そういう意味あいもあるだろう。

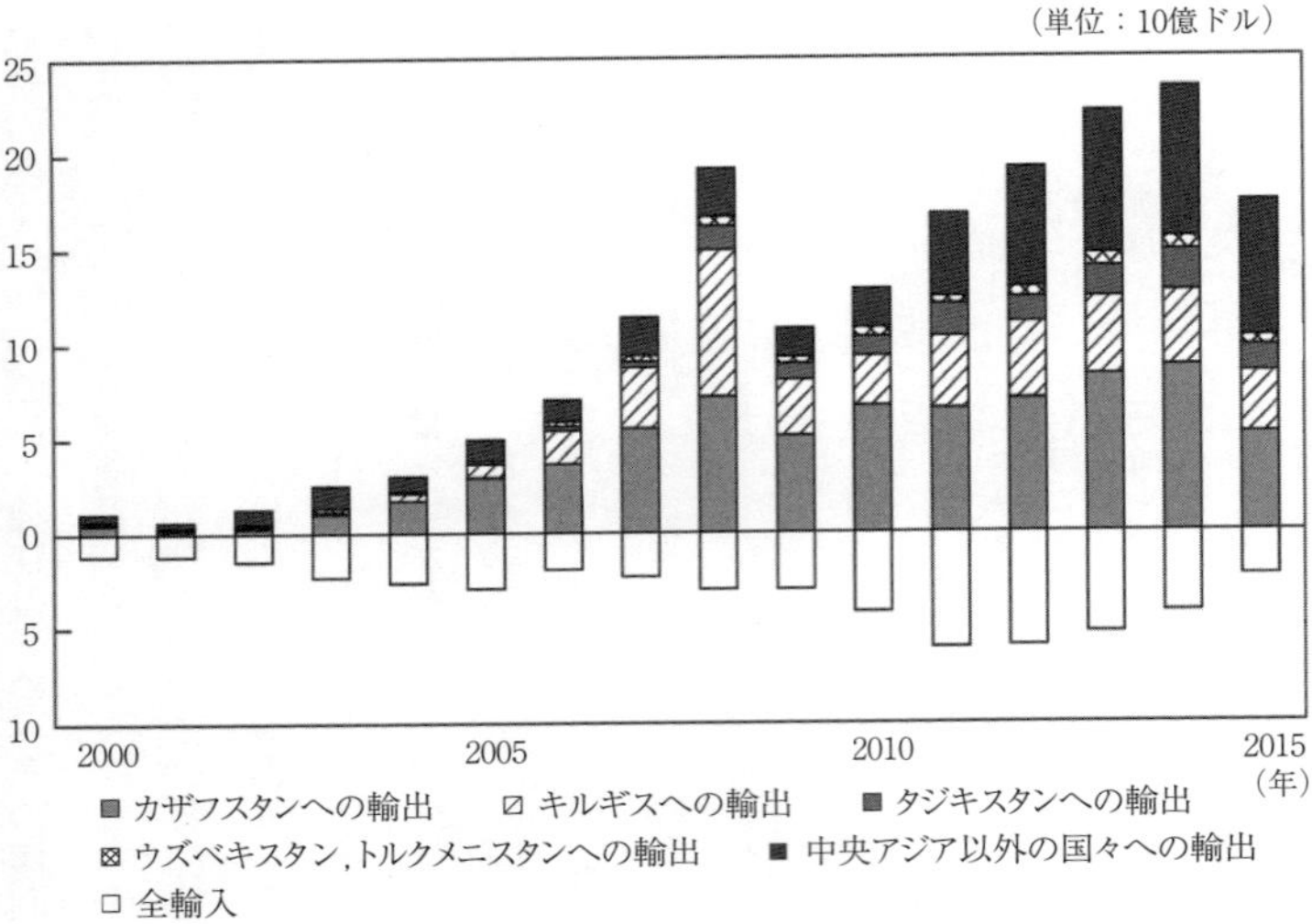

図 2－1　新疆ウイグル自治区の貿易の相手国別推移

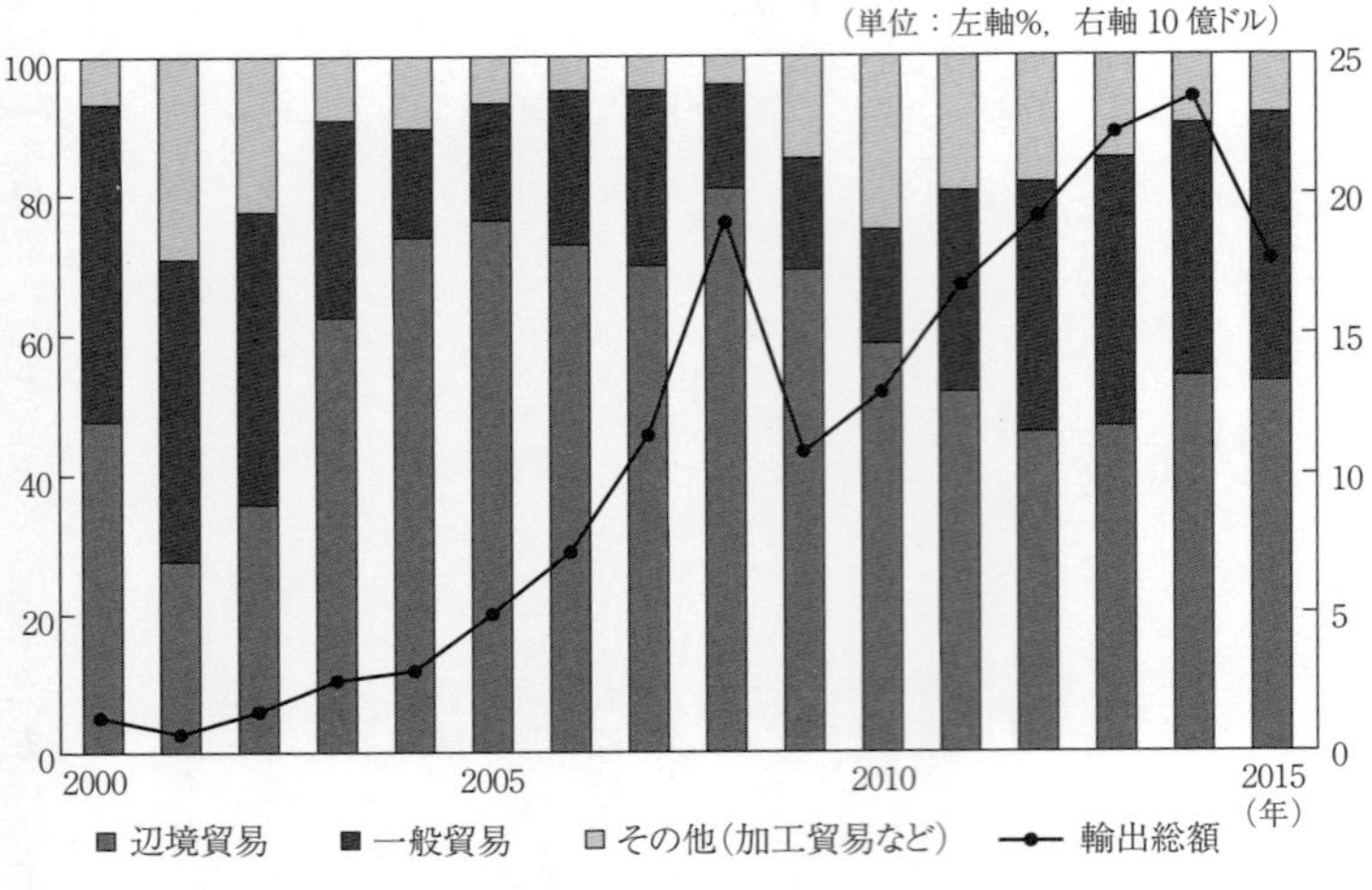

図 2－2　新疆ウイグル自治区の輸出とその変化

(出所) 図 2－1，図 2－2 ともに，新疆統計年鑑（各年版）より作成。

自然地理の重要性

他方、私は冷戦終焉後のユーラシアでは、自然の地形や地理の要素がいっそう重要になりつつあるのではないかと考えている。あるいは、冷戦の終焉によって政治の制約がうすれた結果、自然地理の要素が色濃くあらわれてきたといいかえてもよいだろう。過ぎ去った二〇年をグローバルにふりかえるとき、中国の強大化が最大の変化要因であることはこれまでくりかえし述べてきたのだが、中国経済の西の内陸へのひろがりをあと押しした要因のひとつが、地つづきでちかいという、いわば自然地理の要素ではなかったかと思う。

たとえば、キルギスの首都ビシケクやタジキスタンの首都ドゥシャンベは、中国新疆のカシュガルとはパミール高原や天山山脈をこえればほんの目と鼻のさきの距離にある。カシュガルが、ふるくは天山南路のオアシス都市として栄えたことはひろく知られている。そのカシュガルから、この一〇年ほどのあいだにビシケクやドゥシャンベへとつづく山岳ハイウェイが整備され、いまでは中国から満載の貨物をつんだ大型トレーラーが行きかっている。また、ビシケク市内に渋滞をもたらしている右ハンドルの日本製中古車の多くは、意外にもパキスタンの港で陸揚げされ、陸路アフガニスタンからパミール高原をこえて運ばれてくるそうだ（キルギスとアフガニスタンをむすぶ山岳ハイウェイは、二〇〇一年のアメリカにおける9・11テロ事件後、米軍の補給基地がキルギスにおかれたために優先的に整備された）。このような動きは、地つづきでちかいゆえの経済合理性（輸送コストなどがやすい）にもとづいている。

反面、大陸の南に幾重にもよこたわる峻険な山岳地帯は、あいかわらず人や物の自由な往来をはばんでいるし、またカスピ海は、すでにながく東西のヨコの物流をさまたげてきてもいる。カスピ海の

ユーラシアの弧

存在は、トルコと中央アジアの貿易がのびない理由のひとつでもあるだろう。

だが、それでもはじめての中央アジア訪問から二〇年がたってみると、カザフスタンとキルギスでは、国土を横断してロシア国境からヨーロッパへつうじる長大な高速道路（現地の輸送会社は「トラック・バーン」と呼んでいた）の建設がすすんでいたし、また鉄道では、カザフスタンを経由して、重慶はじめ中国の工業都市とロシアのサンクトペテルブルクやドイツのデュイスブルクなどを直行でむすぶ国際貨物列車がいまでは頻繁に往復してもいる。そして、これらの道路と鉄道が、陸の港ホルゴスを中国側の起点としていることはいうまでもない。他方、トルクメニスタンでは、カスピ海から中国新疆へむかう第二の天然ガス・パイプラインの建設がはじまっている。工事はウズベキスタンの沙漠ステップを横断して、タジキスタンとキルギスの高原や山岳地帯におよぶだろう。厖大な中国マネーに誘引されて、ユーラシアの内陸部がながい時間をかけてゆっくりとつながっていく。

私は、冷戦の終焉がユーラシアにもたらしたもっとも重要な変化のひとつは、広大な大陸における陸伝いの往来が自由にできるようになったことではないかと思っている。米ソが世界を二分した冷戦下では、東西間の人や物の自由な移動がきびしく制限されていた。くわえて、中ソの対立という事情もあった。そのため、広大なユーラシア大陸のまんなかに、モスクワから遠くはなれた中央アジアが内陸の閉じられた秘境のように存在した。それがいまはどうか。あらためて地図をみてみよう。内陸ユーラシアの中央に北緯四〇度線がゆるやかな弧をえがく。東西七〇〇〇キロにおよぶその長大な弧をたどると、北京から新疆のカシュガルをへてトルコのアンカラへといたる。私はそれを「ユーラシアの弧」と名づけたい。ユーラシアに、広大で地つづきの通商空間がひらかれたのである。これぞ現代シルクロードの要諦といえよう。

2　シルクロード経済ベルト構想とは

「ユーラシアの弧」再論

ユーラシアの弧について、もうすこし述べたいと思う。

政治と地理はたがいに作用しあっている。陸と海、地理や地形などの条件が、それらとふかくかかわる地域や国ぐにの政治や経済、貿易や投資、外交などにおよぼす影響について研究する学問が地政学である。政治の制約がうすれると、自然地理の要素がいっそう重要になる。冷戦終焉後の世界で、地政学が注目されるようになったのはそのためだろう。

北緯四〇度のカーブにそって、ユーラシア大陸の真ん中にキルギス、タジキスタン、カザフスタン、ウズベキスタン、トルクメニスタンの中央アジア五ヵ国がある。また、自然地理としては、カーブのほぼ真ん中にパミール高原があり、そこを中心にいく筋かの川が東西にながれくだって下流の盆地や平原の沙漠ステップをうるおしている。その流域にひろがる地つづきの広大な一帯が、ふるくからトルキスタン（トルコ人がすむ土地）と呼ばれてきたことはまえに述べた。中国の新疆ウイグル自治区もまたその東の一部で、そこにすむウイグル人が、中央アジアに多くすむ人びととおなじトルコ系の北方遊牧民の血をひくことはいうまでもない。新疆が東トルキスタンとよばれるゆえんである。

付言すれば、一九九四年秋にはじめて中央アジアを旅した帰路、私は中国ルートをえらんで新疆の中心都市ウルムチへたちよった。その頃すでに中国西域の空の玄関になっていたウルムチ空港は、おおきな荷物をたずさえたペルシャ系やトルコ系とおぼしき商人や旅行者たちでごったがえし、近代的なホテル（ホリデー・イン）のバーは、夜ともなるとアメリカ人のグループや華僑系のビジネスマンたちの熱気に満ちていた。他方、イスラム・バザールをたずねると、そこには赤や黄色、オレンジなどの香辛料や乾燥フルーツの山がゆたかにならび、またうす暗い路地の奥では、まるいウイグル帽をかぶり、白い顎ひげをたくわえた男たちが物憂げに絨毯を売っていたことを思いだす。こうした光景は、旅の途中に中央アジアの諸都市でみてきたものとすこしもかわらなかった。私は、ここは中央アジアなのだと実感した次第である。

それはともかく、古来、中国はこの西域をつうじて陸路、西アジアやヨーロッパとつながっていた。

そして、古代から近代にかけての歴史的な時間をとおして、この一帯はながく東西文明が交流する陸の要衝でありつづけた。中国新疆のカシュガルは天山南路を代表するオアシス都市としてさかえ、ウズベキスタンのサマルカンドやブハラは、興亡をくりかえすトルコ系遊牧民やペルシャ人国家の旧都としてかがやいた。だが、一六世紀にヨーロッパで大航海時代が幕をあけ、南洋をいく海上交通がさかんになると、内陸の山岳や沙漠の交易路はしだいに衰退してかえりみられなくなる。文明の光は海をてらし、陸から遠ざかったのである。そして、このような状態は一九世紀に中央アジアへ南下した帝政ロシアの支配をへて、ながくソ連の時代までつづくことになる。

ちなみに、ソ連は自給自足の一国社会主義経済を追求した。そして、垂直型の中央集権システムのもとですべての生産をモスクワが一元的に管理して配分した。そのため、鉄道をはじめ輸送インフラはモスクワを中心として四方へ放射線状にのび、ヨコどうしの連結はほとんど考慮されていなかったといってよい。またそれは、中央アジアの民族共和国をモスクワに従属させるという意味あいを帯びてもいた。石油や天然ガスの輸送パイプラインもまた例外ではなかった。

ファクツ&フィギュアーズ

中国はいま、シルクロード経済ベルト構想（一帯）を提唱し、中国本土から中央アジア、南西アジアやロシアをへてヨーロッパへとつながる高速道路や高速鉄道網と、カスピ海やペルシャ湾、シベリアから中国へいたる天然ガスや原油パイプラインからなる長大な陸上輸送網の構築をめざしている。このまさしくユーラシア大陸大の構想が、北緯四〇度のカーブを要路とし、地つづきの開かれた空間をいくという地政学要件を拠りどころとすることはすでに明白である。そして、これまで記してきたように、中国経済の波はいまではユーラシアの内陸ふかくまで打ちよせている。また、そのひろがりは、新疆ウイグル自治区の開発とひとつになって中央アジア全体をおおきくおおう。陸の港ホルゴスの開発は、それをシンボリックにしめす動きといえるだろう。

とはいえ、この壮大な計画が、これまで順風満帆にすすんできたわけではけっしてない。なぜなら、中国の強大化に対する近隣の国ぐにの警戒心はおおきいし、またいまだに安定しない地域情勢や相対立する国ぐにどうしの思惑が計画の行く手をさまたげてもいるからだ。たとえば、新疆のカシュガルと、インド洋をのぞむパキスタンのグワーダル港をむすぶ中国・パキスタン経済回廊（高速道路、高速鉄道、パイプラインなどが一体となった陸上交通路）の建設は、内戦のつづくアフガニスタン情勢とも関連して、パキスタン南部にすむ少数民族（バルチ人）の分離独立抗争や、同国北部のカシミール地方をめぐる隣国インドとの領土問題などのために難航している。また、鉄道は海運と競合関係にある。中国とヨーロッパを直行でむすぶ国際鉄道一貫輸送は、海路にくらべてコストがたかく、殊にヨーロッパ発の復路便ではじゅうぶんな荷物の確保がむずかしい。そのため、輸送会社や鉄道会社の採算性に問題があることも指摘され、事業の将来性をクールにみる専門家はおおい。

他方、政治は、ときに現実をみえにくくするかもしれない。余談だが、二〇一七年二月に当時の勤務先の研究所で、米中間の経済の補完関係とその変化について、統計を一九八〇年代までさかのぼって基礎的な調査をこころみた。米中関係は、政治や外交、軍事や安全保障などの面から語られることが多いためか、その主張や発言はとかく政治的、主観的な見方におちいりがちで、客観的な経済分析にもとづいた議論は意外に少ないのではないかと思っている。だが、米中関係は変化しており、この先どうころぶかわからない。そこで、その変化の要因を理解し、将来を考察するために、経済面の客観的な分析をつうじて長期的な構造変化をあきらかにすることが求められているのではないか。そういう問題意識が調査の根底にあった。

シルクロード経済ベルト構想の評価についても、これと相つうじるところがあると思う。小論で、統計図表（フィギュアーズ）を多くもちいているのはそのためである。日本では、政治や安全保障の視点からの中国脅威論が支配的なあまり、「一帯一路」がまるで荒唐無稽なことのようにネガティブに語られることが多い（中国の覇権主義を批判することはよいのだが）。

また、事実（ファクツ）にたいする認識も、現実からおおきく遅れをとっているように思えてならない。くり返しになるが、シルクロード経済ベルト構想は、なにも最近になって打ちだされた政策ではない。カスピ海と中国本土をむすぶ天然ガス・パイプラインは二〇〇九年一二月に完成し、またそれにさきだつ二〇〇五年一二月には原油パイプラインもつながって、いまはパイプライン建設の第二ステージにはいっている。そして二〇一一年一二月には、内陸のホルゴス草原に一大物流ターミナルが開設された。他方、中国の重慶とドイツのデュイスブルクをむすぶ鉄道貨物一貫輸送は二〇一一年三月にスタートしたのだが、重慶市ははやくも二〇〇九年八月に中国、カザフスタン、ロシア、ポーランド、ドイツなど関係五ヵ国の鉄道当局と合同の協議体（五国六方会議）を設置し、また同時にポーランドをのぞく四ヵ国の鉄道当局と合弁で運営会社（渝新欧物流公司）を設立し、それ以来彼らをパートナーとして定期協議をかさねながら事業をおこなってきているのである。日本の認識は遅れており、現実はさきを行っていると私はみている。

中国の正体を照らす鏡

これまで私は、ユーラシアにおけるこの二〇年の構造変化について、私自身の旅の報告をベースにして述べてきた。ここで、もうひとつふたつ統計図表をみてみよう。中央アジア五ヵ国の中国との貿易構造の推移である。そこからなにが見えるだろうか。

二〇〇〇年から二〇一五年までの中央アジア五ヵ国の中国との貿易の推移を品目別の構成でみると、両者のあいだの経済関係の変遷がはっきりとみてとれる。まず輸出では、二〇〇〇年代後半から、原油や天然ガスなどエネルギー資源のしめる比重が急速にたかまってきたことが一目瞭然である。そして、二〇一〇年代にはいると、エネルギー資源の輸出がふえたことで輸出額全体が跳ねあがっている（パイプラインの完成時期が二〇〇五年と二〇〇九年だったことを想起していただきたい）。他方、輸入では、二〇〇〇年代なかばにむかって雑貨（衣類、靴、バッグなどの消費財）が全体の伸びをリードするのだが、同時にその頃から原料別製品の比重がしだいにおおきくなるとともに、リーマン・ショックをへた二〇一〇年ごろからは機械・輸送用機器類の比重がたかまり、輸入額全体を押しあげるように変化してきている（図2-3）。

しかも輸入について、その原料別製品と機械・輸送用機器類の内訳をさらにこまかくみると、前者

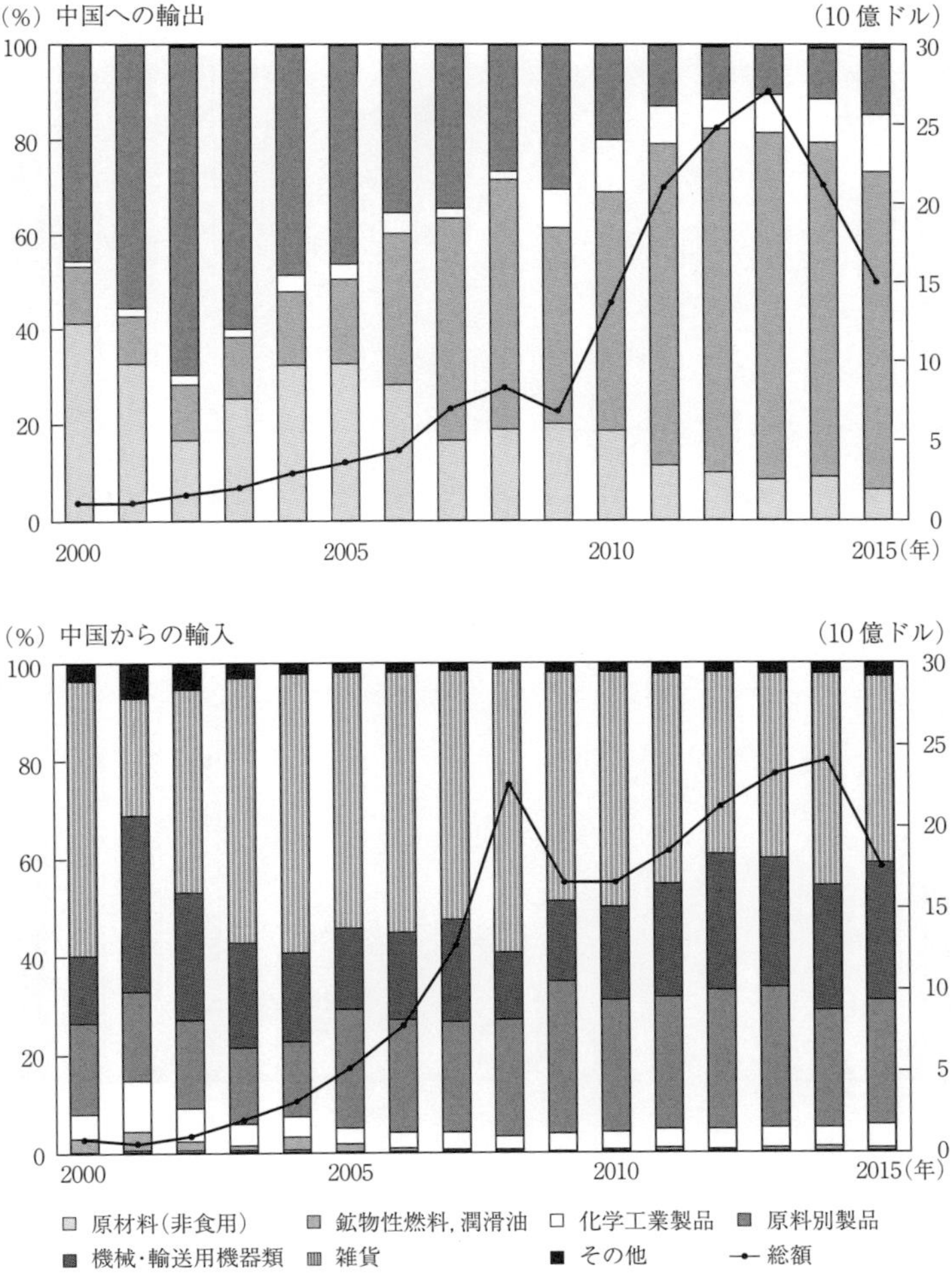

図 2－3　中央アジア５ヵ国全体の対中国の貿易構造①

（出所）UN Comtrade Database より作成。

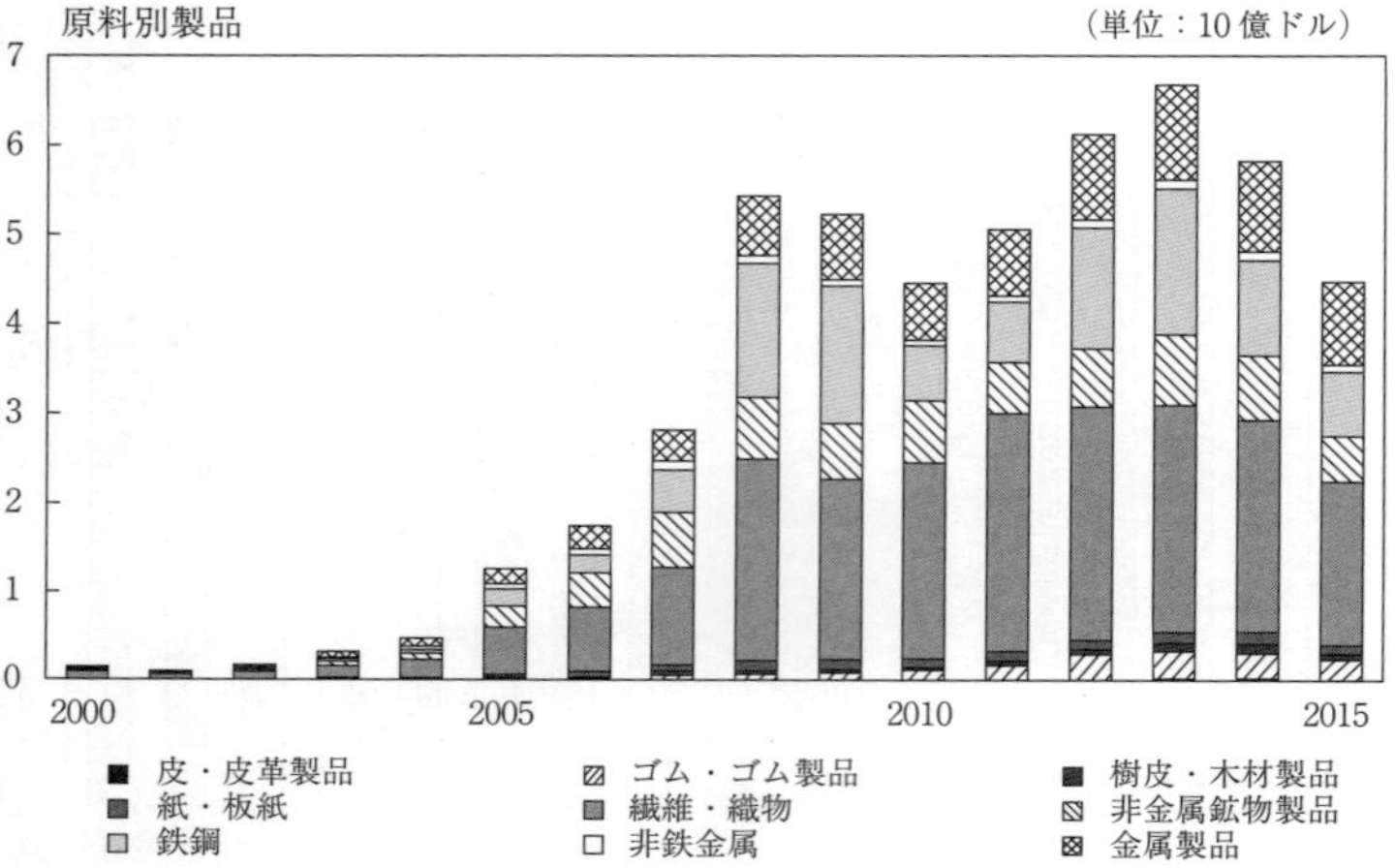

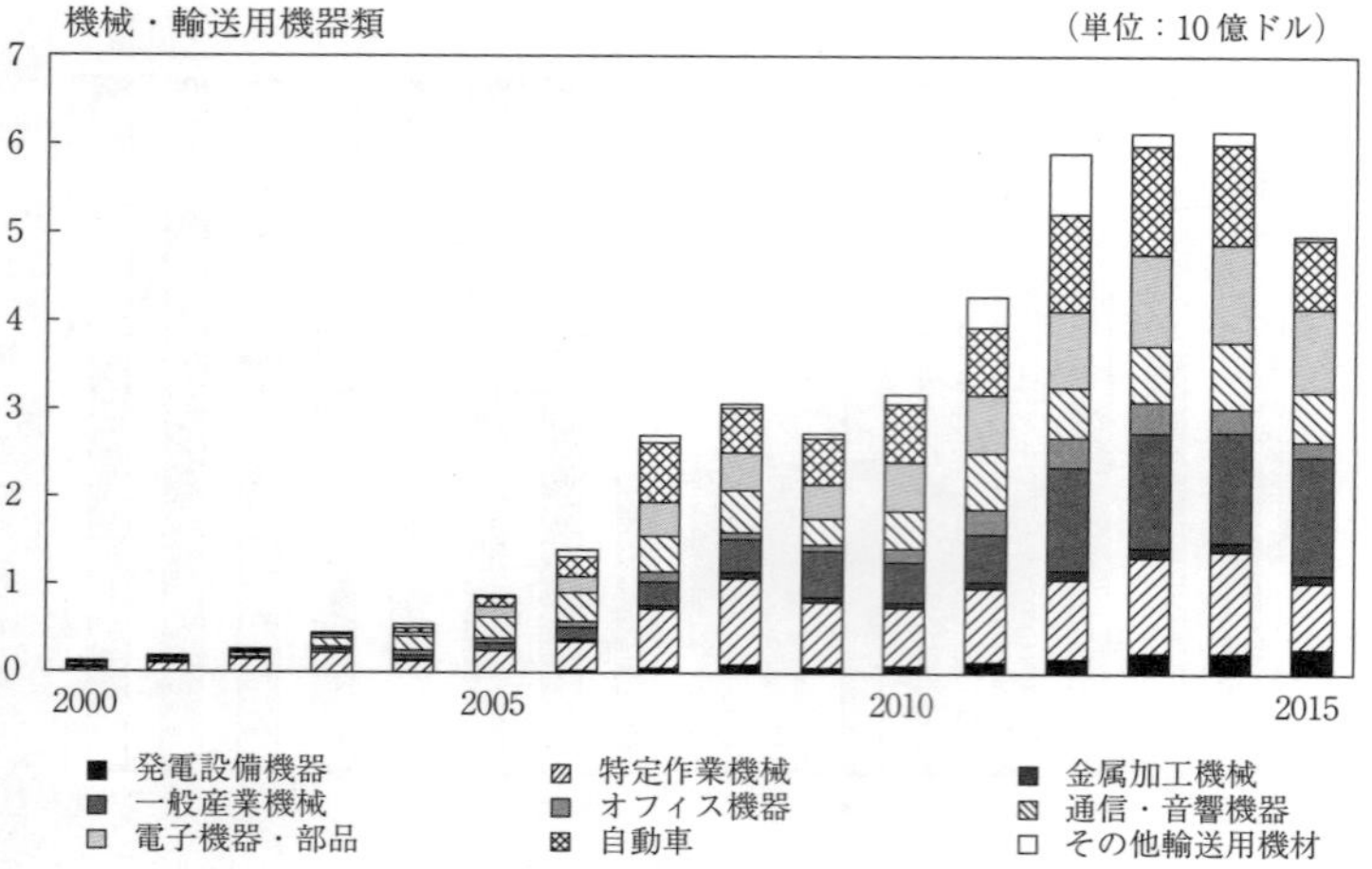

図 2－4　中央アジア5ヵ国全体の対中国の貿易構造②

（出所）UN Comtrade Database より作成。

では二〇〇八年ごろから繊維・織物の増加にくわえて、鉄鋼、金属製品（銅線など）に中国による輸出ドライブがかかっているようすが明瞭にみてとれる。また、後者では二〇一〇年代にはいって一般産業機械、電子機器・部品（パソコンなど）、通信・音響機器（スマホなど）、自動車などがふえていることがわかるのである（図2-4）。つまり、ここからみえてくるのは、中国にとっての資源の供給基地であり、製品の市場であり、はたまた中国自身がもてあます過剰な生産能力の受け皿になっていく中央アジアの姿である。

アジア史の泰斗、宮崎市定（一九〇一～一九九五）は、「中国周辺史総論」においていみじくも記す。「中国周辺史は、（中略）それが総合せられたる時、中国の各時代に於ける社会なり文化なりの正体を暴露す可き照魔境でなければならぬ」と（宮崎市定著、礪波護編『東西交渉史論』中公文庫、一九九八年）。中国は、シルクロード経済ベルト構想によって、ユーラシアのエネルギー資源をひきよせるとともに、みずからの巨大な生産力をささえるための未開拓な需要をたぐりよせたいはずである。

かくして中国経済は西の内陸へむかってひろがる。かたやロシア経済の衰退はつづく。そのロシアもまた、中国のためにエネルギー資源を輸出する。ユーラシアの重心はさしあたり、東の中国へむかっておおきく旋回しつつあるようである。

3　二つの大国の狭間で

中央アジアからみたロシアと中国

ユーラシアはいま、中国経済のおおきなうねりのなかにある。そして、それをあと押しする重要な要因のひとつが、地つづきでちかいという冷戦終焉後のユーラシアにおける自然地理の要素なのだと私は思う。中国の習近平国家主席が、はじめてシルクロード経済ベルト構想をおおやけにしたのは二〇一三年九月のこと。しかし現実には、中国ははやくも二〇〇〇年代のなかばごろから、この地政学要件をよりどころにユーラシア大陸において長大な陸上輸送網の構築にとりくんできた。そして、西域の開発にのりだし、広大で地つづきのユーラシアの国ぐにとの通商を拡大させてきている。そのさきにみえるのは、中国本土をハブとする内陸の国ぐにとの経済の連結である。

他方、私は中国の強大化こそは、過ぎ去った二〇年における グローバルで最大の変化点ではないかと考えている。中国はこの二〇年、世界経済をリードする大国としての姿をユーラシアというキャンバスにきざんできた。そして、この中国の興隆と対比するとき、ソ連崩壊にはじまる（あるいは、領土のピークはそれ以前に過ぎてはいるのだが）ロシアの長期的な衰退とのコントラストは鮮明である。ユーラシアにおいて、ロシアはこれからどう生きていくのか。この問いは、本書の底流に地下水脈のようにながれている。

同時に、小論をかきすすめながら思うのは、ユーラシア大陸にしめる中国という国のおおきさとその西へのひろがりである。中国は海に面しながらも、陸の奥行きがいかにもふかい。中国新疆のカシュガルは、北京とアンカラを東西にむすぶカーブのほぼ中心に位置している。カシュガルがユーラシアのハートと呼ばれるゆえんであろう。また、草原の港ホルゴスは、インド洋にうかぶスリランカ島とおなじ東経八〇度線上あたりに位置していることにきづかされる。内陸部は、あたかも南水洋の海面下にひろがる氷山さながらに、人口と面積の両面で沿海部よりもずっとおおきいのである。私は中国を大陸国家としてとらえている。

さて、視点を中央アジアにもどしたいと思う。ユーラシアにおいて、中央アジアはロシアと中国の二つの大国の狭間に位置している。ならば、中央アジアの人びと自身は、まわりの国ぐにをどうみているのだろうか。

二〇一六年はじめ、日本外務省が中央アジアで世論調査をおこなっている（永世中立国のトルクメニスタンをのぞくウズベキスタン、カザフスタン、キルギス、タジキスタンの四ヵ国で、各国それぞれ一八歳以上の三〇〇人、合計一二〇〇人を対象に、現地の調査会社に委託して主として電話による聴きとり調査、一部農村地域で訪問調査を実施）。質問の大半は日本のイメージや外交政策に関するものなのだが、そのなかに興味ぶかい問いがふくまれている。「もっとも信頼できる国は次の国のうちどれですか」（G20からひとつ選択）と、「あなたの国にとって、現在の重要なパートナーは次の国のうちどれですか」（おなじく複数選択）のふたつ。信頼できる国と協力しあえるパートナーをわけて問う、意味深長な設問である。

中国に対する期待と脅威

図2－5にしめしたように、「もっとも信頼できる国」の第一位はロシアで全回答者の六一％。これに対し、中国と答えた人びとの割合はわずか五％にすぎない。他方、「重要なパートナー」の第一位もロシアで全回答者の七五％。次いで中国が四九％と多く、日本二五％、トルコ一五％、韓国一二％の順であったという。つまり、中央アジアの人びとにとり、ロシアは「信頼できる重要なパートナー」で、他方中国は「重要なパートナーだが信頼はできない」とよめる。

全体の半数ちかい人びとが、中国を「重要なパートナー」としてあげたのは、貿易や投融資への期待がおおきいからだろう、ということは容易に想像がつく。まえにものべたように、中央アジアのロシア、中国との貿易額はリーマン・ショックをさかいに逆転し、中国は中央アジアにとり、いまではかつての「宗主国」ロシアにかわる最大の貿易パートナーになっている。しかも、中国との貿易が、二〇〇八年にキルギスの消費財輸入が急増したために全体の収支が一時的におおきく赤字にふれる局面はあったものの、長期的にみればこれまでほぼバランスされるかたちで推移してきたのに対し、ロシアとのそれは、中央アジアの一方的な赤字（つまり、資金の流出）で推移しているうえ（図2－6）、ロシアは中国への石油・天然ガス輸出において、価格や数量などの取引条件で競合する。中央アジアの人びとが、ロシアよりも中国との貿易に期待をよせるのは自然のなりゆきといえよう。

他方、中国が主導して二〇一五年一二月に創設された国際開発金融機関ＡＩＩＢ（アジアインフラ投資銀行）には、トルクメニスタンをのぞく中央アジア四ヵ国が創設時から加わっている（二〇一八年末

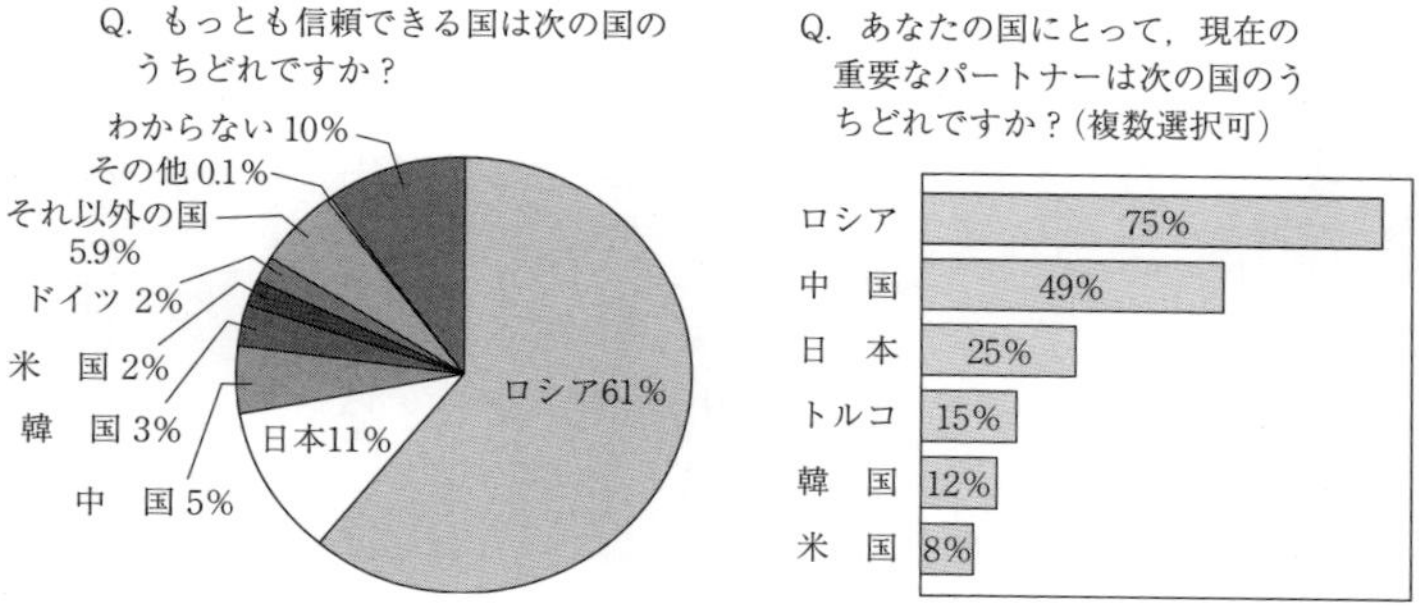

図 2－5　中央アジアにおける世論調査結果①

（出所）外務省資料。

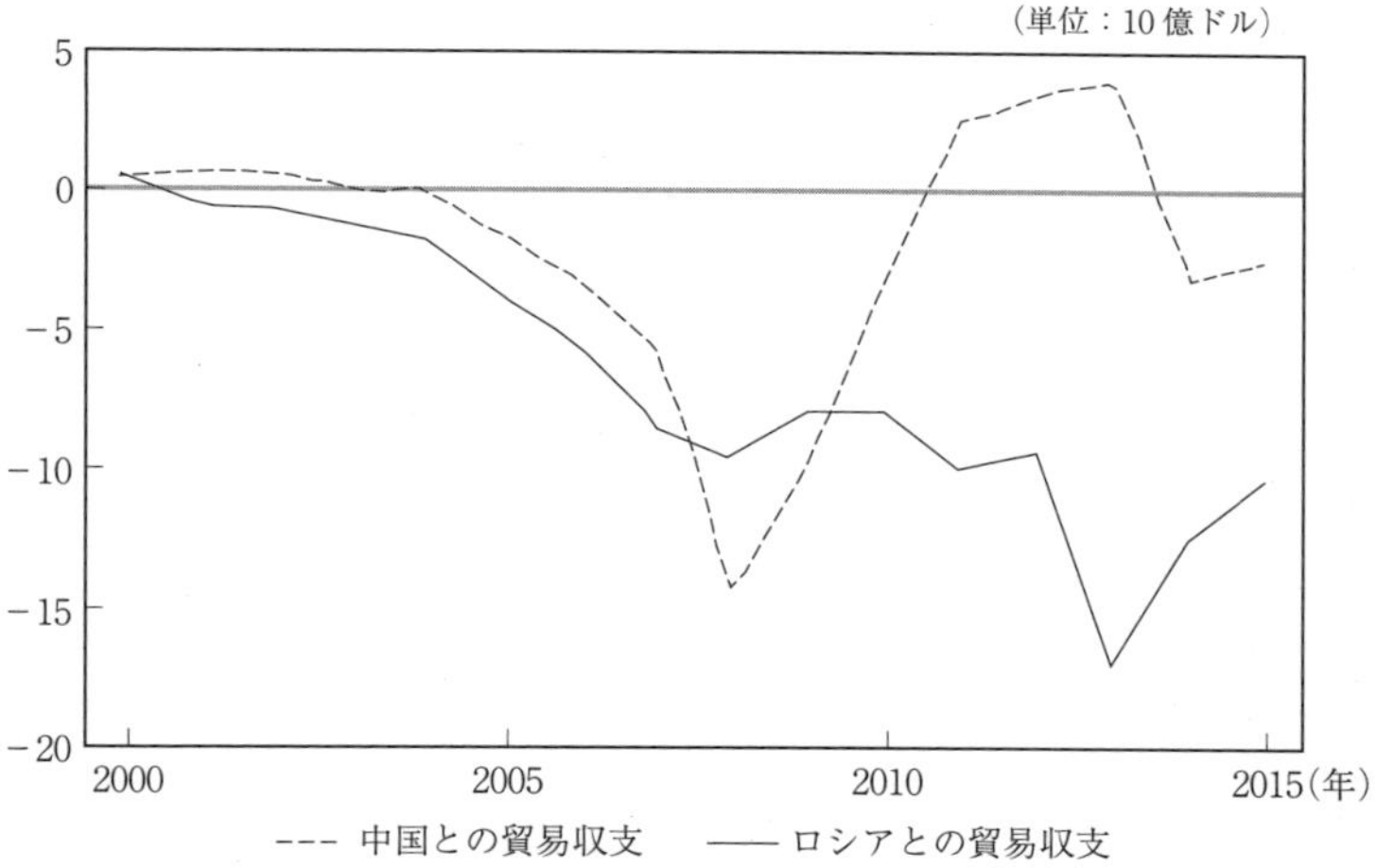

図 2－6　中央アジアのロシア，中国との貿易収支（輸出－輸入）

（出所）UN Comtrade Database より作成。

時点で世界九三の国・地域が加盟、日本とアメリカは未加盟）。中国はまた、これとは別に、二〇一四年一二月に独自の政府系ファンドとしてシルクロード基金（四〇〇億ドル）を人民銀行傘下に設立してもいる。これに対し、二〇〇六年一月にロシアがカザフスタンと共同で設立したユーラシア開発銀行の資本金は七〇億ドル足らずにすぎない。ロシアと中国とではそもそも資金力がちがうのである。ウズベキスタンの山岳部をつらぬくカムキック・トンネルの建設資金の大半は中国輸出入銀行が融資したし、タジキスタン国内の南北をむすぶ送電網も中国の資金で建設された。ロシア経済にかげりがみえるなかで、中国マネーへの期待はおおきいと考えられる。

ちなみに、おなじ世論調査はその前年、二〇一五年の春先にもおこなわれている。ふたつの調査結果をくらべると、中国を「重要なパートナー」としてあげる人びとの割合は、その一年で三五％から四九％へとおおきくふえている（「信頼できる国」と答えた割合は三％から五％にふえただけだったにもかかわらず）。他方、「重要なパートナー」のひとつにトルコをあげる人びとの割合は、反対に二三％から一五％へとへっている。世論調査結果のたった一年間の変化をみて、これを長期的な趨勢とみてしまうのは早計だろうが、西のトルコとの比較においても、東の中国へ、中央アジアの人びとの期待が急速に傾斜しつつあるということかもしれない。

もっとも反面、中国に対してはおおきな脅威も感じている、信頼はできない、というのも調査結果の大宗をなす。まえにものべたように、カザフスタンは一九九七年に首都をアルマトゥイから北部でロシアにちかいアスタナ（現ヌルスルタン）へ遷している。その背景に、中国との国境にちかすぎるという、おもてには出しにくい事情があったといわれる。

カザフスタンには、中国からのトラックや鉄道など、大量の陸上輸送手段の流入に見えない壁をもうけているような現実もある。たとえば、カザフスタン政府は中国のトラックが自国領内を通行することをきびしく制限しているし（そのため、中国発の貨物は、国境の自由貿易ゾーンでわざわざカザフスタンのトラックに積みかえられ、同時にドライバーもそこで交代するのだという）、また鉄道は、両国間でレール幅がことなるために台車を交換する必要があることはまえに述べたが、中国側が提案するフリーゲージ・トレイン（車輪の幅をかえることができる特殊な車両）の導入をカザフスタン当局はかたくなに拒んできたという。おそらく、地つづきゆえの国防、安全保障上の理由があるのだろう。

他方、後述する「ユーラシア経済連合」は、ロシアの主導で二〇一五年に創設された連合だが、もともとは一九九四年にカザフスタンのナザルバエフ前大統領が提唱した「ユーラシア共同体」がことの発端であるという。ナザルバエフはソ連崩壊直後から、ロシアとの関係だけでなく、旧ソ連の国ぐにどうしの連携強化に熱意をしめしてきた。巨大な中国と直接向きあうカザフスタンが、ロシアとの連携をもとめたということなのだろう。

モンゴルからの視点

ところで、モンゴルの人びとは、このような現実をどうみるだろうか。この国もまた、中央アジアの国ぐにと同様にロシアと中国にはさまれている。そして、ながく中国に支配され、また帝政ロシアと社会主義ソ連の影響下で生きた歴史がある。二〇一五年夏にウランバートルを訪問したとき、私はこの世論調査の結果について何人かの人たちにインタビューしてみた。

ある元政府高官のひとりは、「モンゴルでもおなじ結果になりますよ」といって、次のように言葉をつないだ。「中央アジアは七〇年間、ソ連という家族の一員でした。中央アジアの人びとは、心の底ではロシアを嫌っていないということです。また、自然と言語でつながっているという要素もあります。他方、歴史的な関係において、ロシアはモンゴルの独立を尊重しますが、中国はモンゴルを属国と考えてきました。モンゴル政府は、中国政府との会談にのぞむとき、最初にたがいの主権と領土の尊重を確認しあうことにしています。モンゴルは、中国からみずからを守るという観点からもロシアの方を信頼しているのです」とのべた。

他方、この調査結果でもうひとつ興味深いのは、アメリカやドイツに対する見方である。意外なことに、中央アジアの多くの人びとにとり、アメリカやドイツは信頼できる国でも、重要なパートナーでもないのである。アメリカを「信頼できる国」と答えたのは、二回の調査ともにわずか二%で、ドイツはそれ以下にすぎない。ソ連崩壊後の混乱期、アメリカやドイツは中央アジアの国づくりに積極的に手をさしのべてきたにもかかわらず。また逆に、かの9・11テロ事件後のアメリカのアフガン戦争時には、ウズベキスタンやキルギスをはじめ各国が空軍基地の使用をみとめるなど、アメリカの行動を支持し協力してきたはずなのに。

これにはおそらく、その後におこった中東の「アラブの春」や旧ソ連諸国の「カラー革命」(二〇〇〇年代なかばにウクライナ、ジョージア、キルギスで起こった反政権運動。アメリカが後ろ盾したといわれる)などが影をおとしているのだろう。別の元政府高官の言葉が記憶にのこる。「中央アジアの国ぐにが独立したとき、アメリカはカザフスタンをはじめ各国の発展に協力しました。だが、それにもかかわらず、中東やウクライナ、中央アジアでアメリカがやってきたことは正しいと思われていない。小国は大国によってふりまわされ、またときに壊されもする。アメリカには感謝すべきですが、信頼はしていない。小国は小国なりに冷静にみているのです」。そして、対話の最後をこう結んだ。「この世論調査結果は多くの点でモンゴルの見方とも一致しています。どこの国の政府にも内緒の事情やおもてには出せない事情がある。そういう機微なことが垣間みえて興味ぶかい」と。遊牧民の慧眼といえよう。

喜ばしいのは、中央アジアの人びとが遠い日本によせる信頼と期待のおおきさである。もっとも信頼できる国は次のうちどれですか？　ロシア六一％、日本一一％、中国五％。重要なパートナーは次の国のうちどれですか？　ロシア七五％、中国四九％、日本二五％。日本は信頼できる重要なパートナーとして期待されているのである。私たちはこういう国ぐにをもっと大切にしなければならないと思う。

4　ソ連邦が形成した共通経済空間

ユーラシア経済連合の創設

二〇一五年一月、ロシアはカザフスタン、ベラルーシ、アルメニアとともに「ユーラシア経済連合」を発足させた。これらの四ヵ国は、それに先行して二〇一〇年一月に関税同盟を創設し、域外との貿易にたいして共通の関税率と税関ルールを適用している。そして、この単一の関税空間をベースとして、あらたに域内での人、物、資金の移動を自由化して経済統合をめざすことになった。つまり、ＥＵ（欧州連合）のように経済の国境をとりはらい、将来的にある程度まで運命をともにすることになったわけである。ロシアが中心となって、旧ソ連の国ぐにの経済をひとつに束ねる動きとみることもできよう。

ちなみに、二〇一四年春先にウクライナで政変がおこった。その背景に、ロシアとＥＵの綱引きがあったことはひろく知られている。結局、ウクライナがＥＵとの連合協定（自由貿易協定にちかい）を選んだため、ユーラシア経済連合はウクライナなしでの船出となった。中央アジアからは、カザフスタンが創設メンバーに名をつらね、おなじ年の八月にキルギスが加わったのにつづき、その後タジキスタンが加盟を検討しているという（ウズベキスタンとトルクメニスタンは未加盟）。概してみな、親ロシア的な国ぐにである。

もっとも、このユーラシア経済連合がこのまま発展するかどうかは疑わしい。まず、勧進元のロシア経済の成長にかげりがみえる。将来の見通しについても、原油価格頼みという以上には明確でないうえ、原油価格が下がってルーブルが売られると、他の加盟国もそれに引きずられ、通貨の切り下げを余儀なくされて経済が安定しない。

たとえば、二〇一四年一二月はじめ、秋口からはじまった原油価格の下落を背景にルーブルが急落するできごとがあった。そのとき、単一の経済空間でなにがおこったか。ルーブルが割安になったため、なんとカザフスタンの人びとがこぞって隣国ロシアへショッピングに押しよせたのである。クリスマスまえのモスクワではトヨタ販売店がカザフスタンの顧客でにぎわう一方で、本国アルマトゥイのショールームでは閑古鳥が鳴いた。はたして翌年八月、カザフスタンは変動相場制へ移行し、テンゲ（カザフスタンの通貨単位）を切り下げて購買力をならさなければならなかった。これではこのさき加盟国がふえるようにも思えない。

また、発足直後から、ロシアと他の加盟国のあいだで不満や摩擦が絶えないようでもある。ロシアと中央アジアの貿易が、中央アジアの一方的な輸入超過（つまり、赤字の拡大）で推移していることはまえにのべた。これが不満の下地になっている。

他方、ウクライナ政変後に発動されたアメリカとEUによる経済制裁に対抗して、ロシアが欧米産の農水産品の輸入を禁止する逆制裁に打ってでたのだが（二〇一四年八月）、これが他の加盟国との軋轢を生んだ。禁輸が事前協議もなく勝手に決められたうえ、ロシアが陸つづきのベラルーシやカザフスタン経由の流入を封じるために国境で貨物検査を復活させ、あるいはロシア経由で他の加盟国に輸入されるはずの商品を没収するなどしたために、ロシアの専横として非難されることになったのだ。

しかも、現実には禁輸破りがあとを絶たず、流通業者がラベルをこっそりはりかえて原産国を偽装して輸入していたことなども発覚し、密輸された大量の野菜やチーズが焼却処分されたニュースが話題を呼んだことは記憶にあたらしい（ロシア政府は逆制裁を機として農産品の国産化を振興している）。だが、このような抜け穴は、原産地証明のルールが確立されていないという単一関税空間の土台をなす制度上の不備というにとどまらず、そもそも税関ルールそのものが守られないという、経済空間の土壌に巣くう根のふかい問題ともいえる。これでは経済連合とは名ばかりとのそしりをまぬがれない。

ロシアとのつながりで生きる人びと

それでも、各国がロシアを中心に「連合」を組んだのはなぜだろう。ひとつには、エネルギー資源をはじめ、経済面でロシアに依存するところがおおきいこともあるだろう。また、中央アジアの国ぐにとっては、中国経済のうねりがもたらす脅威もあるだろう。

ところで、中央アジアへの旅の途中、タジキスタンのドゥシャンベ空港のラウンジで発着便の表示ボードをながめながら、私はふとあることに興味をひかれた。そこで帰国後、エアラインの就航状況をしらべてみた。

人の移動という側面から、中央アジアの主要六都市からの国際線の就航状況をまとめると、総じてロシアの都市とむすぶ定期便が基調をなしている。特に、キルギス（ビシケク）、タジキスタン（ドゥシャンベ）、ウズベキスタン（タシケント）では、ロシアの都市へむかう定期便がきわだって多い（空港ごとにみた出発便全体にしめる割合は、おのおの順に五六%、六五%、四五%）。しかも、モスクワやサンクトペテルブルクの二大都市だけでなく、ボルガやウラル、南ロシア、さらにシベリアから極東の地方都市にいたるまで、ロシアのほとんど津々浦々へ直行便がとんでいるのである。これらの三ヵ国はこれといった天然資源をもたないことと（ウズベキスタンをのぞけば）、ロシアへ出稼ぎにいく人びとが多いことで共通している（表2-1）。

表2-1　中央アジア主要都市発の国際線就航状況

	ロシア		中近東		中　国		韓国	EU	その他	計
	モスクワ	地方	トルコ	中東	北京	新疆				
アルタナ	18	20	14	10	1	6	0	14	19	102
アルマトゥイ	30	16	41	23	6	13	6	23	53	211
ビシケク	43	20	24	3	0	6	0	0	17	113
ドゥシャンベ	15	33	4	7	0	3	0	1	11	74
タシケント	29	31	13	7	3	1	11	4	34	133
アシガバード	3	19	13	12	0	4	0	18	22	91
全　体	138	139	109	62	10	33	17	60	156	724

（出所）IATA フライト情報より作成（2014年11月の2週間分）。

ロシア政府の発表によれば、二〇一四年末時点の中央アジア各国からの在留者数（留学生をふくむ）は、カザフスタン国籍者が五七万人、キルギスが五三万人、タジキスタンが一〇三万人、ウズベキスタンが二三四万人であった。また、ＩＭＦの推計によれば、おなじ年、カザフスタン以外の三国への国外からの年間送金額は各国のＧＤＰ（国内総生産）のそれぞれ二八％、四一％、九％に相当している（さすがに資源国のカザフスタンは一％未満）。タジキスタンで「主要な輸出品はなんですか」と質問したところ、「豊富な労働力です」と政府の高官は真顔でこたえた。彼らにとっては嘘偽りのない国情だったのだろう。つまり、ここにはいまもなお、数多くの中央アジアの人びとが言葉のつうじるロシアとのつながりで生きる現実が映しだされているといえよう。

ちなみに、このエアラインの就航状況には、カザフスタンやウズベキスタンと韓国、また中央アジア各国とトルコや中国新疆とのつながりなど、人の往来の濃淡があらわれていて興味ぶかい。中国とつながる先は北京でも上海でもなく、新疆ウイグル自治区のウルムチなのである。すでにふれた歴史や文化、貿易や投資の関係（つまり、物や資金のうごき）がその背景にあることはいうまでもない。

共通経済空間の再現

他方、中央アジアの国ぐにをまわると、ロシアとの親和性が社会とそこに生きる人びとのメンタリティに染みこんでいるように感じられる。二〇一四年秋にカザフスタンを訪問したとき、偶然にもアルマトゥイでモスクワ駐在時代の部下のひとりと再会した。彼はロシアトヨタをやめたあと、ロシアでの仕事の経験と人のつながりを買われてアルマトゥイで自動車販売店の店長をまかされて、とてもよいチームをつくって仕事をしていた。チーム・メンバーとのあいだには、おなじ言語でたがいに通じあうものが傍目にも感じられ、国籍はちがえども垣根がないことを実感させられた（もっとも、モスクワで道路や建物の建設現場へいくと、ひと目で中央アジア出身とわかる出稼ぎ労働者ばかりでロシア人はあまり見かけないという、身分のちがいを想起させる冷たい現実もあるのだが）。

おしなべて中央アジアの国ぐにには、言語と歴史、法律や制度、情報・メディア空間などをロシアと共有している。一九一七年の革命後、ソ連政府は中央アジアの社会主義化をすすめた。そして、ロシアやウクライナなどから数多くのスラブ人を移住させ、トルコ語を排してロシア語を共通言語にし、イスラムの都市や農村の由緒ある習俗と文化をソ連的なそれに置きかえた。そのため、独立から二五年以上がすぎたいまも、ロシア語が公用語として支障なくつうじるし、エリート層のあいだにふかく浸透してもいる。ウズベキスタンの経済研究所で「学生たちに人気のある外国語はなんですか」ときくと、「英語、フランス語、中国語……」という返事がかえってきた。ロシア語は外国語と考えられていないのだった。また、法律や制度の多くは独立後ロシアから借用されたため、ビジネスのための法律や制度もロシアとほとんど共通している。二〇〇八年にカザフスタンでトヨタの現地法人を立ちあげたときには、モスクワから経理や法務のスタッフ、情報システム・エンジニアをつれて応援にいった。

テレビでは、モスクワのニュースやバラエティ番組が日常的にながれているし（娯楽が少ないためか、旧ソ連の人たちはテレビをよくみる）、多くの人びとが、親や兄弟、学生時代のクラスメートなどをつうじてロシアの各地とつながっている。二〇一四年秋に中央アジアを訪問したとき、キルギスのホテルで私を出迎えてくれたのはウクライナの旧友だった。彼女は母国にいい仕事がないため、学生時代のキルギス人のクラスメートの紹介で、ビシケクの外資系企業にテンポラリーの職をみつけて単身赴任していたのである。いまはたがいに国籍はちがえども、人びとは共通言語空間のなかでつながって生きている。旧ソ連とはそういう領域なのである。他方、祖父や祖母たちの世代には、第二次世界大戦でドイツとの戦争（大祖国戦争）をソ連国民としてともにたたかって勝利した記憶もあるだろう。それだけに、人びとのあいだには、ロシアとの一体感とロシアへの親近感が日常的に存在するということかもしれない。さきに紹介した世論調査で、多くの中央アジアの人びとがロシアを「信頼できる重要なパートナー」と答えたのも、これと無関係ではないだろう。

ロシアと中央アジアは、ソ連時代に形成された共通空間でいまもつながっている。同時に、前述の「ユーラシア経済連合」に話をもどせば、中央アジアの国ぐににとっては、ＥＵのように制度でかたく規定された経済統合をめざすよりも、人、物、資金が自由に行き来できる程度のゆるやかな共通経済空間が再現できればそれでことたりる、ということなのかもしれない（ロシアの意図を別にすれば、ということではあるのだが）。だがしかし、このような共有感覚は中国とのあいだにはない。中央アジアの多くの人びとにとり、中国は依然として異質の国なのである。

5　アイデンティティの確立を急ぐ

本書をさきへすすめるまえに、どうしても記しておきたいことがある。

独立後四半世紀の歳月は、中央アジアの国ぐにとそこに生きる人びとを変えている。カザフスタンで静かに進行する民族構成（エスニック集団）の変化について述べたいと思う。

長期的な人口増加

日本では出生率が低迷し、少子高齢化が深刻である（出生率はここ数年、女性ひとりあたり一・四人台で推移）。対照的に、中央アジアの国ぐにには、おしなべてみな出生率がたかく、人口がふえつづけている（世界銀行の統計によれば、二〇一五年の出生率はカザフスタン二・七三人、キルギス三・二人、ウズベキスタン二・四九人、タジキスタン三・四五人、トルクメニスタン二・二八人）。図2－7にしめしたように、人口は独立一〇年後の二〇〇〇年には五ヵ国全体で五五〇〇万人をかぞえるにすぎなかったが、それから一五年後の二〇一五年には七〇〇〇万人をかぞえようとしている。

そのうえ、五年ごとの増加率も、みな一様に少しずつ上昇している。カザフスタンとウズベキスタ

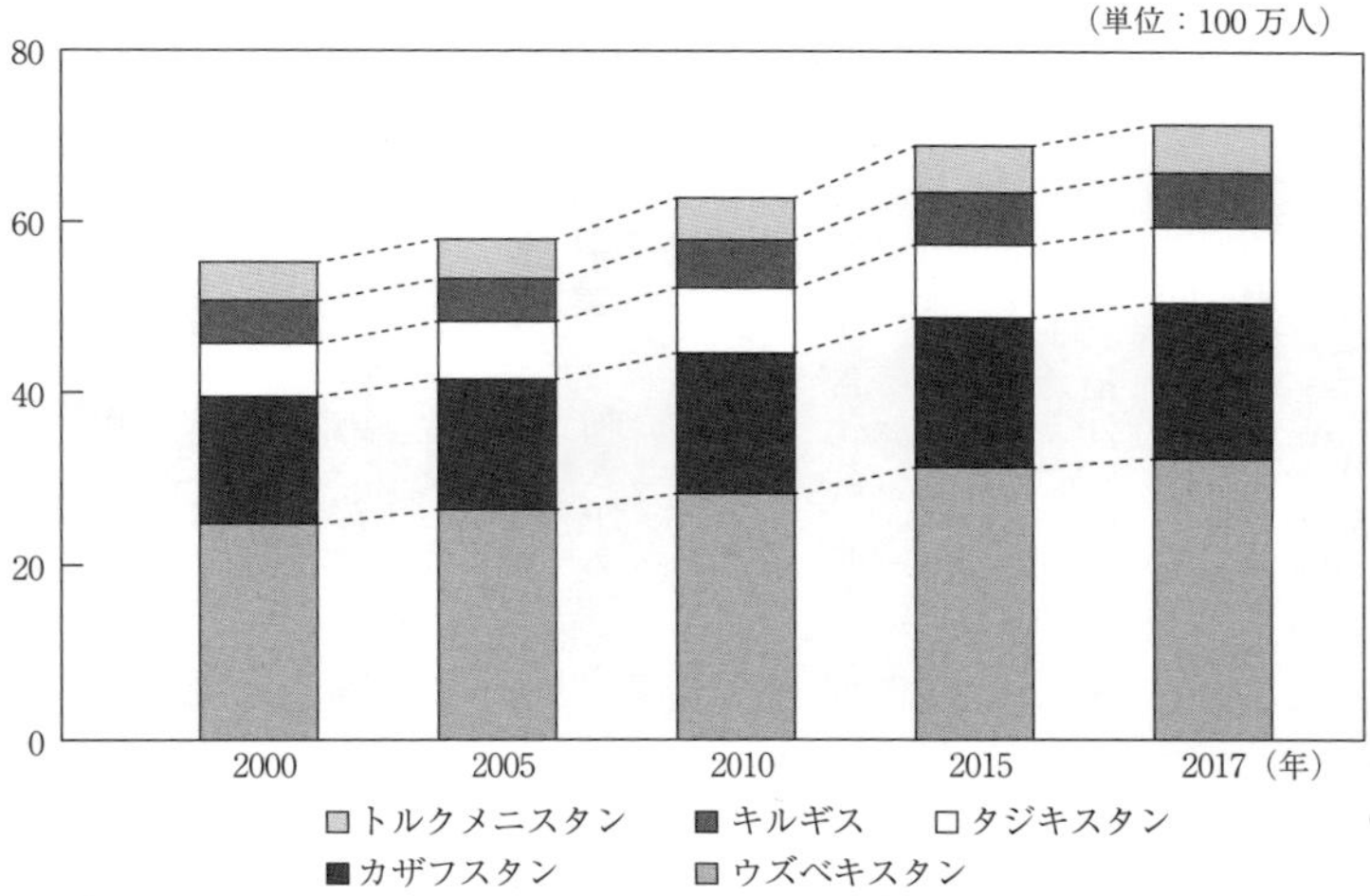

図 2-7　中央アジア5ヵ国の人口推移

（出所）世界銀行データより作成（ただし，2017年は一部推定値）。

ンでは、ここ数年、毎年およそ五〇万人のペースでふえているという。ビジネスの視点でみると、マーケットとしての魅力はいまのところおおきくはない。だが、こういう地域は、数年まえの統計や情報にたよっていると見通しをあやまる。二〇三〇年には、地域全体で九〇〇〇万人ちかくになるかもしれない。二〇五〇年の未来には、日本の人口をゆうにこえているだろう（内閣府がまとめた「高齢社会白書二〇一七年版」によれば、二〇五〇年の日本の人口は約一億二〇〇万人と予測されている）。

人口の増加にともなって、若年層のための雇用の確保が各国共通の課題になっている。タジキスタン政府の高官は、ロシア経済のいきおいがとまって出稼ぎ労働者の職場がうしなわれることをふかく憂慮していた（実際に最近では、中央アジアからロシアへ出稼ぎにいく人びとの数がへっている)。若者たちの希望のない貧困は、イスラム過激思想の温床になるかもしれない。また、ウズベキスタンでは、雇用をふやすために労働集約的な製造業の育成に力をいれている。今後は、これまでの自動車や家電産業にくわえ、綿花の輸出を禁止して国産の紡績・繊維産業の育成に力をそそぐという。他方、中国と国境で接するカザフスタンでは、中国経済の浸透を脅威ととらえる反面、雇用状況を改善していくためにも(二〇代の失業率は二五%とたかい)、中国との協力と中国企業の進出は欠かせないと考える人々も多い。

民族構成の変遷が語る真実

ところで、そのカザフスタンで、二〇一七年一〇月、母国語をめぐるあたらしい動きがあった。ナザルバエフ大統領(当時)が、カザフ語の表記を、それまでのキリル文字(ロシア・アルファベット)から英語とおなじローマ字(ラテン・アルファベット)に、二〇二五年までに変更していくことを関係機関に指示したのである。つまり、トルコ語をはじめアゼル、トルクメン、ウズベク語など、他のトルコ語系の言語にならうということにほかならない(ただし、ロシア語が公用語として認められることに変更はないのだが)。

もともとトルコ語系のカザフ語は、一九二〇年代までながくアラビア文字で表記されていた。しかし、その後ソ連政府が一時的にラテン文字を採用したのち、一九四〇年に現在のキリル文字表記に変更された。このカザフスタンの措置により、中央アジアからカフカス、アナトリア半島にいたるまで、ユーラシアの東西にひろく分布するトルコ語系諸国(テュルク)のなかでは、キルギスだけがキリル文字表記のままのこることになる。

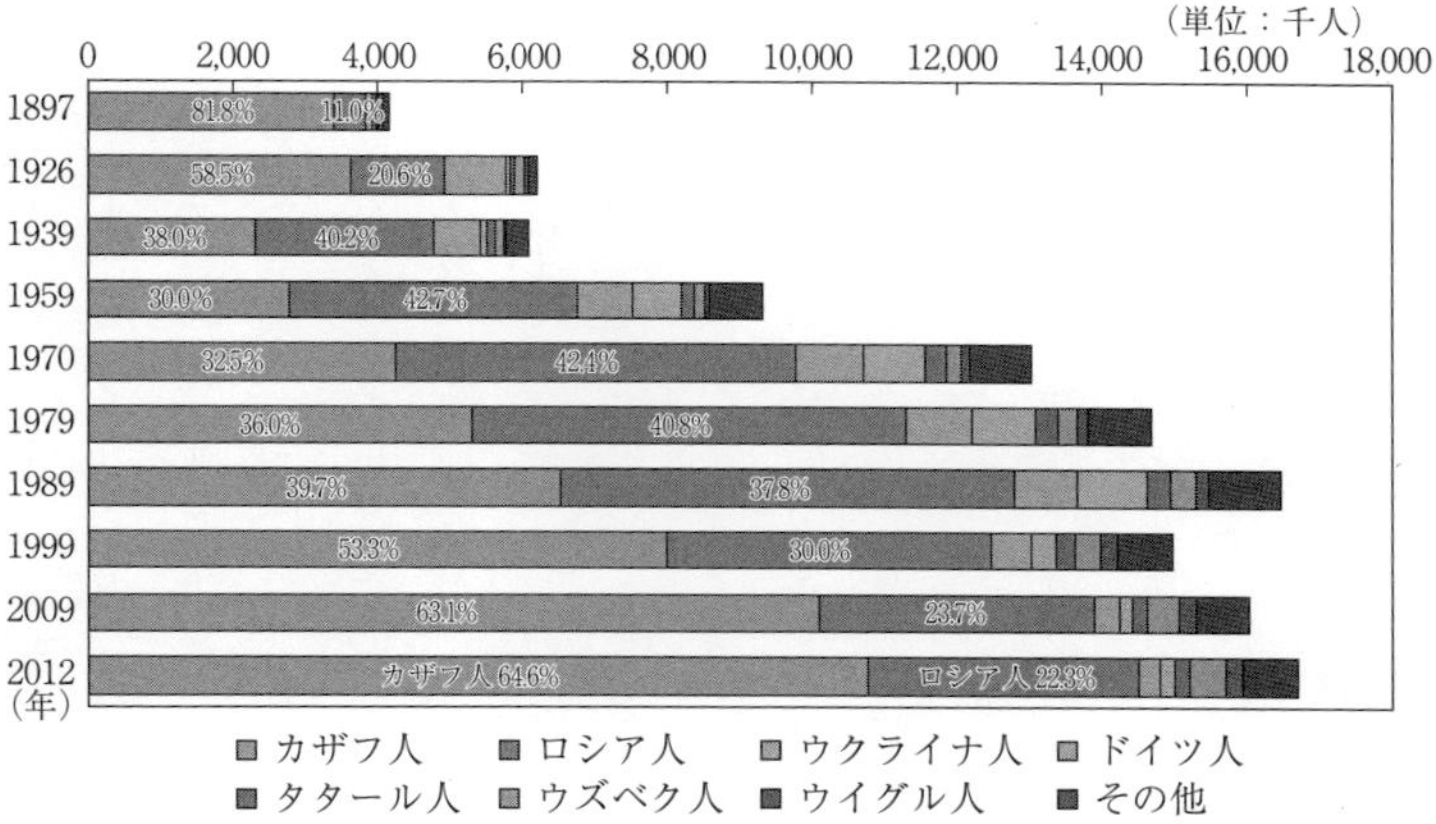

図2－8　カザフスタンの人口と民族構成の変遷

（出所）カザフスタン共和国統計庁資料およびM. Olcott, “The Kazakhs” などより作成。

おもてむきは、デジタル時代へ適応するため、とされる。たしかにビジネスの世界では英語がグローバルな共通言語になっているし、キリル文字は四二文字もあるため（ローマ字は二六文字）パソコンやスマホをあやつるにも不便が多い。だが、それにしても過去一〇〇年間に三回目となる変更である。すでにひろく受けいれられ、定着している社会の土台を、なぜまた一からつくりなおす必要があるのだろう。

図2－8をみてみよう。帝政ロシア時代の一九世紀末から独立後の現在にいたる一二〇年を、およそ一〇年きざみでみたときの人口の推移と、そのときどきの民族構成の変遷である。このグラフは、この国と、かつて草原の民が生きた歴史について多くのことを語っている。

帝政時代のおわりからソ連時代のはじめにかけて、ロシアではヨーロッパ部の各地で農村人口が過剰になっていた。大規模な植民政策は農民の貧困を解決するためだった。そして、草原ステップの遊牧民の追い立ては一八九〇年ごろからはじまった。まず、上から一八九七年と一九二六年をくらべれば、一九世紀末から二〇世紀はじめにかけて、ロシア農民の移住が、まるで洪水のようにはじまったことが容易に想像できるだろう。そしてまた、一九一七年の革命後、大量のロシア人やウクライナ人が激流となってカザフ草原へ押しよせたことも。しかも、カザフスタンにすむロシア人の数は、一九二六年から一九三九年にかけてほぼ倍増している。この移住の波は、政治や社会、文化のソ連化のうねりと一体になって打ちよせた。

グラフはまた、スターリンの時代、集団化政策がもたらした二度の飢饉によって、大量のカザフ人が犠牲になった史実を明瞭に映しだしてもいる。ソ連政府は、草原を移動する遊牧民をなかば強制的に定住させ、牧畜の集団化を強いた。そのため、草や水が不足して羊や馬などが大量に餓死したのだった。また、穀物生産も減少した。特に、二度目の飢饉（一九三一～一九三二年）では一八〇万の草原の民が死んだという。革命前、カザフスタンにすんでいたカザフ人の数は正しくは四二〇万人だったとされる（図2－8のもとになる統計では三四〇万人だが、それはロシアがまとめた数字で正確ではないという）。そうだとすれば、これはこの土地に住んでいたカザフ人のなんと四三％に相当する。そして、つづく第二次世界大戦ではさらに八〇万人が犠牲になったという。ならば戦後、この土地にいったいどれほどのカザフ人が生きのびていたか、図中一九四九年の空白は問いかける。

グラフはしかし、ロシア人の入植がその後もつづいたことをしめしている。彼らは草原を開拓して広大な小麦農場にかえた。一九五〇年代のフルシチョフによる「処女地開拓」で、カザフスタン北部の先祖伝来の土地の大半が奪われた。そしてその結果、この国の人口に占めるカザフ人の割合は、一九世紀末の八二％から一九五〇年代末の三〇％へと激減する。驚くべきことだが、カザフスタンにおいて、土着のカザフ人が全体の三分の一にもみたないマイノリティ集団になったのだ。こうしてロシア化がソ連時代をつうじてすすむことになる（Martha B. Olcott, *The Kazakhs*, Hoover Institution Press Publication, 1995.）。

転機のおとずれは、それから三〇年後、一九九一年末のソ連崩壊を待たねばならなかった。そして独立後、ロシア人やウクライナ人などが混乱をのがれて祖国へ帰還するうごきがはじまると、それが戦後、カザフ人の数が自然増により一貫してふえつづけたこととあいまって、人口にしめるカザフ人の割合がにわかに回復していくことになるのである。ちなみに、グラフに登場するドイツ人は、一九四〇年代のはじめ、ドイツとの戦争がはじまったときに内陸へ強制的に移住させられた人びとだ。かつてプロイセンからロシアへ嫁いだエカチェリーナ女帝を追って移りすんだ人びとがいたことはまえにも述べた。その彼らの多くもロシアやドイツへもどっていった。

中国と向き合う覚悟

「カザフスタンは二五〇年間、ロシアとソ連の支配下にありました。そして、革命後はロシア語が導入され、土着のカザフ語はほとんど死にたえました。しかし、いまでは七〇％ちかい人びとがカザフ語をはなすことができます。国民の多くは政府のラテン・アルファベット化政策を支持しています」。若手オピニオン・リーダーのひとりはこうのべる。

現在、この国ではカザフ人が人口の七二％をしめる。これに対し、ロシア人の割合は七分の一以下

Q. 次のどの言語の習得に関心がありますか。（複数回答可）

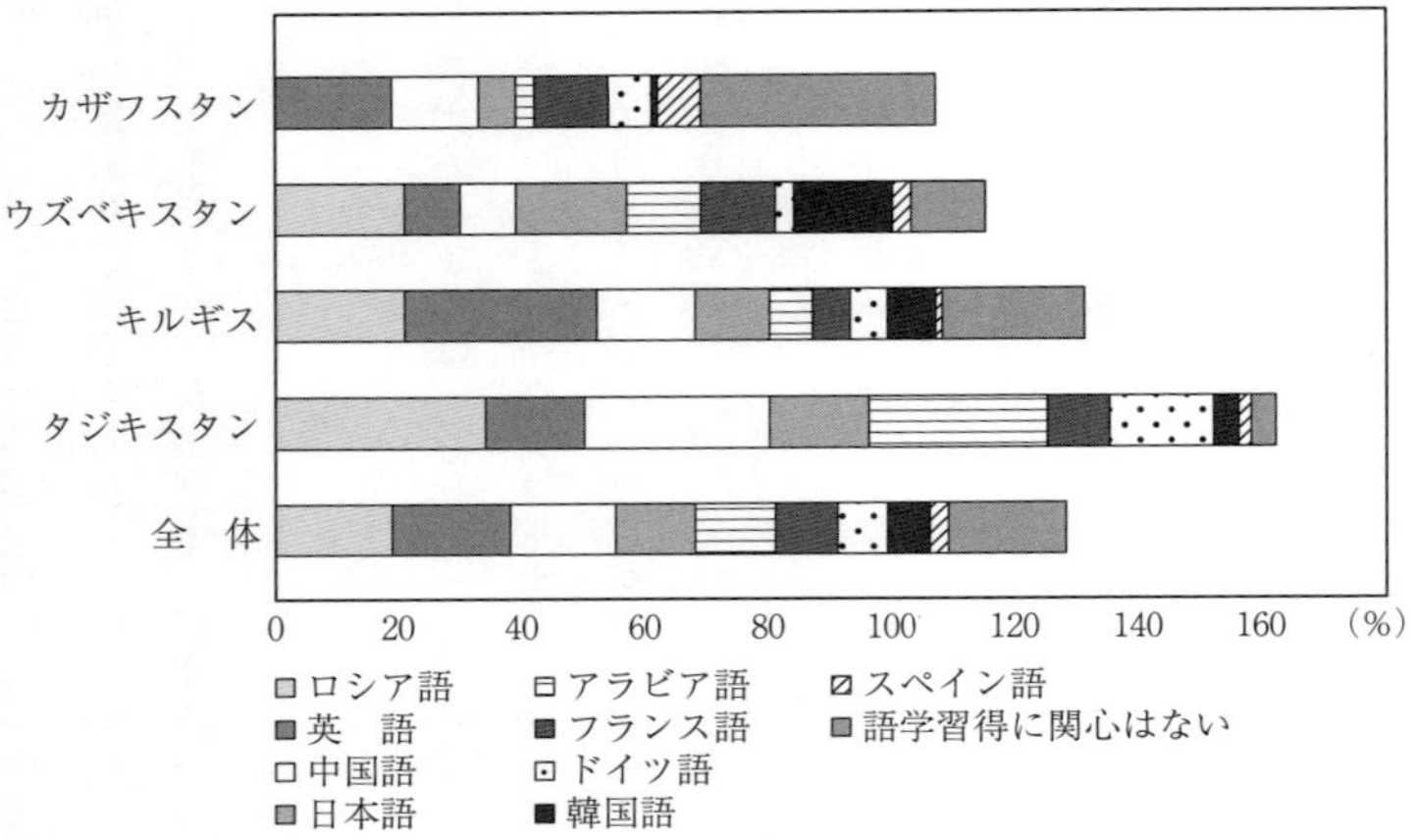

図2－9　中央アジアにおける世論調査結果②

（出所）外務省資料。

である。また、最近の調査によれば、ロシア系住民の平均年齢が五二歳であるのに対し、カザフ人のそれは二六歳と若い。特に、四、五歳以下の子供のほとんどはカザフ人だ。ロシア人の若者たちは、ロシアの大学へ留学したままもどらないからだという。こうして、ロシア人の逆流はいまもつづく。ラテン・アルファベットへの変更は、このような現実をふまえたうごきとみることができよう。

あるいは、そこに二〇一四年春のウクライナ政変の影をみるべきかもしれない。ロシアが、ロシア系住民の保護を理由にクリミアを併合し、さらに東部ウクライナの内戦へ関与したとみられることは、この国の人びとにとっても他人事ではなかったはずだ。言語のカザフ化（トルコ化）が引き金になってロシア人の帰還がすすむとすれば、それはむしろ願ってもいない僥倖（本音をいえば）、ということでもあるだろう。

他方、カザフスタン一八〇〇万の国民はいま、中国経済の巨大なうねりと中国人の流入圧力にさらされている。二〇一六年五月、農地法の改正（外国人への農地の貸与をみとめるもの）をめぐり、首都アスタナやアルマトゥイをはじめ国内各地で大規模な反対デモがおきた。中国人に土地を奪われることへの根ぶかい懸念がその背景にあったという（カザフスタンの大人たちがいだく反中感情には、中ソ対立のもとでおこなわれた反中教育の影響がおおきかったことを指摘しておこう）。だが、いまやロシア経済におおくを期待できないなかで、中国経済への傾斜は止められない潮流になっている。政府が中国人の入国を制限する一方で（カザフスタン政府は中国人のビザなし入国を認めていない）、大学では中国語をまなぶ学生の数が急速にふえてもいる。さきに紹介した世論調査によれば、習得したい言語の第二位が中国語である（図2－9）。ふたつの大国の狭間にあって、すでに八〇歳に手がとどこうという老政治家は、中国と向きあう覚悟をきめ、カザフ人のアイデンティティの確立をいそいだということではないか。私は、ラテン・アルファベット政策の背景をそのようにみている。

ところで、図2－7によれば、現在、ウズベキスタンの人口は三二〇〇万人、カザフスタンのそれは一八〇〇万人である。だが、図2－8にはある問いかけが隠されている。もし、草原の民の大量の死がなかったならば。カザフ人の知人は語った。「ロシア革命前、中央アジアの人口の六一％はカザフ人でした」と。民族構成の変遷がささやきかけるもうひとつの真実である。

第三章　上海協力機構と西域

1　新疆、中国の新しい領土

中国の新疆ウイグル自治区は、古代からひさしく中国の人びとのあいだで「西域」として知られた内陸アジアの辺境である。新疆とは「あたらしい領土」を意味するという。一九世紀後半に清朝によって併合され、一八八四年に清朝の省のひとつとして中国に統合された。

東西トルキスタンの来歴

いささかおさらいになる。本書を、私はモンゴル草原からの眺望として書きおこしている。ユーラシアの内陸部をおおきく俯瞰すると、中東に面する側ではイラン高原とカスピ海によって、また極東に面する側ではモンゴル高原とゴビ沙漠、中国本土によって閉ざされている（もっとも、そもそも「中東」とか「極東」とかいう呼び方は、西ヨーロッパ中心の地理概念にもとづいているのだが）。南にはヒマラヤ山脈が東西にながく屛風のようにそびえ、パキスタンとインドをへだてている。そして、キャンバスのほぼ中心、ユーラシアのハートに位置しているのが、中国領新疆ウイグル自治区にほかならない（巻頭「ユーラシアの俯瞰図」および「内陸ユーラシアの拡大図」を参照）。

もともとユーラシアの内陸は、古くからトルコ系の遊牧民とイスラム教徒が居住する地域であった。そして、かつて草原を西へ移動した歴史上の騎馬遊牧民族たちの痕跡をいまに透かすように、その領域は中央アジア全体をすっぽりとおおって、東は中国の新疆ウイグル自治区から、西はカスピ海をこえてアナトリア半島のトルコへといたる。また、その一部は中央ヨーロッパへつづく北のロシア平原や、モンゴルにちかいアルタイやシベリア、極東などにもわずかながら分布している。つまり、この広大な一帯は、トルコ語系民族（テュルク）の習俗と文化という歴史の古層でひとつにつながっているとみることができよう。

実際に、中央ユーラシアのパミール高原や中国西域の天山山脈と、そこを水源として東西にひろがる盆地やオアシス、草原ステップや沙漠からなる楕円状の一帯は、古来「トルキスタン」（トルコ人のすむ土地）と呼ばれてきた。だが帝国主義の時代、トルキスタンはロシアの南下政策により、帝政ロシアと清朝中国によって二分される。

近代史をひもとくと、一七世紀から一九世紀にかけての時期、オランダ、イギリス、フランスなどヨーロッパの列強は海をわたってアジアに植民地をつくり、中国の沿海部へやってきて開港をもとめた。これに対し、後発だったロシアは地つづきの陸を併合しながら東と南へ領土をひろげ、一九世紀後半にはカザフ草原を支配して中国領の西域にせまった。ちなみに、ロシアが極東からも中国本土へせまり、東北部の鉄道（東清鉄道）や遼東半島の港湾（旅順、大連）の利用権をゆずりうけたことはあらためて記すまでもなかろう。

他方、清朝末期の西域では、トルコ系の遊牧民やイスラム教徒たちが各地で反乱をおこしていた。そして、ついには天山南麓のカシュガルからおこって、タリム盆地やタクラマカン沙漠のオアシス全体を統合するイスラム政権を樹立するにいたる（一八六七年、ヤクブ・ベクの反乱）。また一八七一年には、この地方のイスラム教徒の反乱に乗じてロシアが出兵し、ホルゴス草原にちかいイリ地方の一部を占領した。そのため、清朝政府は大軍をおくってイスラムの反乱を鎮圧し、西域の支配を回復するとともに、ロシアの都サンクトペテルブルクへ使節団を派遣し、西域の一部をロシアに割譲することで合意したのである（一八八一年、イリ条約）。そして、これによって膨張するロシアの侵略をふせぎ、西域を新疆省として中国の施政下に統合したのである。

こうして、かの「トルコ人の土地」は、ロシア領の西半分と中国領の東半分に分断されることになった。前者はおおむねペルシャ系のタジキスタンをのぞく現在の中央アジアにあたり、後者は新疆ウイグル自治区にあたる。そして、東の新疆ではそれ以後、漢民族の入植や中国語教育の実施など中国化政策がおしすすめられ、また他方、西のロシア領の中央アジアではロシアの植民地化がすすむのである。

内なる異国、内陸ユーラシアの枢要

とはいえ、中国の人びと（漢人）にとり、トルキスタンは異国にひとしい遠い西の辺境である。そのうえ、この広大な一帯にふるくからすむトルコ系やペルシャ系などのさまざまな民族、遊牧の部族や氏族は、大国による侵略と併合でうまれた人為的な国境によって引きさかれることになった。

「新疆は中国のインドである」。時はすこしくだるが、一九三〇年代から一九四〇年代にかけての時期、この地域を踏査したアメリカの中国史家O・ラティモア（一九〇〇〜一九八九）はこう記している。ちなみに、ここでラティモアがいうインドとは、一九四七年に分離独立する以前のイギリス統治下のインドのことで、そこではヒンズー教徒中心の現在のインドと、イスラム教徒が多いパキスタンやバングラデシュがいっしょになっていた。

「その住民のうち、九〇％は中国人ではない。かれらは自分たち自身を中華共和国の公民というよりは、むしろ臣民と考えている。インドの諸民族とおなじように、かれらは言葉や宗教の相違によってかれら自身のあいだで分裂しており、一方また民族主義の成長がある点ではかれらを団結させようとしているが、ある点では分裂させるかたむきがある。インドにおけるとおなじく、イスラムは宗教であるばかりでなく、政治的勢力である。そして最後に、中国のこれら非中国人の大部分は、ソヴィエト同盟（ソ連邦、つまりロシアと中央アジアの共和国）や蒙古人民共和国（モンゴル）および程度こそ少ないがアフガニスタンの種々の民族とのあいだに、言葉や歴史的関連のかたい絆をもっている」（O・ラティモア著、中国研究所訳『アジアの焦点』弘文堂、一九五一年。ただし、原訳書の旧漢字を新漢字にあらため

た。また、引用中のカッコ内は筆者による付記)。

当時、この地域でまともな人口調査がおこなわれたことはないという。ラティモアは、もっとも信頼できる数字として、新疆省警察が一九四〇年からその翌年にかけておこなった人口調査を引いている。それによれば、新疆省の総人口三七三万人のうち、言語ではトルコ語系民族(テュルク)が全体の九〇%ちかくをしめ、その内訳はウイグル人八〇%弱、カザフ人八～九%、そしてキルギス人、ウズベク人とつづく。支配民族の中国人(漢人)は八%にも満たない少数派で、中心都市ウルムチにかたまってすんでいたという。また、全体の九〇%以上はイスラム教徒で、そのほかに儒教、仏教、道教の信者があわせて五～六%、ほかにラマ教信者などが少数いたという。

他方、ウイグル人の大半がオアシスの定住民であったのとことなり、カザフ人やキルギス人などの遊牧民に国境などないことは容易に想像がつくだろう。彼らは、部族や氏族を分断する国境を出たり入ったりしながら、季節ごとに牧草をもとめて草原や山地の高原を移動した。

たとえば、中国領の新疆北部、アルタイ山脈の東の斜面一帯では(モンゴル、カザフスタン、中国の国境が交差する)、モンゴル人やカザフ人の遊牧民たちが、夏には国境のむこうにひろがる草原で放牧し、冬には羊や牛、ラクダをつれて南へ移動し、国境をまたいで新疆統治下のジュンガル盆地へおりてくるのが慣習だった。また、天山山系の河の谷間からパミール高原へつながる国境ぞいの山あいの高原では、キルギス人の部族や氏族が牧畜生活をいとなんでいた。彼らは、河の谷地にある冬の宿営地と、高地にひろがる夏の放牧地のあいだを自由にのぼったりおりたりして移動した。

そこで、ラティモアは記す。「新疆の首都ウルムチを中心として半径一〇〇〇マイル（約一六〇〇キロメートル）の円が、世界中の他のいかなるおなじ大きさの地域にみられるよりも、もっと多くのさまざまな種類の辺境をかかえている。蒙古人、中国人、インド人、アフガニスタン人、内陸アジア・トルコ系諸言語のどれかを話す諸民族、およびロシア人のあいだには、言語や文化のうえで国境がある。イスラム教徒、仏教徒、原始諸宗教の信者、意識的に無神論のロシア人を混えたギリシャ正教信者のロシア人たち、およびすぐれて非宗教的な中国人のあいだには、宗教上の国境がある」と。そして、このようにさまざまな文化の境が複雑にまじわる内陸ユーラシアのこの一帯において、新疆は枢要な位置をしめるとのべている。

現代シルクロードの前門

新疆についてながながと記述したのはほかでもない。中国の側からみたソ連崩壊時の内陸ユーラシアにひろがる時空を、私なりにリアルに思い浮かべたかったからである。一九九一年一二月にソ連が崩壊したとき、この西の内陸の辺境には国境らしきものもなく、広々として遮るもののない草原や山あいの高原では、カザフ人、モンゴル人、キルギス人などさまざまな遊牧民の部族や氏族がのどかに移動しながらすんでいた。

他方、昨日までソ連領だった西の内陸では、カザフスタン、キルギスタン（のちにキルギスと改称した）、タジキスタン、ウズベキスタン、トルクメニスタンの各国が、つぎつぎにロシアから分離して独立を宣言した。そして、このうごきに刺激されて、東の中国領新疆ウイグル自治区においても、ウイグル人による東トルキスタンの独立運動がいきおいづいたことはいうまでもない。新疆統計年鑑によれば、中国政府の移民政策により、新疆の人口にしめるウイグル人の割合は一九九〇年には全体の半分以下の四七％までへり、反対に漢人のそれは三八％までふえていた。

そのうえ、ユーラシアの内陸部は、トルコ語系の言語と文化でつながるテュルクの古層で東西にひろくおおわれている。新疆内部のうごきと連動するように、カザフスタンやウズベキスタンなど、独立した中央アジアの国ぐにに居住するウイグルの同胞たちが民族組織をたちあげる動きもおこっていた（補足ながら、かつて西域にイスラム政権を樹立したヤクブ・ベクは、ウズベキスタンのフェルガナ盆地から送りこまれた軍人だった）。そして、一九九二年一二月には、トルコのイスタンブールで「東トルキスタン民族会議」が開催される。他方、ソ連を継承したロシアとの関係も安定的とはいえなかった。ソ連と中国は社会主義のイデオロギーをめぐって対立し、一九六〇年代末にはロシア極東や内陸ユーラシアの国境地帯で武力衝突をくりかえしたこともあった。

そのため、中国はまず西の国境を画定して内陸部の流動化をふせぐとともに、そのさきの中央アジアに誕生した文化の異なる国々との信頼を醸成していく必要があった。こうしてまず一九九六年四月、中国の主導により、同国と国境で接するロシアと中央アジア三ヵ国（カザフスタン、キルギス、タジキスタン）のサミットが「上海ファイブ」としてはじまることになる。そして二〇〇一年六月、この上海ファイブを常設化するしくみとして、あらたにウズベキスタンをくわえて「上海協力機構」が創設されたのである。

中国は、一九八〇年代から改革開放政策を推進し、一九九〇年代にはいると、沿海部のいくつかの都市を開放して外国から投資を呼びこみ、輸出主導型の経済発展へアクセルをふんだ。上海や深圳などを中心に発展する東の沿海部を前門とすれば、ウルムチやカシュガルを中心とする新疆ウイグル自治区は西の内陸の後門といえよう。この後門が、やがて現代の陸のシルクロードの前門へとかわっていくことについては、もはや多言を要すまい。私は、上海協力機構の創設こそがその嚆矢になったと考えている。

2　ユーラシアを接合するプラットフォーム

上海協力機構の創設

「首脳たちは、経済協力をおこなうための法的基盤と組織機構がすでに存在することを確認した。上海協力機構の加盟国のあいだの経済と貿易の相互協力プログラムが実施にうつされ、その行動計画がスタートした。（中略）すべての加盟国は、エネルギー、ＩＴ（情報通信技術）、交通・運輸の分野で優先的に協力することで合意した。そして、この分野での協力を優先させることが、同機構の枠内での経済協力を深化させるためにきわめて重要である点で一致した」（二〇〇六年六月一五日、第六回上海協力機構首脳会議共同コミュニケより筆者抜粋訳）。

二〇〇一年六月、上海協力機構（ＳＣＯ、本部は北京）が発足した。それにさきだつおよそ一〇年ちかくにわたり、中国と、ソ連邦の崩壊によって独立し、中国とあらたに国境で接することになった新生ロシアと中央アジアの三ヵ国（カザフスタン、キルギス、タジキスタン）は、中国とのあいだで国境交渉をおこないながら相互の信頼を醸成してきた。また、その過程で一九九六年四月には、交渉当事国の五ヵ国首脳が一堂に会する「上海ファイブ」がスタートし、国境地帯の緊張緩和や安全保障（兵力の削減、非武装地帯の設定など）をはじめ、経済協力などについても幅ひろく話し合われてきていた。そして、このような首脳どうしの対話と協力の積みかさねが、同時にまた国境画定交渉をあと押しするという、いわば善隣友好のメカニズムが形成されていったのである（堀江則雄著『ユーラシア胎動』岩波新書、二〇一〇年）。

上海ファイブの五ヵ国にとり、国境画定後のおおきな課題は、国内にうごめく民族分離主義の拡大、イスラム過激主義や国際テロリズムの脅威に対処することだった。多民族国家のロシアは、南部のカフカス地方にチェチェン人の独立問題をかかえ、他方中国は、西部の新疆やチベット自治区にウイグル人やチベット人による分離・独立問題をかかえていた。また、中央アジアの国ぐにはどこも国づくりをはじめて日も浅く、政治や経済、社会が安定しないなかで、イスラム過激主義が台頭しかねないという危うさをかかえてもいた。そして実際に、内陸のウズベキスタンは中国と直接国境で接してはいないものの、そこでは東部のフェルガナ地方を拠点とするイスラム武装グループの台頭に直面していた。そこで、この上海ファイブにウズベキスタンをくわえた六ヵ国を原加盟国とし、この地域全体の安定と安全保障、経済協力などを協議するための常設機関として上海協力機構が創設されたわけである。

創設宣言では、地域の平和と安全、安定の維持とならんで、貿易と経済、エネルギーや交通などの分野での協力が、その意義の柱のひとつとして謳われている。そしてこれが、その後の中国、ロシアと中央アジア各国間の貿易や投資の急増、中国内陸部の大開発、さらにユーラシアを横断する資源パイプライン、道路や鉄道などの陸上輸送インフラの建設などへとつながっていく事情はこれまで述べてきたとおりである。冒頭の創設五周年の共同コミュニケは、そのながれを加盟国の一致した方針としてあらためて確認したものといってよいだろう。

要衝、フェルガナ盆地の安定

ところで、その上海協力機構が、地域テロ対策のための監視機関をウズベキスタンの首都タシケントにおいていることは注目に値しよう。その背景に、同国の東部、フェルガナ盆地の存在があることは想像にかたくない。この山あいの盆地と、それをつつむようにひろがる高原や峡谷が、イスラム復興やウイグル独立をめざす過激主義グループの活動拠点になり、一時は隣接するアフガニスタンのタリバン武装勢力と陸伝いに連携するうごきもみられたからである。

フェルガナ盆地は、ひとりウズベキスタン一国にとってだけでなく、ひろく中央アジア全体の安定にかかわるユーラシアの要衝である。地図でみると（巻頭「内陸ユーラシアの拡大図」を参照）、天山山脈の西の支脈とパミール高原にはさまれた山あいで、ウズベキスタンとキルギス、タジキスタンの三ヵ国が、まるでジグソーパズルさながらに、たがいにモザイク状に入りくむようすがみてとれよう。フェルガナ盆地は、ちょうどそれら三つのピースが噛みあう爪の部分にあたる。山あいの盆地にはオアシスがあり、その周辺は肥沃な土壌にめぐまれる。綿花や米の産地だが、灌漑がなければ土は涸れよう。そのため、このあたりでは、古くからことなる部族や氏族のあいだで水利をめぐる諍いがたえなかった。そして、ソ連崩壊後はそれが国境をこえた衝突になった。

そのうえ、この地域一帯はイスラム色のつよい土地柄ともいわれる。標高四〇〇〇メートルを超えるけわしい山脈によって幾重にもさえぎられている地形が、イスラムがながく息づくための助けになったのかもしれない。そして、盆地のまわりの高原や大小の峡谷は、イスラムの武装勢力が陸伝いに国境をまたいで移動する、反政府活動の温床になってきたのである。

はや三年以上もまえになる。二〇一六年六月、ウズベキスタンのタシケントとこのフェルガナ盆地を鉄道でむすぶためのカムキック・トンネル（全長一九・二キロメートル）が、中国鉄道トンネル集団公司によって難工事のすえに開通した。ウズベキスタン政府は、首都と、この山あいの要衝を鉄道でつなぐ重要プロジェクトを中国の国営ゼネコンに一括発注したのだった。総工費四億五五〇〇万ドル（約五〇〇億円）のほとんどは、中国輸出入銀行の融資をはじめチャイナ・マネーでまかなわれている。

実は、この一帯にはウイグル人が多くすんでもいる。中国にとり、一九世紀後半の清朝末期の西域でイスラム政権を樹立したかのヤクブ・ベクが、かつてこの地域を中心にさかえたコーカンド・ハン国から送りこまれたウイグル人であったことは、いまに通じる歴史の記憶であるにちがいない。新疆ウイグル自治区のカシュガルとウズベキスタンのフェルガナは、わずかに四〇〇キロとはなれていない（東京と名古屋ほどの距離である）。そして往時、ウイグル人は高原の山々をこえて、そこを自由に行き来していたのである。中国政府がこの地域の安定に特別の関心をよせる所以であろう。

中国は将来、パミール高原の山岳地帯にいくつものトンネルを掘削し、タシケントとカシュガルのあいだを鉄道でむすぶ計画（ウズベク‐キルギス‐中国間鉄道）をもっているという（中国発展改革委員会研究院資料「『一帯一路』の提唱——実施構想とその思考」）。中国は、新疆の開発と中央アジアのそれを一体のものとして描いているようにみえる。中央アジアの政治と民生の安定が、中国新疆ウイグル自治区の統治とひとつの糸でつながっているとみているからでもあろう。中国がすすめるシルクロード経済ベルト構想には、そういう意味あいもあると思う。

インドとパキスタンの加盟

他方、二〇一七年六月にカザフスタンの首都アスタナで開かれた第一七回首脳会議では、それまでの六ヵ国にくわえて、あらたにインドとパキスタンの加盟が承認された。創設以来はじめての拡大であることはいうまでもない。また同時に、ロシアが推すイランの加盟も討議され、中国もこれに支持を表明したとプレス声明は伝えている（同首脳会議、事務局長プレス声明）。この加盟国の拡大は、上海協力機構の領域がすでに中央アジアの枠をこえ、ユーラシア全体におおきくひろがりはじめたことを示している。そしてこの点において、インドとパキスタンの加盟は意味深長といえよう。

インドは将来、中国とならぶ経済大国になる可能性がたかい。足もとの経済規模（ドル換算のGDP）では中国のおよそ五分の一をこえるほどにすぎないが、二〇一五年から二〇一七年にいたる最近三ヵ年の平均成長率は中国のそれをこえている（中国六・八％に対してインド七・三％）。他方、中国とパキスタンは、新疆ウイグル自治区のカシュガルと、パキスタンの首都イスラマバードからペシャーワルを経由して南西部のグワーダル港をむすぶ総延長三〇〇〇キロにおよぶ中国－パキスタン経済回廊を整備することですでに合意している（二〇一五年四月、習近平のパキスタン訪問時）。中国はこれにより、西の内陸から陸路インド洋へでるルートを確保する。そして、パキスタンは将来、中国新疆と中央アジア、南西アジアと中東をつなぐ要路のひとつになるだろう。

もっとも、このインドの加盟には、中国の影響をうすめるための加盟国どうしの政治ゲームにすぎないというクールな見方もある。インドとパキスタンの両国が、北部のカシミール地方の領有権をめぐってながく対立していることはつとに知られている。そして、そこに経済回廊を建設しようとする中国の構想に、インドはつよく反発してきているからである。また、たがいに相反目する二国の加盟は、上海協力機構本来の目的のひとつであるイスラム過激主義や民族分離主義への対処において、加盟国のあいだの連携をかえって弱めてしまうマイナス効果もあるだろう。それに、そもそもインドはユーラシアか、という素朴な疑問もある。中央アジアからみると、インドはヒマラヤ山脈の壁を背にして南のインド洋に面している。

だがしかし、近い将来、そこにイランが加わることになれば、話はまた別、といえるかもしれない。イランの加盟は、インドを巻きこんで南西アジア全体のエネルギー事情を一変させるだろう。また同時に、それは利害を共有する国ぐにの間柄をも変えていく力になるかもしれない。実際にインドには、アラビア海に面する港湾都市ムンバイと、イラン南部のパキスタンとの国境にちかいチャーバハール港を海路でむすぶ計画もあるという（二〇一八年二月、インドはイランとのあいだで同港のリース契約に署名している)。そしてまた、インドがかねてより、ロシア、イランとともに「北南輸送回廊」構想を打ちだしてもいることを付記しておこう。いずれにせよ、インドとパキスタンの加盟によって、上海協力機構の意味あいも変わりつつあるようである。

アスタナ首脳会議の席上、中国の習近平国家主席は上海協力機構の枠組みを、「一帯一路」とユーラシアにおけるさまざまな地域協力の動きを接合させるための重要なプラットフォームであると述べている(同首脳会議、習近平スピーチ)。中国がすすめる「一帯一路」が、陸と海のふたつのシルクロードからなる、長大な経済圏構想であることはまえに記した。シルクロード経済ベルト構想はその陸の部分、つまり一帯をなす。そして、上海協力機構の首脳たちは、中国がかかげるこの「一帯一路」構想を歓迎するとともに、これまでの成果を支持し高く評価したという。

私は、海のむこうにひろがる大陸を思いうかべながら本書を書きすすめている。日本は、ユーラシアで進行する静かなダイナミズムにもっとおおきな注意をはらう必要があるだろう。

3　則天武后の宇宙

古代中国と匈奴

少し脇道へそれる。「私は学生時代に匈奴に憑かれた一時期をもった」。井上靖の短編「明妃曲」はこの一文ではじまる。「明妃曲」は、前漢の時代(紀元前二〇二年~後八年)、一八歳で元帝の後宮(后妃や女官たちがすむ宮中の奥御殿)に召されながらも、ながらく帝の寵愛をうけることなく無為のうちに一〇年の歳月をすごし、ついには帝をうらんで匈奴の若者を愛し、匈奴の王家へ嫁いで異郷の地に骨をうずめたと伝えられる傾城、王昭君にまつわる説話である。

匈奴という民族が、いつあらわれて、いつどこへ消えたかはよくわかっていないらしい。中国の歴史にあらわれでたとき、つまり秦の始皇帝のころ（在位紀元前二二一年〜前二一〇年）にはすでに万里の長城を築かねばならなかったほどに強大で、後漢（後二五年〜二二〇年）の末期にあたかもアメーバのように二裂五裂して勢いが衰えたときにはすでに消滅していたと、作家は記している。

時空を、はるかに紀元前後のユーラシアへさかのぼりたいと思う。

古代中国は、秦の始皇帝によってはじめて単一国家として統一された。始皇帝による天下統一という偉業が完成されなければ、いまの中国の広大な版図はなかったかもしれない。また、秦は君主の称号として皇帝をもちい、中国の政治に皇帝制度を樹立した。この政治形態が、それから二一〇〇有余年にわたってながく引き継がれ、二〇世紀はじめの清の滅亡までつづいたことはいうまでもない。ちなみに、始皇帝の「始」は、あとにつづく二世、三世にたいする「始」であって、在世中は皇帝というだけで、この二文字はいうなれば宇宙に唯一無二の固有名詞だったという。

他方、古代中国の君主たちは、それにさきだつ春秋戦国の時代より、北方から馬に乗って攻めいる遊牧民族の隣人たちになやまされてきた。そして秦の時代、モンゴル高原に匈奴があらわれた。秦は、その侵寇にほとほと手をやいた。遊牧民たちはいつでも天幕をたたんで羊や牛の群れを追いながら、草や水をもとめてほとんど際限なく移動した。そして、秦軍が撤退しはじめると馬に乗って追いかけて、あるいは先まわりして待ち伏せて、退却する兵士たちを急襲して苦しめた。

そこで、始皇帝は匈奴を撃ち、その南下を防ぐために要塞の増改築にのりだした。空前の大要塞は時をへて、やがて東西六〇〇〇キロをこえる文字どおり「万里の長城」になった。長城には、中国と、匈奴からはじまって鮮卑、柔然、突厥、ウイグルなど、北方の草原から興っては消えていった遊牧諸民族とのながい争いの歴史がきざまれている。

同時にまた、中国は遊牧民族を懐柔し、平和をあがなえる方策を模索した。ゴビ平原は農耕には適さない。沙漠を征したところで軍費がかさむだけだった。冒頭の王昭君にまつわる説話も、漢の君主が匈奴の君主に後宮の女性をさしだして、縁者の関係をむすぶためだったという。

付言すれば、後漢のおわりに霧が晴れるように消えた匈奴の一部はとおく西へ遁走し、その後二五〇年ほどの時をへてフンになり、ローマ帝国の末期にヨーロッパへ侵入してゲルマン人の大移動をひきおこす引き金になったという説もある。また、彼らが中国から調達した絹やその他の物品は、草原を西へ移動する遊牧民によってリレー式に伝播され、ついにはローマ帝国あたりまで流れていったと後世の歴史家は記してもいる。

鑿空の功

さて、秦のあとを漢が継いだ。漢のはじめ、匈奴はもっとも強力になった。この時期、北方の遊牧民たちは、単于（ぜんう＝匈奴の君主のこと）のもとに部族連合を形成して黄河の北のゴビ沙漠一円を領土にし、さらには中国西域のタリム盆地あたりに点在したオアシス国家へ攻めいって遊牧部族の連合をひろげ、漢の支配を脅かすまでになった。

中国は、黄河の西を維持するためには西域と通じなければならず、西域と通ずるためには、その北に遊牧する匈奴を駆逐しなければならなかった。そこで、武帝（在位紀元前一四一年～前八七年）は、匈奴を挟み撃つ手だてをもとめて西国へ使者をおくる。

使者の名を張騫といった。張騫は、月氏族《げっし》や烏孫族《うそん》など、西域に割拠する遊牧民族国家と通交をむすぶためにとおく西へ遠征した。そして、幾多の障害とさまざまの苦難をのりこえながら旅をつづけ、タクラマカンの大沙漠をすすみ、さらにそのさきに立ちはだかるパミール高原の山嶺をこえて、ついに遠路、大月氏国（もともとは敦煌あたりにいた月氏族が匈奴の追撃からのがれて西へ移動して建国した）へたどりつく。そして、西の内陸やペルシャなど、西アジアの国ぐにの事情を調査して一三年後に帰朝する。結局、大月氏国との同盟は成らなかったが、天山山脈の北の山あい（現在の新疆イリ地方からキルギスあたり）を支配した烏孫国との同盟はその後ながくつづき、匈奴の討伐において漢をおおいに援けたという。

他方、張騫が持ちかえった数々の情報は、中国にあらたな交易の機会をひらくことになった。大月氏国の中心は、ウズベキスタンのサマルカンドちかくにあった。このあたりの気候は温暖で、物産が豊富なうえ、東西交通の本ルートから南のインドへつうじる分岐点に位置していた。つまり、四方の物産があつまる十字路でもあった。そのうえ、西アジアには中国とはことなる華やかなペルシャ文化があった。

張騫の報告をえて、武帝は西方に隊商を派遣して交易をひらく。同時に、それを匈奴の掠奪からま

唐の最大領域（━━）と支配地域（▪▪▪▪）

（出所）森安孝夫著『シルクロードと唐帝国』より作成。

則天武后の墓，乾陵

もるために、長安（前漢の都）から敦煌へいたる交易ルート（河西回廊）を確保し、またそのさきの広大なタクラマカン沙漠のまわりに点在する西域のオアシス国家を朝貢国にしてその往来を保護させた。西方からは、ブドウやクルミなどのほか、宝石やガラス、香料などの工芸品や加工品がもたらされ、中国からは特産の絹や茶、金などが輸出された。こうして、古来ほそぼそとおこなわれていた交易が、国家が推進する大規模な東西貿易へと変貌していくのである。

その後、後漢の時代には、班超が新疆のカシュガルに派遣されて西域の経営にあたった。井上靖の短編「異域の人」には、西域にとどまること三〇年、匈奴とたたかって西域諸国をあまねく漢に臣従させ、七一歳にして洛陽（後漢の都）に帰還した班超の後半生がつづられている。彼はまた、部下の甘英を使者としてローマ帝国へ派遣した。甘英は、途中のイラン高原の西、シリアあたりまでいって帰国するが、漢の威光はとおくパミール高原をこえて西方を照らし、朝貢する国ぐには四万里のそとにまでおよんだという。

「張騫、鑿空（さっくう）の功」と「漢書」にある（鑿空は空間をこじあける意）。張騫は、西方への、中国のあらたな空間をきり開いたのである。張騫と班超による「鑿空の功」は時をへて、やがて唐の都に花ひらく。

上海協力機構のひろがり

中国の版図は、唐の時代（六一八年〜九〇七年）に最大になった。七世紀後半には、北は東西交易をさまたげる遊牧民族の突厥を平定し、西はペルシャに接するまでの広大な領域を支配した。これによって東西の貿易が盛んにおこなわれ、往時シルクロードの起点となった長安（現在の西安）は、人口一〇〇万をかぞえる一大国際都市として殷賑をきわめた。幾多の商人が街道を行きかい、駱駝の鈴の音と胡馬のいななく声が一〇〇〇里の道をこえて西域の沙漠と天山の谷間にひびきわたったと詩人はうたった。

ところで、二〇一七年秋、私は西安近郊の乾陵を訪れた。乾陵は唐の女帝、則天武后（在位六九〇年

乾陵と向かい合うふたつの小山

～七〇五年）の墓である。市内から西へ高速道路を二時間ほどいくと、遠くの方にそれらしき山が見えてきた。近づくと、正面に小高い山がそびえ、少しはなれてお椀のような小山がふたつ。そのさきには黄河にそそぐ渭水のながれ。それが乾陵だった。案内してくれた知人によれば、なんと女帝が仰臥している姿をかたどったものだという。真ん中の小高い山が頭部で、ふたつのまるい小山は胸のふくらみなのだとか。そういわれてみれば、ご丁寧にも頂きに小さな突起らしき物まで見えるではないか。そして、かなたの渭水に足をぬらす。私はその気宇壮大なスケールに圧倒された。

乾陵にのぼると、正面に頭部にあたる小高い山がたち、登り口の左右に六一体の石像があった。則天武后は、西方の六一の諸国から官吏を招いて登用した。六一体の石像が武后の陵を黙してまもる。その多くは毀損されて完全ではなかったが、どれもことなる服装のなかに、あきらかにペルシャ風やアラビア風と思われるものがいくつかあった。知人によれば、当時、長安には一〇万人をこえる外国人がすんでいたという。

最後に、ふたたび上海協力機構にもどろう。ソ連崩壊後、中国は隣国のカザフスタン、キルギス、タジキスタンと、そのもと宗主国のロシアの四ヵ国によびかけて「上海ファイブ」をスタートさせた。内陸の国境を画定し、西域（新疆ウイグル自治区）の流動化を鎮めるために。中国は、これを協議の枠組みにして中央アジアの国ぐにとの対話をかさね、またその後は常設の多国間組織である「上海協力機構」に発展させて、西方のテュルクの人びとと協力しあえる良好な関係を築こうとしている。あたかも、かつて匈奴の掠略に手をやいた古代中国の君主たちが、西の内陸に割拠する遊牧諸民族と通じようとしたように。上海協力機構の創設は、古代までさかのぼる中国と西域の関係の歴史そのものとみることができよう。

乾陵を守る石像群

そして、加盟国の変遷をみると、その領域はすでに中央アジアの枠をこえ、ユーラシア全体にひろがっていることがみてとれる。二〇一七年六月にはインドとパキスタンも加盟した。また、正式な加盟国ではないが、モンゴル、イラン、アフガニスタン、ベラルーシの四ヵ国がオブザーバーとして参加しているし、スリランカ、ネパール、カンボジアだけでなく、トルコや、カフカスのアルメニアやアゼルバイジャンも対話パートナーの資格で参加している。イランが正式に加盟する日も、そう遠くないかもしれない。オブザーバーや対話パートナーをふくめると、そのひろがりはそのまま陸と海からなる中国の「一帯一路」構想と重なるようにみえる。まさしく則天武后の宇宙といえよう。

4　トルキスタンの地平を越えて

時空を、現代のユーラシアへ戻したいと思う。

西方への可能性を開く

中国はいま、ユーラシア大陸で「シルクロード経済ベルト」構想を推進している。そして、中国本土からヨーロッパへむかう高速道路や鉄道網、内陸の新疆と中央アジアや南アジアの諸都市をむすぶ高速道路や鉄道網と、カスピ海やペルシャ湾、シベリア平原から新疆へいたる資源パイプラインなどからなる長大な陸上輸送網を構築しようとしている。ユーラシアはどう変わっていくのだろうか。二〇〇〇年以降に実施された主なプロジェクトを振り返ってみよう。

まず、資源パイプラインでは、はやくも二〇〇五年一二月、カスピ海の原油を中国新疆へ輸送するための最初のラインが完成した。また二〇〇九年一二月には、トルクメニスタンの天然ガスをウズベキスタン、カザフスタンをとおって輸送するラインも完成した。そして、いまは第二ステージとして、カスピ海北岸からカザフ平原を横断する新たな原油パイプラインと（中国は二〇一三年一〇月、世界有数の鉱床といわれるカシャガン油田の権益を取得した）、トルクメニスタンの天然ガスを、ウズベキスタン、タジキスタン、キルギスをとおって輸送する第二パイプラインの建設に着手している。

また、中国沿海部からヨーロッパまで、総延長八五〇〇キロを一本のハイウェイでむすぶプロジェクトは、甘粛省の蘭州からカザフスタン国境のホルゴスまでの区間が二〇一一年に開通し、ホルゴスからロシア国境のウラリスクまでのカザフスタン内二八〇〇キロが、すこし遅れて二〇一七年秋にほぼ開通した。私は、その年の一一月に中央アジアを訪問したのだが、雪をいただく天山山脈を越えて機体が高度をさげながらアルマトゥイの上空へ近づくと、やがて眼下に真新しいハイウェイが見えてきた。大平原に白い線が一本、西へ向かってまっすぐのびていた。現地の人たちは、これをトラック・バーンと呼んでいる。いまはロシア内の工事区間を残すだけになっている（ロシア政府は二〇一九年、ロシア領内約二〇〇〇キロの高速道路建設を承認した）。

他方、鉄道関連では、中国・カザフスタン国境を挟んで、天山連峰をのぞむ中国側の阿拉山口（アラシャンコウ）とカザフスタン側のホルゴスに、コンテナを積み替えるための広大な物流ターミナルが完成している。ドライポート、陸の港と称される。国境のあとさきでレール幅が異なるため、ここでコンテナが積み替えられる。鉄道だけの阿拉山口ポートは二〇〇八年一一月に完成し、鉄道と高速道路がならんでつながるホルゴス・ポートは二〇一五年八月に開業した。また、ウズベキスタンの首都タシケントと、フェルガナ盆地にある同国第二の都市ナマンガンを鉄道でむすぶカムキック・トンネルが、二〇一六年六月に中国鉄道トンネル公司によって竣工したことはすでに述べた。

中国の習近平国家主席が、はじめてシルクロード経済ベルト構想をおおやけにしたのは二〇一三年九月、カザフスタンの首都アスタナ（現在はヌルスルタン）のナザルバエフ大学でおこなった記念スピーチでのことである。しかし現実には、中国ははやくも二〇〇〇年代前半から、資源パイプラインをはじめ、一連のプロジェクトに着手していたことがわかるだろう。そして、陸でつながるひとつの自然地理空間という、ソ連崩壊後のユーラシアにあらわれた新たな地政学要件を拠りどころにして、西の内陸の新疆を前門とする、ユーラシア大陸大の輸送網の構築に取り組んできたのだった。シルクロード経済ベルト構想は、中国経済の西方への可能性を開くものといえよう。

「実施構想とその思考」から

「一帯一路の提唱——実施構想とその思考」（以下、「実施構想とその思考」）という資料がある。中国発展改革委員会のシンクタンク（総合交通運輸研究所）が、二〇一七年一一月に関係国向けのプレゼンテーション用にまとめたものだという。

そこでは、まずユーラシアにおいて将来、三つの鉄道網の建設が構想されている。カザフスタン横断鉄道（東のアクトガイと西のカスピ海の港クリクをむすぶ）、新疆・ウズベキスタン鉄道（タリム盆地西端のカシュガルとタシケントをむすぶ）、新疆・パキスタン鉄道（同じくカシュガルとイスラマバードをむすぶ）の三つである。ちなみに、後者の二つは、なんとパミール高原の山中にいくつものトンネルをくり抜いてつなぐという。カムキック・トンネルもそのひとつになる。そしてこの三つの鉄道網は、それぞれ北カスピ海の原油、トルクメニスタンの天然ガス、イラン産の原油輸送パイプラインと統合されて

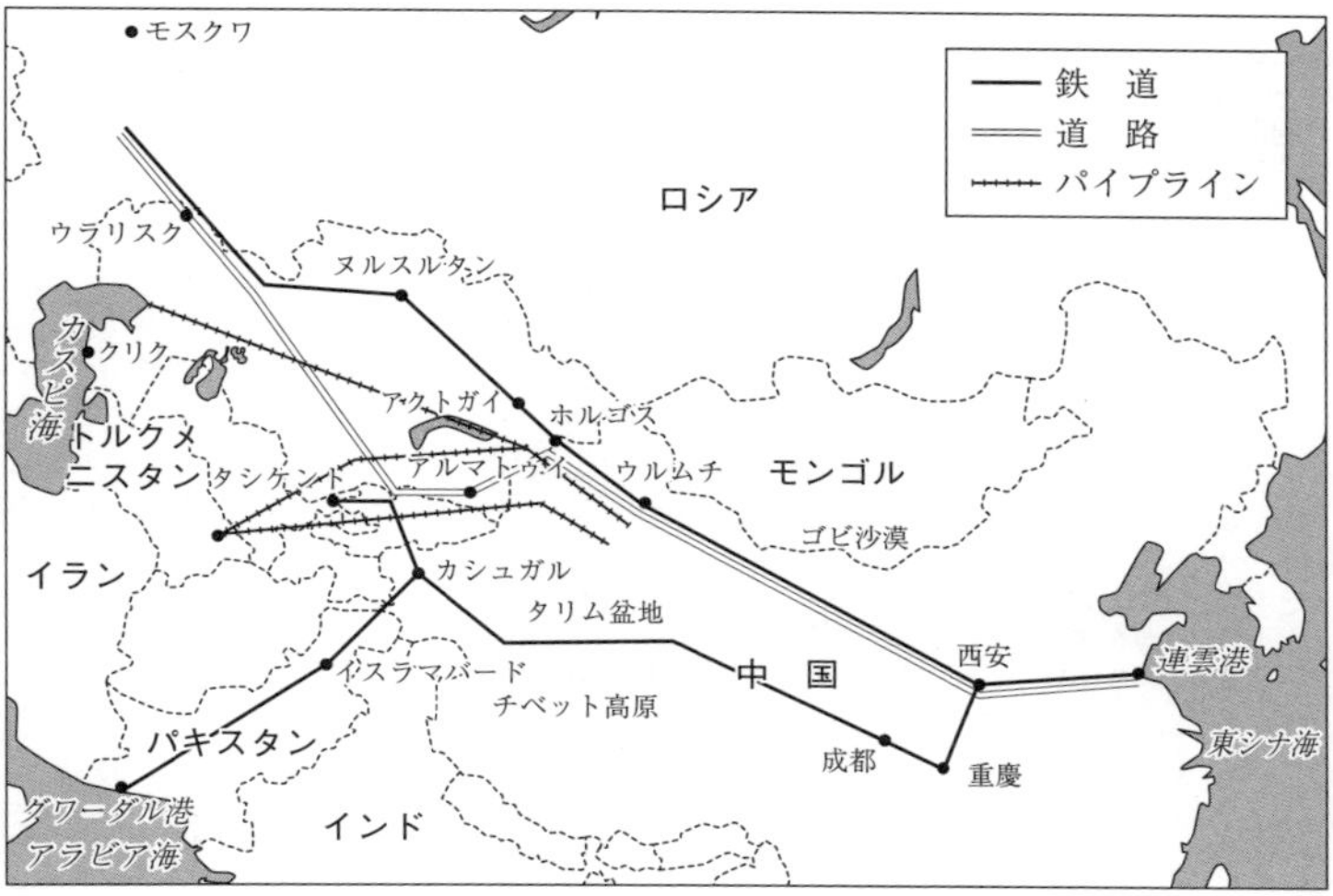

シルクロード経済ベルトの開発構想

「輸送回廊」をなすだろう。

また、同時に「実施構想とその思考」では、中国国内の新疆ウイグル自治区の北部と南部で、二つの鉄道網のプロジェクトが構想されてもいる。ひとつは北部で、既存の蘭州・新疆鉄道（蘭新線）の複線化とその支線の増設。もうひとつは南部で、成都・新疆鉄道の建設である。前者の蘭新線は、中国本土からカザフスタン国境を越えるいわゆる「越境鉄道」で、その先は中央アジアやヨーロッパの諸都市へとつうじる（中央回廊）。この複線化と増設は、この越境ルートの、将来の貨物輸送能力の増強を想定したものにほかならない。

これに対し後者は、四川省の成都と新疆ウイグル自治区のカシュガルをむすぶ。新疆の南部で、タクラマカン沙漠の南の縁にそって古代シルクロードの西域南道をいく。そして将来は、東の成都を起点とするこの鉄道が新疆のカシュガルをハブとして、西へ新疆・ウズベキスタン鉄道と、また南へ新疆・パキスタン鉄道と接続するのである。ウズベキスタン・ルートのさきは既存の鉄道でカスピ海やイランへ、またパキスタン・ルートではインド洋にのぞむグワーダル港へいたることが想定されている（南回廊）。

ちなみに中国のなかでカシュガルは、新疆ウイグル自治区の西のはずれに位置する辺境だが、まえに「ユーラシアの弧」で示したように、それは北京とアンカラを結ぶ北緯四〇度線上のほぼ真ん中に位置している。つまり、ユーラシアのハートである。

中国政府は、新疆・ウズベキスタン鉄道、新疆・パキスタン鉄道とこの成都・新疆鉄道の三つを、中央回廊の輸送力増強とならぶ、南回廊の重要プロジェクトと位置づけている。そして、カシュガルをハブとするこの三つの鉄道の開発が、キルギス、ウズベキスタン、タジキスタンなど、ユーラシア内陸部の沿線国と新疆西部の発展につながることを期待しているようである。民族問題をかかえる新疆ウイグル自治区の開発が、中央アジアの政治と民生の安定と一本の糸でつながっているとみているからでもあろう。中国の新疆と中央アジアの一帯が、古くからトルキスタン（トルコ人の住む土地）と呼ばれてきたことは、これまで折にふれ述べてきた。そしてカシュガルは、ながくウイグル人によるイスラム独立運動の拠点になってきたのである。新疆の開発は、中国が推進するシルクロード経済ベルト構想の重要な一面といえよう。

「一帯」の本質

第一章「変貌するユーラシア」において、私は過ぎ去った二〇年をふりかえりながら、中央アジアの国ぐにが、いまでは巨大な中国経済におおきく依存しつつあ

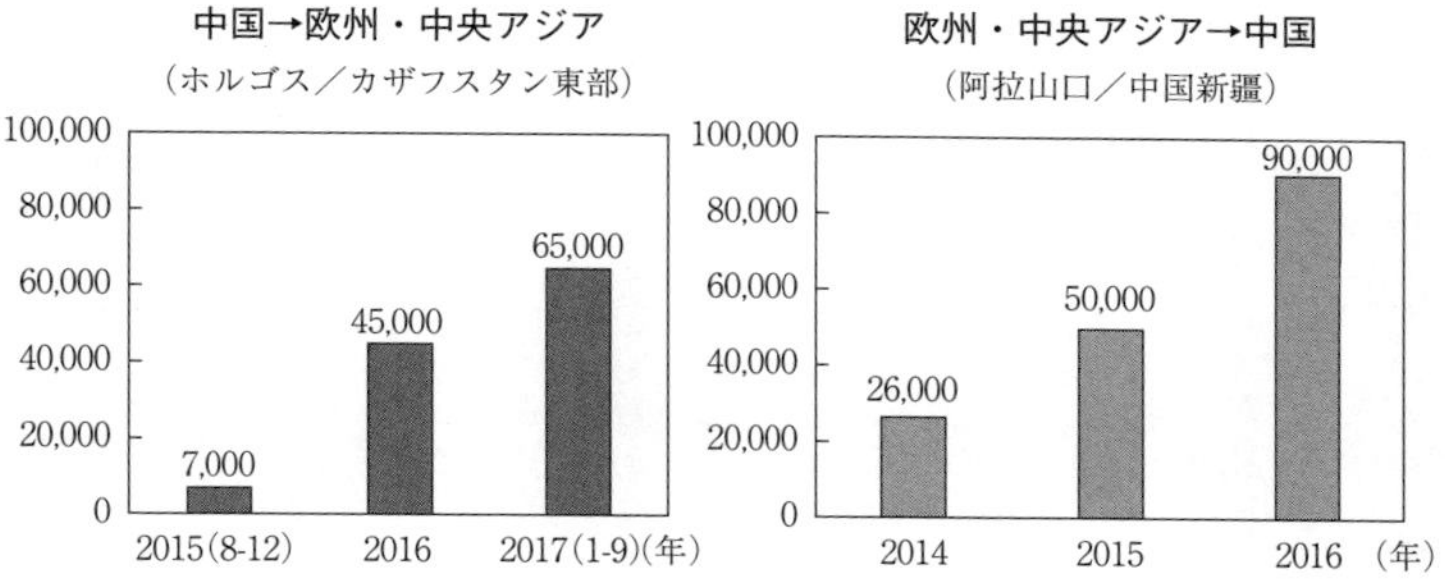

図3－1　陸の港における積み替えコンテナ数の推移

（単位）TEU＝20 フィートコンテナ換算。
（注）中国→欧州・中央アジア向けコンテナの積み替えは，これに加えてカザフスタンのドスティックの旧施設でも行われている（ホルゴスとほぼ同量）。
（出所）ホルゴス・ドライポート，グローバリンク社（アルマトゥイ）へのヒアリングより作成。

ること、またそこに垣間見えるのが、中国にとっての資源の供給基地であり、製品の市場であり、はたまた中国自身がもてあます過剰な生産能力の受け皿になっていく中央アジアの姿であることを、貿易統計の推移に照らしながら述べてきた。その背景に、これまで列挙した原油と天然ガスのパイプラインや、鉄道と道路などの陸上輸送網の整備があったことはいうまでもない。否、中国は、シルクロード経済ベルト構想によって、ユーラシアのエネルギー資源を引き寄せるとともに、自らの巨大な生産力をささえるための未開拓な市場をたぐり寄せてきた（つまり、需要を創出してきた）とみることもできるだろう。

他方、陸上輸送網の発展は、ユーラシア内陸部の物流事情を変えただけではない。いまでは、カザフスタンを経由して、中国の二〇都市とヨーロッパの八都市以上（ロシアを除く）を直行でむすぶ越境型の国際貨物列車が頻繁に往復してもいる。たとえば、中国の重慶や成都からドイツのデュイスブルクやハンブルクへはほぼ毎日運行されているし、欧州から中国へむかう復路便の頻度もふえている（全体としてみると、欧州発は中国発の半分ぐらいにとどまるが）。その結果、ホルゴス・ポートのコンテナ取扱量（中国から中央アジアや欧州仕向け）は、二〇一五年八月に開業して以来激増しているし、阿拉山口ポート（中央アジアや欧州から中国仕向け）のそれも、ここ数年ほぼ倍増のペースで増えつづけている（図3-1）。

また最近では、中国からヨーロッパへは、ノート・パソコンやスマホ、電子・自動車部品、液晶パネル、アパレル製品などへ、反対にヨーロッパから中国へは、自動車（完成車）や自動車部品、電気・精密機械の生産・保守部品、消費財（ワイン、チーズ、粉ミルク、化粧品、アクセサリー類）などへと輸送品目や利用企業もひろがっている。復路便では、ネット通販企業の利用もふえているという。中国政府が、将来の鉄道輸送需要の増加を見込んで、輸送能力の増強を構想していることはすでに記した。今後は陸上輸送網の利便性や輸送能力の増強とも相まって、中国と中央アジア、ヨーロッパの内陸部がますます近くなっていくだろう。

中国と西域の関係について、それは遠い昔にはじまる「ひとつの長い物語である」と、O・ラティモアは記している（O・ラティモア著、前掲『アジアの焦点』）。中国史をふりかえると、過去に三回、西進のおおきな波があった。紀元前の漢の時代、武帝は匈奴の侵攻をおさえるために、使節団をおくって西域の国ぐにを朝貢国として臣従させた。そして、後漢の時代には遠征軍を派遣して匈奴を討伐し、カシュガルを拠点に西域の五〇余国を支配した。

混乱の数世紀ののち、唐は、トルコ系の遊牧国家、突厥の衰えをみてとると西域の討伐にのりだし、天山山系の北と南に総督府をおいて、パミール高原や天山の峰々をこえてはるか西方の国ぐにまでを支配した。だが、八世紀半ばにアラブ軍にやぶれ、それとともにトルキスタンのイスラム化がはじまる。そして、次に中国が西域の征服にのりだすのは、時をくだって一九世紀後半の清朝末期のことだった。清軍は、ヤクブ・ベクに率いられたイスラム住民の反乱を鎮圧し、新疆を中国のひとつの省として統合した。

一五〇年後のいま、現代中国はシルクロード経済ベルトの旗をかかげて、西の内陸の開発を進めている。そして、巨大な経済の波にのり、ふたたびトルキスタンの地平をこえて西方へひろがろうとしている。だがしかし、新疆は二一世紀のいまもなお北京にとっておおきな課題でありつづけている。私は、シルクロード経済ベルト構想（一帯）の本質のひとつは、新疆ウイグル自治区の平定をふくむトルキスタンの安定にあると考えている。

5　ユーラシアの大陸主義

ソグディアナ、ソグド商人の故郷

中国は、上海協力機構をプラットフォームにしてユーラシアの国ぐにとの対話をかさね、シルクロード経済ベルト構想の旗をかかげて西方の開発をすすめている。それはまた、巨大な中国経済の波が、内陸の国ぐにの経済を浸食していく過程でもある。他方、これに対し、内陸からの内なる変化のきざしもある。カザフスタンとならぶ中央アジアの大国、ウズベキスタンではじまった改革開放の動きにほかならない。

だが、それについて論じるまえに、ひとつだけ記しておきたいことがある。西安近郊の乾陵でみた唐の女帝、武則天の陵墓をまもる六一体の石像のなかにあったと思しきソグド人のことである。

まえに、中央ユーラシアの天山山脈とパミール高原を水源とし、そこから西へ流れおりてアラル海へそそぐふたつの大河、シルダリアとアムダリア（ダリアは大河の意）に挟まれた乾燥した平原は、古くからトルキスタン（トルコ人のすむ土地）と呼ばれてきた、と述べた。しかしそれは、この平原に北の草原からトルコ系の遊牧民が移りすんでトルコ化がすすんだ一〇世紀後半以降のことで、それよりまえの紀元一千年紀の昔、ここらあたりはながくソグディアナ、ソグド人の土地と呼ばれていた。つまりそこは、紀元前の古代からサマルカンドやブハラをはじめ、農耕を基本とする緑豊かなオアシス都市国家群が栄えたところであり、同時にまた、紀元一千年紀のシルクロード貿易で国際商人として活躍したソグド人の故郷でもあった。沙漠のオアシス農業では、耕地をひろげようにもかぎりがあった。そのため、人口がふえて食糧が不足すると、ソグド人たちは故郷をでて、商業に活路をもとめて見知らぬ土地へ移りすんでいったのだという。

シルクロード貿易が盛んだったころ、ユーラシアの中央に位置するソグディアナは、自然地理上、おのずと東の中国、東南のインド、西南のイラン高原や中東から地中海、西北のロシア平原やヨーロッパ、東北のジュンガル盆地やモンゴル高原などへつうじる交通の十字路になり、商業の一大中心地として繁栄した。

往時、ソグド人は、中央ユーラシアの街道ぞいのあちこちにコロニーをつくって商業をおこなった。また、中国の西域だけでなく、長安や蘭州をはじめ本土のほとんどの主要な都市に仲間や使用人をおくり、馬やラクダでキャラバンを編成してシルクロード貿易を支配した。古代シルクロードの遠距離貿易は、そうしたソグド人の商業ネットワークによって担われていたともいえる。そして、ソグド人の大商人は、やがて中国王朝のなかにまで入りこみ、経済だけでなく、ひろく政治や外交、軍事、宗教（ゾロアスター教）や文化（ソグド語、ソグド文字）においても重要な役割を果たすようになったという（森安孝夫著『シルクロードと唐帝国』講談社学術文庫、二〇一六年）。

乾陵を守る六一体の石像は、無残にも、どれも首から上の部分が盗まれて欠けていた。だが、それでもガウンのような丈の長い服を着て、丸味のあるショート・ブーツを履いた幾体かの石像は、それらがソグド人であることをうかがい知るのに十分だった。まえに記した「則天武后の宇宙」が、実はソグド商人と、彼らが故郷をでて形成した国際的な商業ネットワークに支えられていたことを記しておこう。

ウズベキスタンの改革開放

さて、ソグド商人がシルクロード貿易で活躍した時代から一千年後のいま、そのソグディアナにあるのがウズベキスタンである（一部は隣のタジキスタンにも属する）。一四世紀後半、モンゴル人の大帝国が消滅していく過程からティムール（モンゴル貴族の子孫）があらわれて、サマルカンドを都とし、中央アジアからアナトリア半島のトルコ（オスマン朝）へせまる西アジアの大半を統一した。そしてティムールの死後、北からトルコ系遊牧民のウズベク人が南下して、ティムール帝国の栄光の遺産と文化を受け継いだといわれる。

ウズベキスタンは、面積では東西にながく広がるカザフスタンの六分の一にすぎないが、人口は三二〇〇万人ほどで、中央アジアの国ぐにのなかではもっとも多い。ちなみに、中央アジア五ヵ国全体の人口はおよそ七〇〇〇万人で、カザフスタンのそれは一八〇〇万人である。

この国では、ソ連末期の一九九〇年から独立後の二〇一六年まで二六年間にわたり、カリモフ前大統領（二〇一六年九月没）による中央集権的な強権政治がつづいていた。そして、かつてのソ連経済さながらに、政府が貿易と外貨を管理し、また価格を統制するなどして、自由な経済活動を規制した。そのため、為替レートは政府の公定レートと市場の闇レートが二倍ちかくにまで乖離し、この二重為替の状態がほとんど公認のようになってもいた。ホテル内の銀行で手持ちのドルを現地通貨のスムに交換しようとすると（もちろん、公定レートである）、本気なのか、信じられない、とでも言いたげな呆れた顔をされたものである。そして、係の女性は私から真新しい一〇ドル札を受け取ると、迷うことなく自分のハンドバッグへ入れるのだった。

また、対外的には、国境で接するまわりの五つの国ぐにと概して仲がわるく（ウズベキスタンは四方を内陸国にかこまれた、いわば「二重の内陸国」である）、中央アジア域内のさまざまな協力の障害になってきただけでなく（たとえば、アムダリア上流のログン水力発電所の建設をめぐる、上流のタジキスタンと下流のウズベキスタンの対立はよく知られている）、欧米の主要国との関係はいうにおよばず、ＩＭＦやＥＢＲＤ（欧州復興開発銀行）などの国際金融機関ともうまくいっていなかった。二〇〇五年五月、東部のフエルガナ地方でアンディジャン事件があった。イスラム組織が関与したとみられる反政府暴動を、治安部隊が銃撃で鎮圧したために婦女子をふくめた多数の死者がでたのだが、欧米諸国がこれを市民の虐殺としてきびしく非難したことにカリモフ政権が反発し、それ以来、両者の関係はにわかに冷えることになったのだ。

このウズベキスタンが、改革開放の方向へ舵をきったのである。まず二〇一七年九月、ミルジョエフ新大統領のイニシアティブで為替レートの市場化（闇レートの水準まで切り下げる）、価格の改定（エネルギーや電力料金を引き上げて財政赤字を削減する）、外貨保有の自由化などを柱とする経済改革に着手した。同時に、対外的には、カザフスタンをはじめ隣接する国ぐにや、ロシア、中国、韓国、インド、トルコ、アフガニスタンなどユーラシアの国ぐにとの関係改善（国境の画定をふくむ経済協力、貿易拡大など）を矢継ぎ早におこなっている。

二〇一七年一一月なかば、私は改革がスタートしたばかりの首都タシケントを訪問した。着いたその日にガソリン価格が三五％も上がり、また翌日には、翌年四月から家庭用のガス料金が一〇％、電力料金が一二％、それぞれ引き上げられることが発表されるなど、改革の真っただ中という雰囲気だった。「いまでは、だれもが銀行にスムを持ち込んでドルに換え、デポジット・カードに貯めて外国で自由に使えるようになったし、すべての企業がドルを自由に使えるようになり、ビジネスがしやすくなった」と、知人は明るい声で語った。高インフレによる社会不安も懸念されたが、先々への不安よりも、経済が自由化されたことへの期待の方がまさっているように感じられた。

ホテルの会議ホールでは、はやくもトルコの経済団体がビジネス・セミナーを開き、ロシアの石油会社がプレゼンテーションをおこなってもいた。また、郊外では国際見本市が開催され、中国や韓国、ロシア、カザフスタンをはじめ、チェコやポーランド、トルコ、インドなどから、建設、発電、繊維などの機械メーカーや、物流を請け負う輸送会社などが出展してにぎわっていた。シンガポールに本社をおく輸送会社のインド人マネージャーは、「内陸の国境管理が合意され、通関手続きが簡素化されれば、ユーラシアの人と物の動きが活発になるだろう」と期待をのべていた。もっとも、独裁政権の時代が長くつづいただけに、中央や地方の実力者のもとに利権が集中しており、改革の先行きを楽観はできないとクールにみる向きもあったのだが。

大陸的スケールの協力と連携へ

他方、二〇一七年の春から秋にかけて、カザフスタンとウズベキスタンのふたりの首脳が相互に相手国を訪問しあい、新時代の到来を宣言したことは注目にあたいしよう。中央アジアの二大国の関係改善は、他の中央アジアの国ぐにを巻き込んだ、より大きな協力をうながす効果もあるだろう。またウズベキスタンは、中国にとって重要な天然ガス・パイプラインのトランジット国のひとつでもある。ウズベキスタンの開放政策は、中央アジアにおける越境的な陸上輸送網の構築を容易にもするだろう。改革の成果はこれからだが、今後、この国の変化が近隣の国ぐにとの協力を促進し、またひとつひとつの協力がシナジー効果をよんで、ユーラシア内陸部全体の政治の安定と経済の発展をうながしていく可能性も高い。

K・カルダー教授は、「領土的に近接する国々が大陸的なスケールで政治・経済的な統合を促進する社会・経済的な諸施策」のことをまとめて「大陸主義」とよんでいる。そして、「大陸にまたがるパイプライン、安全保障のための対話、国家首脳による会議がすすむにつれ、冷戦時代の相互の孤立とはまったく対照的に、その姿はますます地政学的に重要な協働という形をとりつつある」と、ユーラシアで進行する大陸主義的な現実についてのべている（K・カルダー著、前掲『新大陸主義』）。

もっとも将来、ユーラシアの国ぐにが、カルダー教授のいう「政治・経済的な統合」に向かうかどうかはわからない。しかし、この二〇年の変化をふりかえるとき、上海協力機構をプラットフォームにしてはじまった対話と協力が、ユーラシア大陸内の相互依存への機運を高めていることもまた事実である。そして、シルクロード経済ベルト構想は、エネルギーやその他の資源の開発と、人や物の輸送という、いわば地つづきの自然地理要件にもとづく陸伝いの交わりを活発にしてきてもいる。

ところで、ティムールの死後、その子孫が東南へ逃れ、一六世紀前半に北方インド平原に築いたのがムガール帝国である。ムガールとはモンゴルのことだという。現代インドは海洋国家という側面をもちながら、歴史的にはむしろ北方平原の巨大な農業生産力とその富によって大陸と分かちがたく結びついていた。

ウズベキスタンは、古代シルクロード貿易をささえたソグディアナと、栄光のティムールを古層とする中央アジアの大国である。その内陸ユーラシアの陸の十字路が開かれたのである。改革の方向は間違っていないだろう。ウズベキスタンの改革開放は、大陸的スケールの横断的な協力と連携を促進していく可能性を宿している。

第四章　ロシア、ユーラシア国家の命運

1　ロシアはどう生きるべきか

世界はアメリカによる一極支配の二五年をへて、米中が覇権を競うあたらしい時代にはいったようである。そして、この二大国の時代がこれから三〇年、あるいは五〇年とながくつづくという見方もある。他方、ユーラシアの構図もこの二五年でおおきく変わった。大陸の重心は、中国経済に引き寄せられるようにゆっくりと東へ移動している。そして底流では、中国の強大化とロシアの衰退という、ユーラシア二大国の三〇〇年にわたる興亡のドラマが進行している。ユーラシアの大国ロシアの命運について記さねばならない。

衰えゆく帝国

まず、最近時の数字（二〇一七年）で米、中と比較し、ロシアの国力をおおまかに整理してみよう。面積一七一〇万平方キロメートル（アメリカの一・七倍、中国の一・八倍）、人口一億四七〇〇万人（アメ

リカ三億九〇〇〇万人、中国一三億七六〇〇万人)、GDP一兆五二七〇億ドル(アメリカの一三分の一、中国の八分の一)。世界有数のエネルギー資源生産大国であるとともに、軍事・宇宙分野では高い技術力と豊かな経験を有している。同時に、アメリカにつぐ世界第二の核保有国でもある。

ただし、エネルギー資源生産国であることの意味について付言すれば、アメリカ発のシェール革命後、世界の原油市場の価格決定メカニズムは根底から変わってきている。価格が上がれば、たちどころにシェール原油の生産がスタートして需給がバランスされる方向へうごくだろう。したがって、原油価格はこれからさき、低位安定が基調になるものと見通されている。つまり、生産国が価格を一方的に支配する時代は終わり、政治と経済の両面における資源国の優位性は以前よりも小さくなったと考えられる。

他方、ロシアのロケット打ち上げ技術(大型エンジンの開発とその制御技術)は世界でも群を抜いている。アメリカはロケットのエンジンをロシアから輸入している。また現在、有人宇宙船の打ち上げをおこなっている国は唯一ロシアだけだ。日本やアメリカの宇宙飛行士が、ロシアのバイコヌール宇宙基地(カザフスタン領内)から、ソユーズ宇宙船に乗って地球と国際宇宙ステーションのあいだを往来していることは誰もが知っている(米ロ関係は冷戦後最悪ともいわれるが、興味ぶかいことに米ロはこの分野ではつながっている)。

ロシアが可能性に富んだ大国であることはいうまでもない。だが、いまのロシアに、かつてアメリカと冷戦をたたかった超大国ソ連の残影はすでにうすい。私は、ながい歴史的な時間軸でみると、ロ

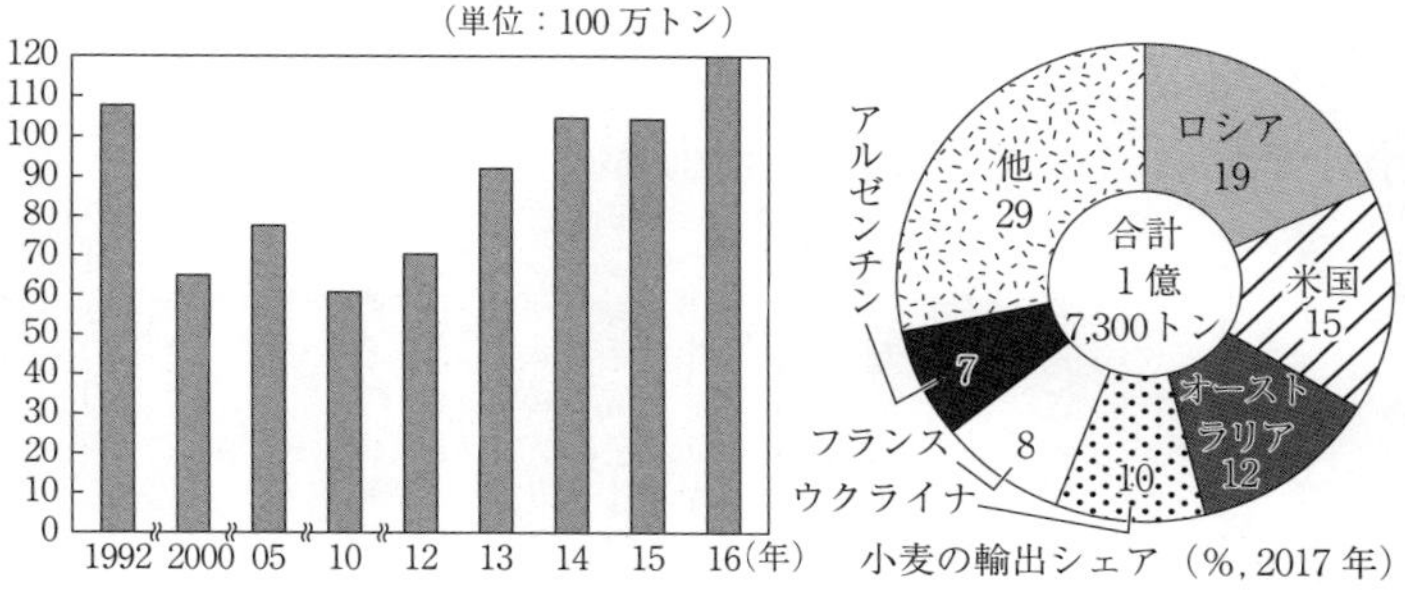

図4－1　ロシアにおける穀物生産の推移

（出所）ロシア統計局データより作成。輸出シェアはFinancial Times（2018. 7. 31）。

シアはソ連崩壊とともにはじまった（あるいは、ソ連末期にはすでにはじまっていたというべきかもしれない）、ゆるやかな衰退プロセスからいまも脱けだせていないのではないかと思っている。

ついでながら、ロシアがいまや、世界有数の穀物生産国になっていることはあまり知られていない（図4－1）。二〇一七年には、小麦の輸出量でロシアは世界全体の一九・一％をしめて、アメリカをしのいで世界第一位になっている。パンとエネルギーを自給できるようになったことは、現代ロシア経済のおおきな強みといってよい。後述するようにソ連の末期、ソ連政府は穀物の輸入財源を確保できないため、ほとんどパニック状態におちいったのだった。

清朝中国とロマノフ朝ロシア

近代ロシアは、一五世紀後半、モンゴルの殻を破ってあらわれた。以来、ロシアは数世紀にわたって南へ、東へと領土を拡大し、ついには地球上の全陸地の六分の一を占めて、ユーラシア大陸の東西に、まるで鷲が翼をひろげたかのような巨大国家になった（ロシアの国章が、かの「双頭の鷲」であることを想起されたい。クレムリンにひるがえる双頭の鷲は、西のヨーロッパ部と東のアジア部の左右に睨みをきかせている）。また同時に、北半球のヨーロッパ東方の辺境におこった未開の小国から、西ヨーロッパの列強と肩をならべる大国になった（それどころか一八世紀後半、ロシアはベーリング海峡をこえて北米大陸にまで植民地をひろげ、一七九九年にアラスカの領有を宣言したが、その後一八六七年にアメリカがこれを買い取ったことを記しておこう）。

ところで、ロシアのロマノフ朝（一六一三年〜一九一七年）と中国の清朝（一六一六年〜一九一一年）は、奇しくもおなじ時代に、ともに約三〇〇年間つづいた。このふたつの専制君主国家は、一七世紀はじめにユーラシア大陸の北と東でほぼおなじ時期にうまれ、二〇世紀はじめにそれぞれロシア革命と辛亥革命がおこって滅亡した。

ロシア人と中国人の出会いは三〇〇年以上前にさかのぼる。中ソ関係史の顕学、毛利和子氏によれば、ロマノフ朝初期の一七世紀なかば、ポヤルコフというロシアの商人が、毛皮をもとめて極東のアムール河（中国名は黒竜江）をくだったという。そして、ほどなくロシア人がアムール河流域に入植しはじめ、そこで中国人と遭遇して衝突することになる。こうして両国のあいだでアムール地方の領有権があらそわれることになったという（毛利和子著『中国とソ連』岩波新書、一九八九年）。

ロシアと中国の国境線は、ネルチンスク条約（一六八九年）からはじまって、キャフタ条約（一七二七年）をへて、その後愛琿条約（一八五八年）、北京条約（一八六〇年）へと変遷する。

最初の国境は、中国が南からロシアを押しもどすかたちで、アムール河のはるか北方のスタノヴォイ山脈の南麓沿いあたりに引かれた。そして、それがネルチンスク・キャフタ体制としてしばらくは定着するのだが（キャフタ条約によりゴビ沙漠の北の外モンゴルも中国領になった）、時をへておよそ一七〇年後、形勢がかわって今度は中国がおされ、愛琿条約によってアムール河までがロシア領になり、つづく二年後の北京条約によってさらに南のウスリー河の東岸一帯がロシアへ割譲された。つまり、ロシアはここにいたってついに日本海をのぞむ沿岸部まで領土をひろげたのである。そして、これが現在までつづいている（北京条約の後、中国は西の内陸部でも、一八八一年に新疆イリ地方の一部をロシアに譲っている）。

清朝は、康熙帝の治世（在位一六六一年～一七二二年）に興隆期をむかえ、乾隆帝の治世（在位一七三五年～一七九六年）にもっとも繁栄した。ちょうどネルチンスク・キャフタ体制の時期である。そして、一九世紀なかばのアヘン戦争後、急速に衰えはじめる。かたや、ロシアでピョートル一世（在位一六八二年～一七二五年）が大帝として実権をふるうようになるのは、最初のネルチンスク条約が調印されたあとだった。そしてそれ以後、ロマノフ朝のロシアは国力を強化しながら、東へ東へと領土をひろげていく。ネルチンスク条約から

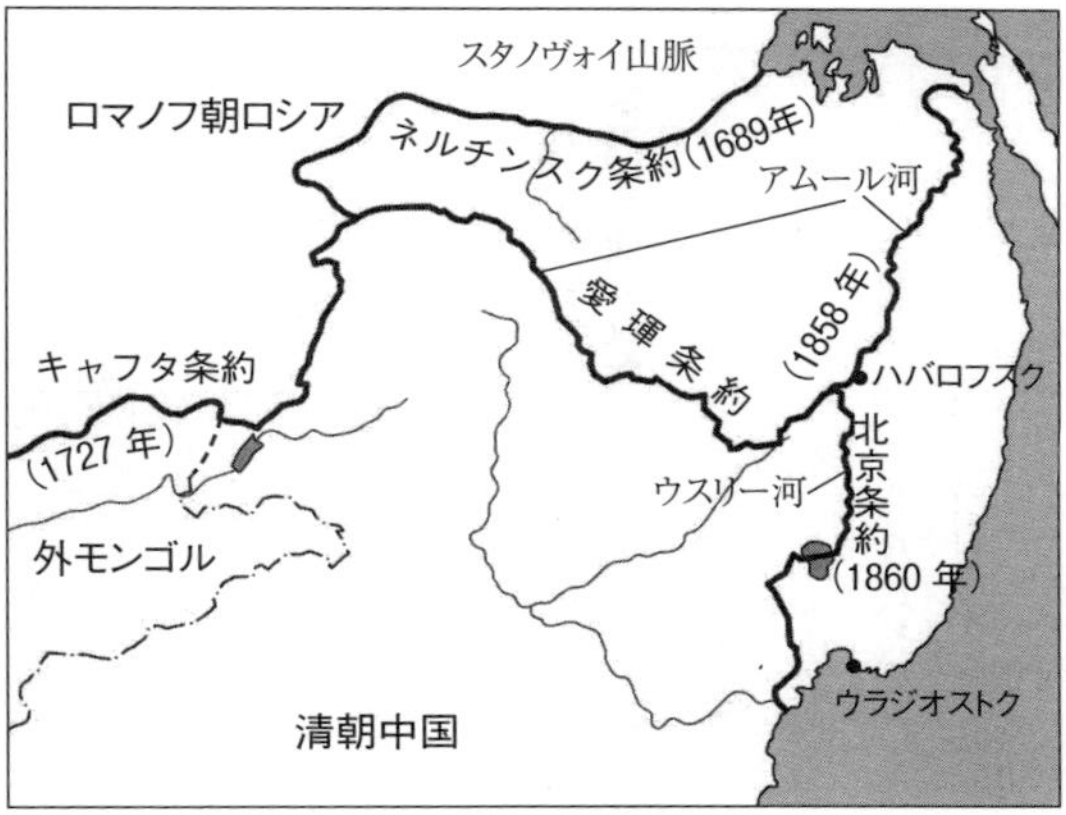

極東における中ロ国境の変遷
（出所）毛利和子著『中国とソ連』より作成。

はじまって北京条約へいたる国境線の南下は、まさしく膨張する帝国と衰退する帝国としての、ユーラシア二大国の力関係の変遷と軌を一にしているとみることができよう。

ロシアがその後、ウラジオストク（ロシア語で「東方を征服せよ」の意）を橋頭堡にし、シベリア鉄道（東清鉄道）を建設して極東アジアへの進出を本格化させたことはいうまでもない。そして、以後数十年にわたり、中国を舞台に日本をふくむ列強による激しい利権の争奪戦が展開され、清朝の中国は列強の侵略によってむしばまれていくことになる。

出会いから三〇〇年後の反転

だが、二〇世紀はじめにロシア帝国は崩壊する。そして、その後は東西の冷戦にも敗れ、これが引き金となってソ連邦も崩壊し、同時に現在のEU二八ヵ国全体の面積（四三〇万平方キロメートル）をはるかに上まわる広大な領土（五三〇万平方キロメートル）を失った。ロシアは依然として世界最大の領土を有するが、そのひろがりは小さくなっている。また、人口もソ連崩壊前の二億八八六〇万（一九九〇年）からほぼ半減したうえ、流出はその後も止まっていない。ロシア移民局によれば、若年層を中心に、二〇〇〇年以降すでにおよそ二〇〇万もの人びとが外国へ移住した。

かたや、清朝の中国もまた、二〇世紀はじめに滅亡する。しかし、中国はその後、国内の分裂に苦しみながらも日本との戦争を戦いぬき、やがて共産党による一党支配のもとで自力更生から改革開放への道を歩んで経済を再建し、大国としての安定を取り戻していくのである。

他方、東西の冷戦下、おなじ東側陣営だったソ連と中国のあいだには友好の時代と対立の時代があった。しかし、友好の時代はながくはつづかず、対立の時代が一九五〇年代末から一九七〇年代末まで二〇年ちかくもつづいた。またその間、一九六〇年代末には、極東のアムール河やウスリー河、西の中央アジア方面の国境地帯などで本格的な武力衝突がおこり、東西七四〇〇キロの国境がながく閉鎖された。対立の背景には、社会主義の路線や国益をめぐる対立もさることながら、相互の根ぶかい不信と不満、脅威の感情があったという。その底流に、両国の出会いから不平等条約へいたる歴史的な因縁があっただろうことは想像にかたくない。余談ながら、毛利和子氏によれば、ソ連が原爆のサンプルと技術資料の提供を拒んだことが両国の亀裂を決定的にしたという。中国が、国民経済を犠牲にして初の核実験を成功させたのは文化大革命の前夜、一九六四年一〇月のことである。

ソ連崩壊がちかづいた一九八九年五月、中国とソ連は、一九五九年九月に決別して以来、実に三〇年ぶりの首脳会談をおこなって歴史的な和解をとげた。ちなみにその背景に、一九七二年二月のニクソン大統領の電撃的な訪中と、米中関係の対立から和解への転換という冷戦構造の変化点があったことを記しておこう。そして、ほどなくソ連邦が崩壊する。同時に、これによって社会主義国としてのイデオロギー対立もご破算になる。中国とソ連の関係はその後、新生ロシアや、中央アジアに誕生した五つの独立国とのあたらしい関係として仕切りなおしされた。こうしてユーラシアの内陸がグローバルにひらかれたのである。そして、中国は巨大な経済力をてこにして、ユーラシア大陸大のシルクロード経済ベルト構想の実現にのりだすのである。

出会いから三〇〇年後のいま、ロシアと中国の立場ははっきりと反転した。二〇〇〇年以降の経済の規模と成長のダイナミズムにおける両国のコントラストについては、まえに記したとおりである。いまやロシアは、中国のおおきな背中を後方から拝している。この趨勢はすぐには変わらない。否、ながい時間軸でみると、まだはじまったばかりで、これから将来にわたってながくつづくとみるべきだろう。ロシアはどう生きるべきかを問われている。

2　石油とロシア

リーマン・ショック

石油とロシアの因縁は古くて深い。

はじめに、二〇〇二年から二〇一七年までの、ロシアの新車販売台数と原油価格の推移を見てみよう（図4-2。一般に旧社会主義の国ぐにでは税制が未成熟で非公式な経済がおおきいため、経済の実勢をみるためには新車の販売台数が有益である）。あらためてみると、自動車の販売台数の増減と原油価格のカーブが見事なまでに連動していることにおどろかされる。消費支出とオイルマネーが直結しているのである。

私がモスクワへ赴任したのは、二〇〇四年一月のことだった。当時のロシアは、ソ連という巨大国家の崩壊と中央集権的な計画経済システムの瓦解による大混乱から、ようやく立ち直りのきざしをみせはじめた時期だったように思う。戦後日本との比較でいえば、高度経済成長の前夜にも似た雰囲気があったかもしれない。「敗戦」からの経過年数でみても一〇年とすこし過ぎたころで、ほぼおなじ

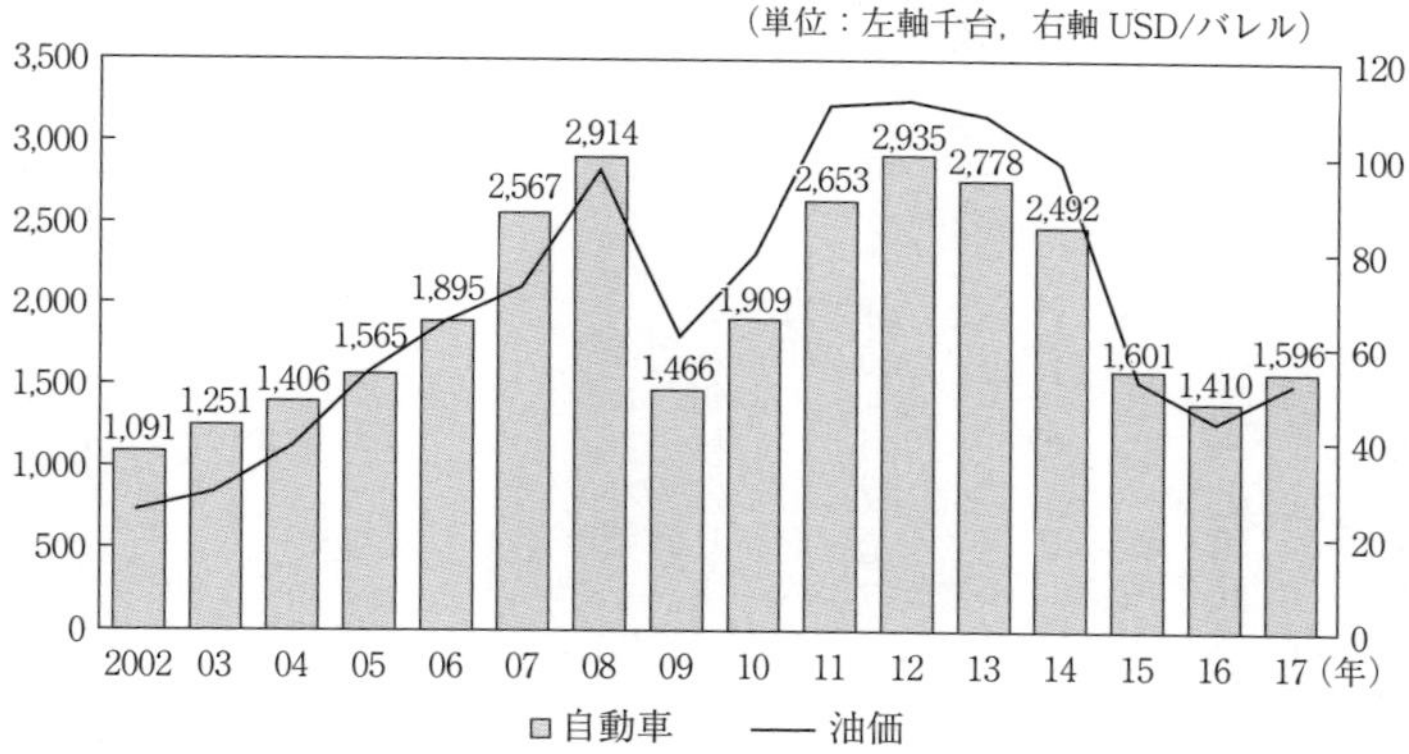

図 4－2　ロシアの自動車市場と原油価格

（出所）IMF および AEB（欧州ビジネス協会）データより作成。

時期にあたる。

「もはや戦後ではない」。日本では一九五六年、経済企画庁（当時）がその年の経済白書をこの鮮烈なフレーズでしめくくった。そして、それにつづいて冷蔵庫、洗濯機、白黒テレビなどの耐久消費財ブームが到来する。日本経済は一九五五年から一九七三年まで、年率平均で実質一〇%をこえる高度成長の時代を迎えた。

他方、ロシアでも二〇〇〇年、政治が独立初期のボリス・エリツィンから若いウラジーミル・プーチンへ引きつがれ、またそのころから原油価格がゆるやかに上がりはじめて、やがてそのさきに巨大な消費ブームが訪れようとしていた。ドイツやフランスのスーパー・マーケットや北欧の家具メーカーなどが、モスクワやサンクトペテルブルクなどへつぎつぎに出店し、ドイツ製や日本製の高価な輸入自動車が売れはじめてもいた。ドイツやオーストリアの銀行が進出し、償還期限三年のクレジットを提供するようになったのもそのころだったと思う。つまり、ロシア経済の将来、正確には消費者の将来に対してそれだけの信用が生まれていた。

実際、ロシアのＧＤＰ（国内総生産）は、二〇〇〇年から二〇〇七年までの八年間に平均七・二％の高い成長率（実質ベース）で伸び、経済はダイナミックな復興を遂げた。同時にこの間、原油価格（ブレント油の年間平均）は、二五ドル／バレルから九八ドル／バレルへと飛躍的に上がっている。特に、二〇〇四年から二〇〇八年にかけては、宇宙ロケットさながらの上昇カーブを描いて急騰した（二〇〇八年夏には一時一四〇ドル／バレルをこえた）。そして、このような原油価格の高騰を推力にして、自動車の販売台数は二〇〇四年の一四一万台から二〇〇八年には二九一万台へと倍増して、ロシアは一躍ドイツに次ぐヨーロッパ第二の自動車市場になった。

だが、二〇〇八年秋にリーマン・ショックがおそう。そして、それをさかいに原油価格が暴落すると、翌二〇〇九年のＧＤＰ成長率は一転してマイナス七・八％へ、まるでつるべを落としたかのように急落する。自動車の販売台数も一四七万台へといっきに半減した。ロシア経済はリーマン・ショックに痛打されたのである。

日本とロシアのちがいは、日本では朝鮮戦争特需をきっかけにして製造業が立ち直りのきざしをみせ、繊維や鉄鋼、電器や機械類などの輸出が、その後の持続的な経済成長をけん引したのに対し、かたやロシアでは製造業の再建はおざなりにされて、もっぱら石油の輸出がもたらすオイルマネーの流入が、おりからの原油価格の高騰によって巨大な消費ブームをつくりだしたことだった。二〇〇七年の石油・天然ガス（およびその製品をふくむ）の輸出額は二一八六億ドルで、輸出額全体の六三％をしめていた。エネルギー資源輸出への依存がおおきかった分、原油価格の急落によるショックもそれだけおおきかった、つまり直撃にちかかったとみることができよう。

トヨタ車の販売も、二〇〇八年の二〇万五〇〇〇台から二〇〇九年の七万七〇〇〇台へと激減した。私自身にとっても、痛恨の極みの出来事だったことはいうまでもない。

穀物から石油へ

ロシアにおける石油産業の歴史は、帝政ロシア時代の一九世紀なかばまでさかのぼる。ユーラシアの西の内陸、カスピ海の西岸(現在のアゼルバイジャンの首都バクーあたり)で、地面に原油がにじみでていることはふるくから知られていた。かつて、この地方のゾロアスター教(拝火教)寺院で燃えつづけた聖なる火の柱は、地中にねむる原油由来の天然ガスが燃える炎だったといわれる。

一九世紀はじめ、ツァーリのロシアはカフカス地方を併合すると、バクーの油田地帯を支配し、企業を誘致して開発にのりだした。まず一九世紀後半、スウェーデンのノーベル兄弟(ダイナマイトを発明した、かのアルフレッド・ノーベルのふたりの兄たち)が参入し、つづいてヨーロッパの富豪ロスチャイルド家(パリ家)が進出し、原油の生産と精製、輸送と販売をはげしく競った。こうして一九世紀末から二〇世紀へかけての時期、ロシアはロックフェラー家とスタンダード・オイル(現在のエクソン・モービルの前身)のアメリカをしのいで世界最大の石油生産国になった(D・ヤーギン著、日高義樹・持田直武訳『石油の世紀』日本放送出版協会、一九九一年)。

だが、二〇世紀はじめに革命がおこり、多くの油井が焼かれて破壊される(ちなみに、このときバクーで石油労働者たちの反乱を指導したひとりが、ジョージア生まれのヨシフ・スターリンだったことを付記しておこう)。「一九〇四年から一九一三年のあいだ、ロシアの石油輸出が世界の石油市場でしめる割合は三一%から九%に激減した」と、D・ヤーギンは記している。そして、その後二〇年ちかくにわたり、ロシアの石油生産は回復しなかったという。

他方、革命前のロシアといえば、ヨーロッパの穀倉でもあった。黒海北岸のウクライナ平原は肥沃な黒土でおおわれていた。そして、一九世紀のおわりから二〇世紀はじめにかけての時期、小麦をはじめ穀物は、ロシアの輸出額全体の五〇%から七〇%をしめていた。穀物に次いで多いのは、森林地帯から伐りだした木材で、石油は一〇%にも満たなかったという。ところが、革命後におこなわれた農業の集団化と、それが原因となっておそった幾度かの凶作と大規模な飢饉によって穀物生産は激減していく。同時にその過程で、ソ連政府は工業化をいそぎ、石油の増産に力をそそいでいくのである。

冷戦下、ソ連政府は広大な国土を調査してバクーに代わるあらたな油田を開発した。まず、中央ロシアのウラル山脈とボルガ河にはさまれた一帯(現在のロシア連邦内タタールスタン共和国あたり)を掘り、その後一九七〇年代には、オビ河上流の西シベリア低地で巨大なチュメニ油田を掘りあてた。その結果、石油の生産量はふえつづけ、一九七五年にはロシアはふたたび世界最大の石油生産国としてよみがえる(反面、世界最大の穀物輸入国になり、そしてこれが後年、ソ連の経済基盤をおびやかす要因のひとつになるのだが)。

また、石油の生産をふやすと同時に天然ガスも掘った。そして、西シベリアの超巨大なウレンゴイ・ガス田（ほとんど北極圏にちかい）とドイツをむすぶ陸上パイプラインを建設し、一九八〇年代なかばにはヨーロッパへむけて天然ガスを供給するようになる。こうしてソ連は世界に冠たる資源大国として、エネルギー資源の輸出によって政治的な影響力をつよめるとともに、石油・天然ガス産業への依存を高めていったのである。

資源の呪い

現代ロシアもまた、その延長線上にある。新生ロシアは、ソ連の崩壊とそれにつづく国家存亡の大混乱の一〇年をへて復興へとむかった。そして、プーチン大統領はエリツィン時代に民営化された石油・天然ガス産業をつぎつぎにクレムリンの管理下にもどし、エネルギー生産超大国としてのロシアの地位を揺るぎないものにしていった。

だが、リーマン・ショックに直撃される。俗に、資源の呪いともいう。豊富な天然資源に依存した経済は、すでにながく出口のない壁に突きあたってきてもいる。原油価格が下がれば、経済も低迷を余儀なくされよう。ロシアは、これまで何度もこういうパターンをくり返してきた。ソ連の崩壊も例外ではなかっただろう。アメリカのロシア研究の重鎮、M・ゴールドマン（ブッシュ父子政権のロシア政策アドバイザーをつとめた）は、一九八〇年代後半に原油価格が下落したこと（一九八〇年の年間平均八八ドル／バレルから一九八八年の同二五ドル／バレルへ）がソ連の財政事情をひっ迫させる要因になったと述べて、次のように記している。「世界の石油産出量が増大して原油価格の低下をもたらしたことが、ソ連の国際金融界における信用、ならびにソ連がみずからと東欧衛星諸国の経済をささえていく能力に深刻な打撃をあたえたことは疑いをいれない」（M・ゴールドマン著、鈴木博信訳『石油国家ロシア』日本

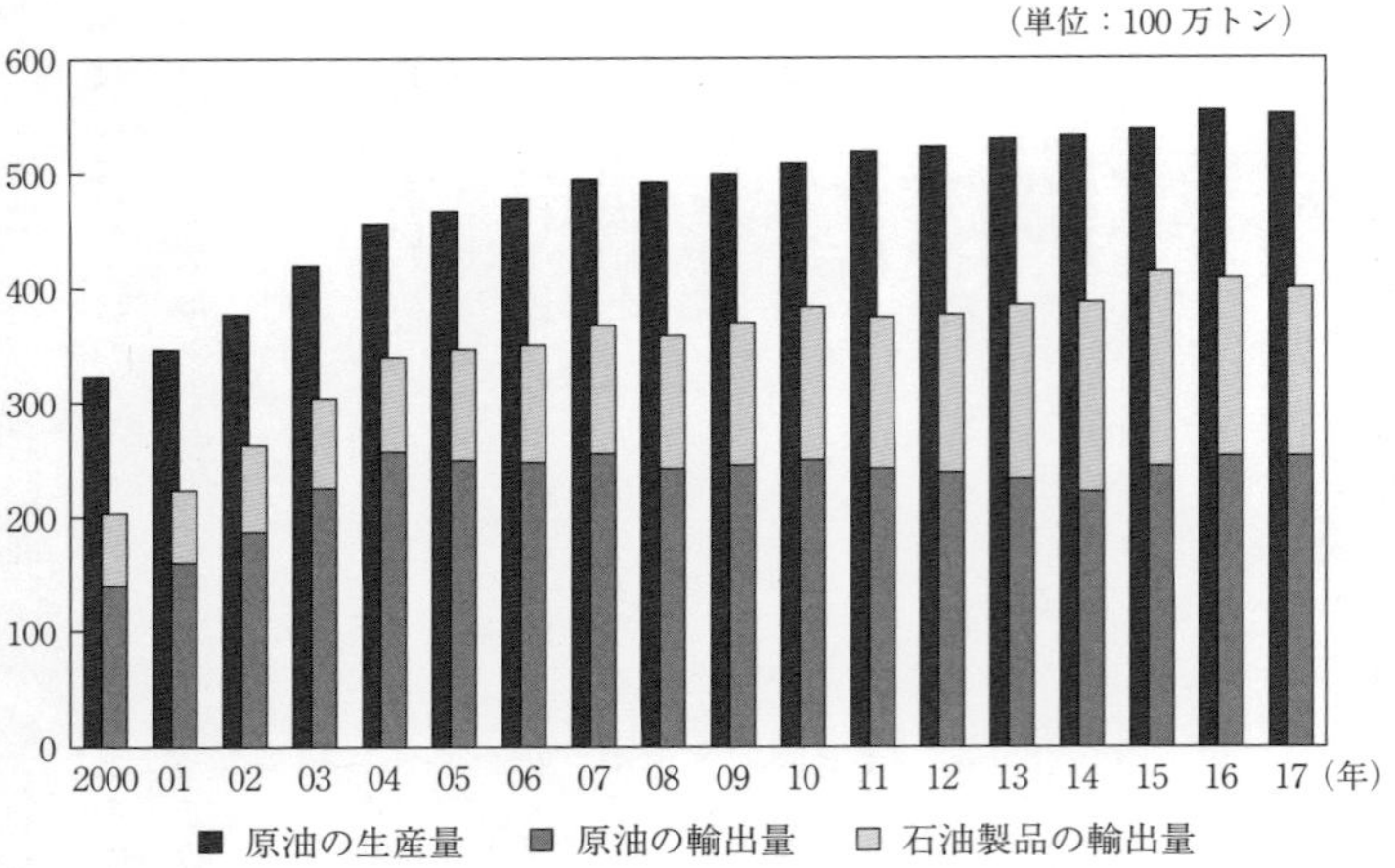

図 4－3　ロシアの石油の生産量と輸出量

（出所）BP Energy Outlook 2018，ロシア中央銀行データより作成。

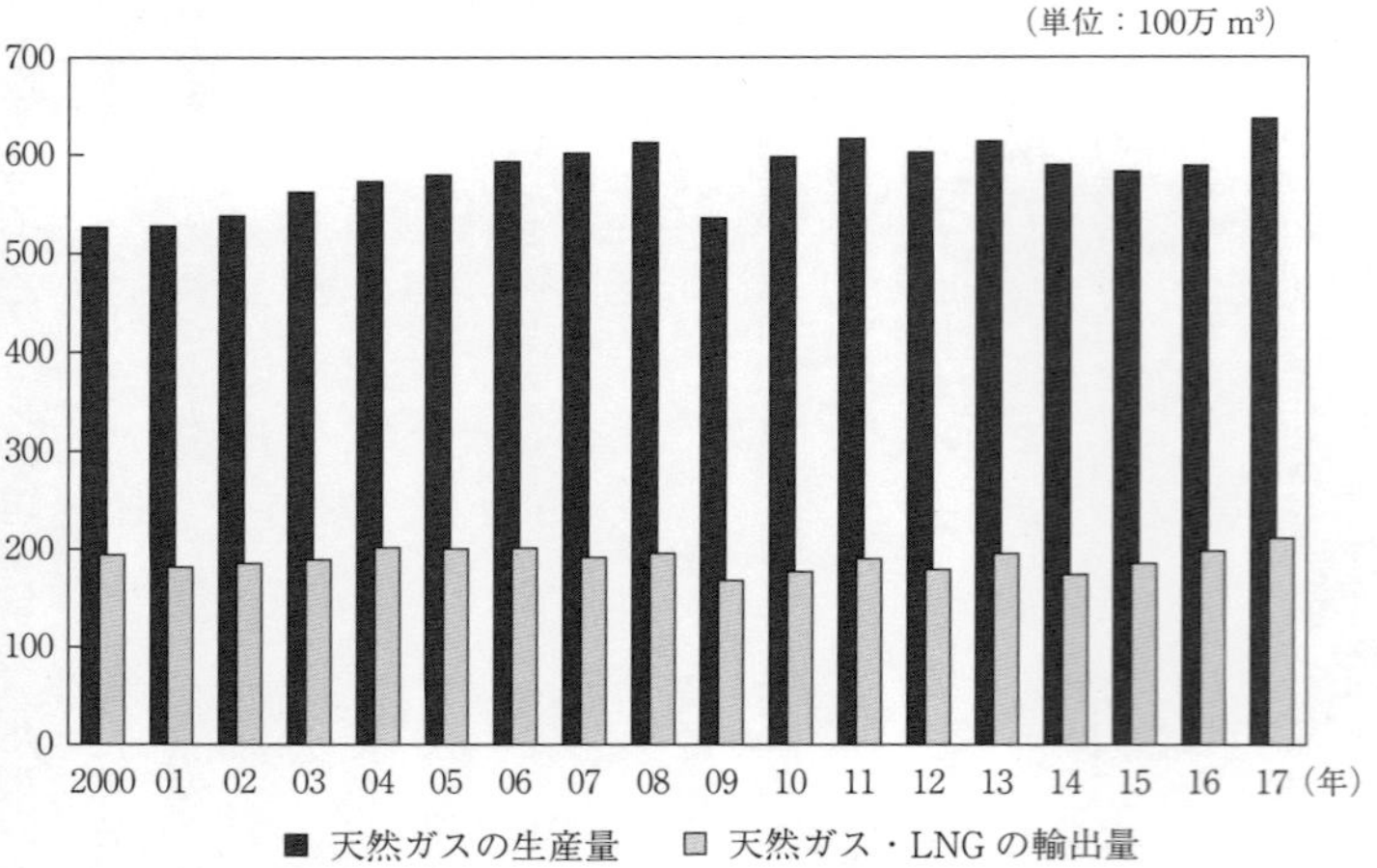

図 4－4　ロシアの天然ガスの生産量と輸出量

（出所）同上。

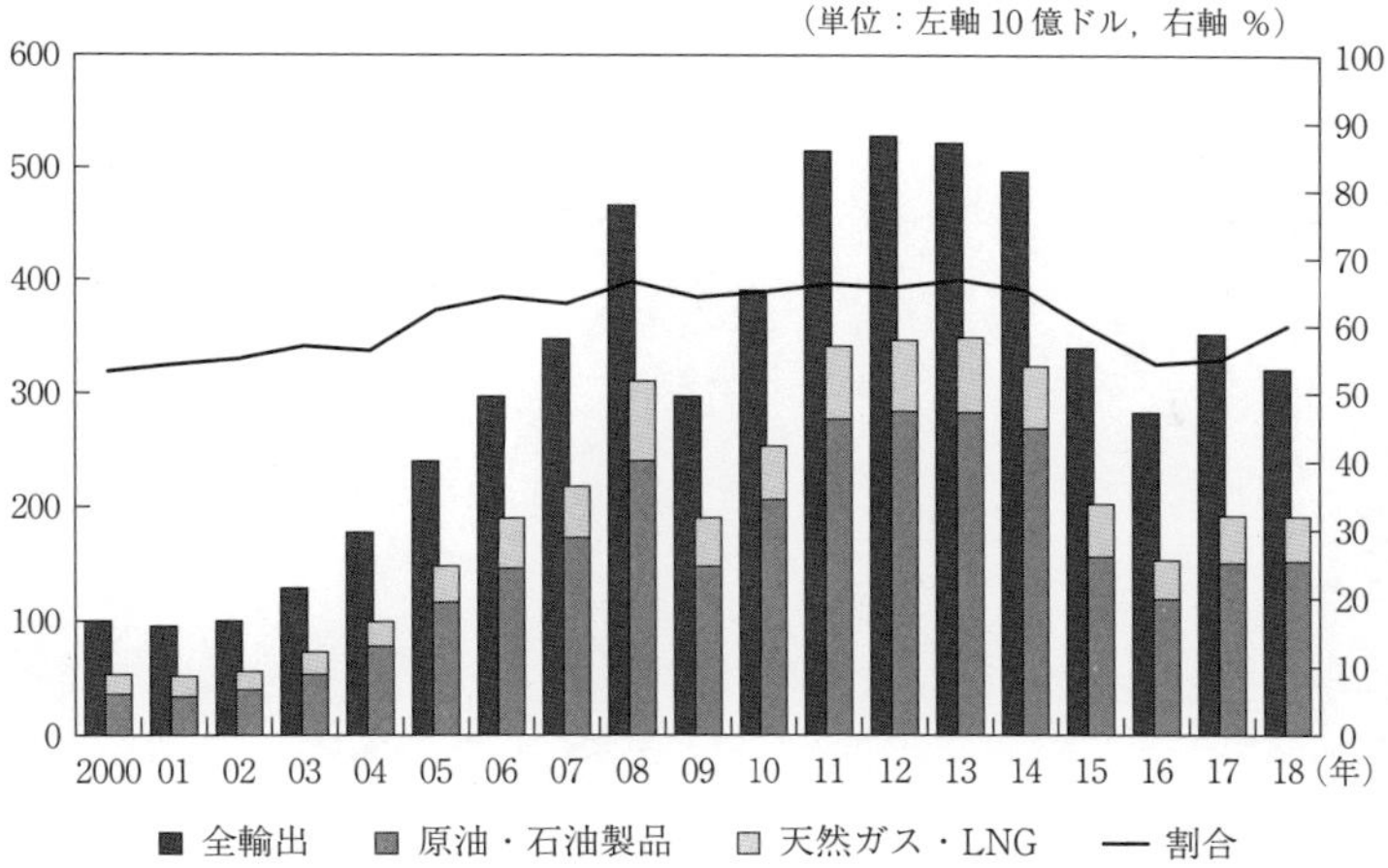

図 4－5　ロシアの輸出額に占める石油・ガス関連の割合
(出所) ロシア中央銀行データより作成 (ただし，2018 年は 1 ～ 9 月)。

経済新聞出版社、二〇一〇年)。ちなみに、M・ゴールドマンは、産出量が増大した背景にサウジアラビアによる大幅な増産があったとも指摘している。

さて、もう一度、さきの図4－2を見ていただきたい。リーマン・ショックの後、原油価格はいったん上昇するが、二〇一四年から二〇一五年にかけてふたたび急落している。そして、二〇一五年と二〇一六年の二年間、ロシア経済はまたしてもマイナス成長に沈んだ。要因は、アメリカ発のシェール革命にほかならない。シェール開発によって、世界の原油市場の価格決定メカニズムが根底から変わった事情についてはまえにのべた。アメリカが余剰供給力をつけた結果、資源国が価格を支配できる時代は終わったのである。

だがしかし、ロシアの現実はどうだったか。図4－3、図4－4をみてみよう。二〇〇〇年以降の原油と天然ガスの生産量と輸出量の推移には、ロシアがこの二〇年ちかくにわたり、一貫してそれらの生産をふやしつづけてきたことが示されている。また、二〇一四年に欧米による経済制裁が発動されたのち、ロシアが原油と天然ガスの生産をふやし、輸出ドライブをかけてきたこともよくわかる。そして図4－5は、ロシアがいまも資源輸出依存型の経済構造から抜けきれていないことを示している。輸出額全体にしめる石油・ガスへの依存率は、二〇〇〇年代のはじめから六〇％前後と高いままなのである。つまり、経済構造はこの間、基本的には変わっていないといってよい。ロシアにとり、産業の多様化と脱石油・ガスは歴史的な課題である。

3　七〇〇年来の古層

ソ連はなぜ崩壊したか

中世ロシア史研究で知られるG・ヴェルナツキー（一八八七～一九七三）は、ロシア社会にきざまれたモンゴルの母斑について次のように記している。

「モンゴル国家の支配とは、個人の集団によせる全面的な服従、まず部族への服従、ついで部族をつうじて国家への服従という原理のうえになりたっていた。時代がすすむにつれて、この原理はロシア人のなかにふかく刻印されるようになっていった。（中略）統治の理論は、その後、モスクワ大公国において、つづいてロマノフ朝のロシア帝国においてその内容をいっそう完備していくのだが、国家に対してすべての大衆が挙げて奉献するという思想の根底は、タタール支配の時代にロシア人にうえつけられたものである」

（G・ヴェルナツキー著、坂本是忠・香山陽平訳『ロシア史』東和社、一九五三年）

ちなみに、原著の大作『ロシア史』は、ロシア革命後、亡命先のアメリカで記されたことを付記しておこう。

さて、ソ連はなぜ崩壊したか。この問いに簡潔に答えることはむずかしい。

たしかに、M・ゴールドマンも指摘するように、その要因のひとつに、一九八〇年代後半の原油価格の急落が引き金になり、ソ連の財政をひっ迫させた事情があったことはまちがいない。E・ガイダル（新生ロシアの副首相として急進的な経済改革をおこなった。二〇〇九年没）は、当時のソ連共産党政治局の文書にもとづいて、原油相場の下落により、ソ連政府に年間およそ二〇〇億ドルもの損失が生じていた事実を明かすとともに、穀物の輸入財源を確保するためにソ連指導部がほとんどパニック状態におちいっていたことを記している（Yegor Gaidar, *Collapse of an Empire: Lessons for Modern Russia*, Brookings Institution Press, 2007.）。そして、ソ連は東欧の衛星諸国だけでなく、連邦内における求心力をも失った（後年、ロシアが穀物生産の回復をめざしたのは、こうした苦い歴史をかえりみてのことだったのだろう）。

とはいえ、それが答えのすべてでないこともまた、東西の多くの研究者が指摘するところである。ソ連邦という巨大国家の崩壊には、それをこえたもっとおおきな構造的な要因が幾重にも折りかさなってはたらいていた。たとえば、効率性や生産性が軽んじられる社会制度、質より量のノルマ達成が求められる経済管理、改善をきらい、硬直化した巨大な官僚機構の存在など、制度や体制の側面からみただけでも枚挙にいとまがない。

いずれにせよ、あきらかなのは、中央集権的な計画経済システムが失敗に帰したことである。東西が覇権をきそうなかで、ソ連の政治・経済システムそのものに問題があり、西側との産業競争や技術革新でおおきく後れをとった。ソ連は冷戦にやぶれた。そして、ソ連型のシステムは瓦解し、ついには歴史の遺物と化したのである。

後進性とその淵源

他方、ソ連崩壊からほどなく、国際ジャーナリストの藤村信（二〇〇六年没）は、「ロシア――700年来の未来」と題する論考を月刊誌『世界』（岩波書店、一九九二年四月号）に寄せている。そして、冒頭のヴェルナツキーの一節をひきながら、ソ連は本質的には、モンゴル帝国と、それにつづくロシア帝国の政治と文化の遺産の忠実な継承だったとのべるとともに、ソ連を停滞と腐敗へみちびいていったのは、「モンゴル・タタール以来七〇〇年にわたってロシアに蓄積されてきたイデオロギーと思考様式、慣行と政治形態、ひとことでいえばロシア的古層」であったと論じている。

近代ロシアは、モンゴルの殻をやぶってあらわれた。一三世紀前半、チンギス・ハーンの孫、バトゥに率いられたモンゴル軍はキエフをおとしいれ、つづいてモスクワをくだして、ロシアの平原ステップにキプチャク・ハン国を樹立する。アジアの草原からおこった遊牧帝国の支配は、以来およそ二四〇年の長きにおよんだ。ロシア史上、「タタール（モンゴル）のくびき」とよばれている。そしてこのときから、ロシアは西ヨーロッパとはことなる発展の道をあゆみはじめる。西ヨーロッパがルネサンスの開花を準備しようとするまさにそのとき、ロシアはモンゴルの支配のもとにおかれることになったのだった。

もっとも、これにはいくらか注釈をつけねばならないと思う。ロシアの後進性の淵源が、長きにおよんだモンゴルの支配「タタールのくびき」にあったとする多くのロシアの歴史家たちの見方は史実とことなっている、という説があることにも言及しておかねばならない。「タタールのくびき」とは、古くから未開で、アジアの遊牧帝国に支配された北方のスラブ人が、自らの後進性とその理由をモンゴルのくびきのせいだとして嘆いた言葉なのだという（山内昌之著『ラディカル・ヒストリー――ロシア史とイスラム史のフロンティア』中公新書、一九九一年）。

たしかに、西のヨーロッパがルネサンスをへて、個人主義の形成から市民社会の発展へむかった時期、東のロシアではツァーリによる専制政治と臣民の隷従、農村における農奴制などが、あたかも歴史のモメンタムからとりのこされたように数世紀にわたってながくつづいた。それをすべてモンゴルの遺産のせいだったとするのは、後年のロシアの歴史家たちがつくったレトリックかもしれない。モンゴル軍による劫掠、都市の破壊や住民の虐殺についてはさまざまな記録にある。だが、モンゴルのキプチャク・ハン国による支配そのものは、実際にはスラブの諸侯をつうじた間接統治にちかかったし、またロシア正教の信仰をみとめるなど、その実態は圧政とはちがってどちらかといえば寛容でゆるやかなものだったという（また、それゆえにこそ、モンゴル軍は中央ユーラシアの草原を駆けぬけて太平洋から黒海にいたる空前絶後の大帝国をつくりあげながら、いったん綻ぶや衰微するのもまたはやく、やがて霧が晴れるように歴史の波間に消えていった、ということなのかもしれないのだが）。他方、たしかなこと、それはモンゴルの支配が西ヨーロッパまではおよばなかったことである。

いずれにせよ、機動力にとんだモンゴル軍に対し、北方に点在したスラブの諸侯たちは、統合と連携をかく弱小勢力の寄せ集めにすぎなかった。彼らは、みなことごとく遊牧帝国のハーンに臣従したのだが、同時にそのときスラブ諸侯とハーンのあいだをとりもったのがモスクワ公国だった。モスクワ公国はモンゴルの代理人として中小のスラブ諸侯のうえに君臨した。やがて一五世紀後半、そのモスクワ大公国のイワン三世（大帝）が分裂していたロシアを統一し、ついにモンゴル軍をやぶってハーンの支配から離脱する。

あたらしく生まれでたロシアは、かつてキエフで栄えた最初の公国キエフ・ルーシ（九世紀後半〜一三世紀前半、ロシアのルーツをなす国で現在のウクライナにあたる）とは、似ても似つかぬ相貌になっていた。キエフ・ルーシの文化は、東方のギリシャ正教会の影響をうけてビザンツ帝国のそれ（ギリシャ・ローマとオリエント文化の融合）にちかく、当時のヨーロッパで最高水準の文化と学術をほこっていたという。だがしかし、一五世紀後半に北方の森林地帯にあらわれでたのは、その地にすむ人びとのことごとくが、モスクワ大公への無条件の奉公と献身を義務づけられた集権的な専制国家だった。モスクワ大公国がモンゴルの権威を利用して台頭し、ロシア史がモンゴルと重なりあいながら大きく旋回した事情は序説で記したとおりである。そして、一四五三年にビザンツ帝国が滅びると、イワン三世は最後の皇帝の姪ソフィアを妃にむかえるとともに、東ローマ帝国の後継者を自認して、かの「双頭の鷲」の紋章をうけついでみずからツァーリを名乗るのである。こうして、ロシアにおける権力によせる信仰、専制と隷従の古層は形成されていく。

ロシアにおける統治の思想と慣行は、その後、ロマノフ朝のロシア帝国において成文化されて制度化する。それは、ひとことでいえば、社会全体があまねく国家に帰属し、すべての人びとがツァーリの臣民として国家に奉仕し、全面的に服従する制度だった。そしてこれが、一九一七年のロシア革命までつづくことになる。否、ソ連の中央集権的な経済システム自体もまた、この七〇〇年来のロシアの古層のうえにこそ成立しえた、ということだったかもしれない。

近代化と西欧化

だが、このような権威主義にもとづく専制と隷従の社会から、産業革命をリードするブルジョアジーは育ちようがなかったし、その自由と闊達の精神など生まれようもなかった。ましてや、国家から独立した、いかなる社会勢力があらわれでる余地さえなかったことはいうまでもない。おそらく、近代ロシアの後進性の根っこはこの点にあるだろうし、ソ連の経済と技術の遅れもまた、底流ではこのような前史と無縁ではなかったのだろう。

M・ゴールドマンは、帝政時代のバクーにおける石油の掘削技術を引き合いにだして、一九一七年の革命以前でも、ロシアの技術は西側のそれよりずっとおくれていたこと、かつそれが広範囲におよんでいたことに言及している。そして、ソ連の技術革新のおくれについて、そこには「なにか深い根があるのではないか」、「正確な説明がどうであれ、ロシアの歴史と文化が、ソ連時代の集権的な計画経済システムや経済的刺激の欠如という特質とむすびついて、すくなくとも経済と技術の分野では、創造的な思考を窒息させたことは疑いがない」（M・ゴールドマン著、前掲書）と分析している。

いずれにせよ、ロシアにとり、経済の近代化は歴史的な課題であった。同時に、近代化とは西欧化を推進することだった。そのため、一七世紀末に登場したピョートル一世（大帝）以来、ロシアの為政者たちは、ドイツやオランダ、イギリスなどと積極的に交流してヨーロッパの技術を導入し、また人材を招いて、国家の主導による産業の近代化をこころみてきた。

ピョートル大帝は、みずからアムステルダムの東インド会社の子会社で船大工としてはたらいて造船技術を習得しようとしたし、革命前の冬のペテルブルグの街明かりは、ノーベル兄弟の会社が生産するカスピ海の石油によってあかるくかがやいたのである。カスピ海をわたるタンカーをつくったのもノーベル兄弟だった。また、ソ連政府はアメリカのフォードから中古の金型を輸入して中型乗用車をつくり、イタリアのフィアットからライセンスを取得して小型乗用車をつくった。そしてソ連解体後、アゼルバイジャンは、帝政時代に掘りつくされたバクー油田をBPの協力で再開発して石油輸出国になったし、中央アジアのカザフスタンのカスピ海沿岸にはBP（英）やシェル（蘭・英）が進出した。

他方、いまやロシアの首都モスクワのハイウェイは、ベンツやBMW、トヨタやヒュンダイなど、欧米や日本、韓国ブランド（現地生産をふくむ）の車で埋めつくされている。かたや、国産のながれを

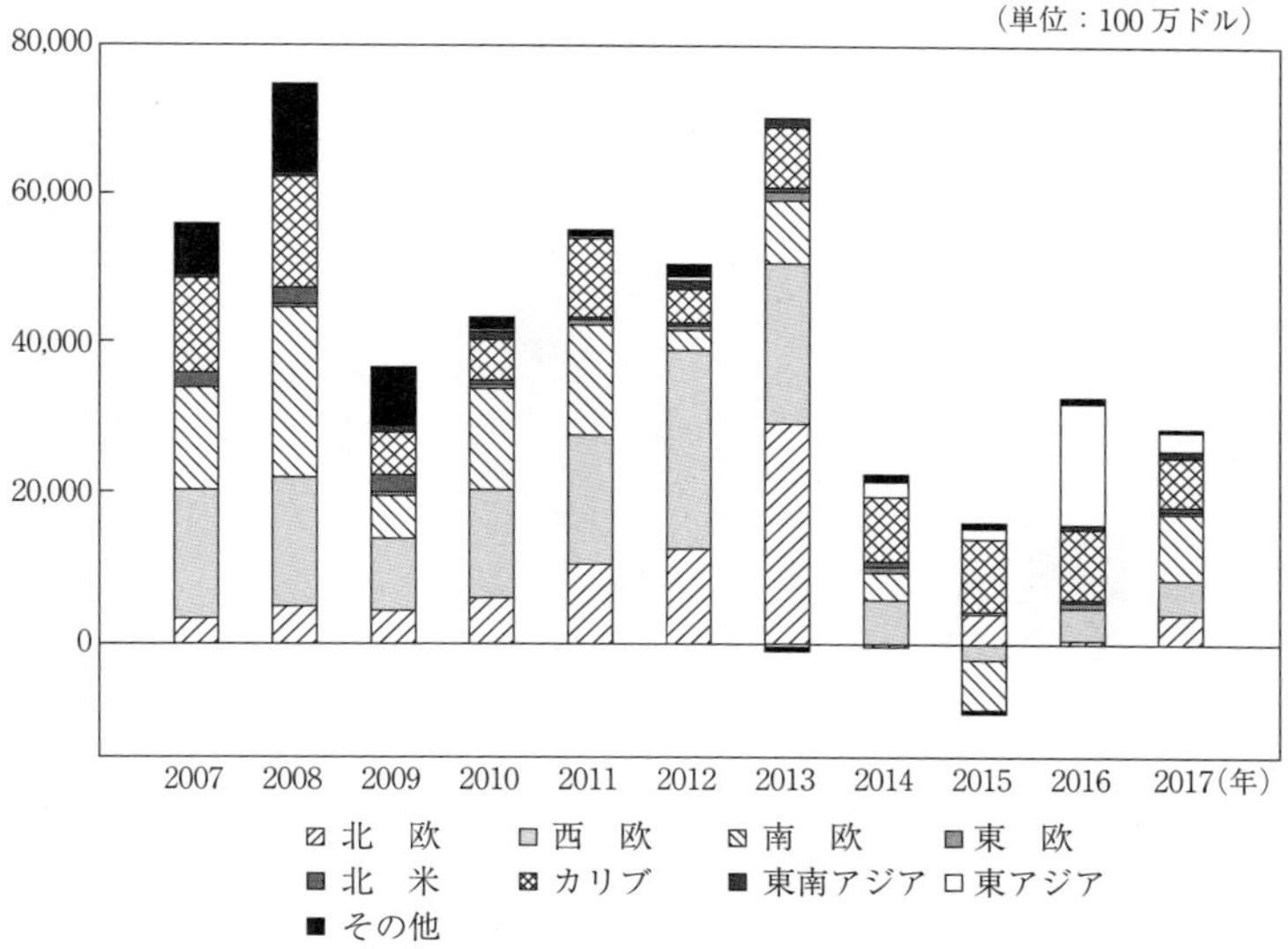

図4－6　地域別にみたロシア向け直接投資の推移（ネットの流入額）
（出所）ロシア中央銀行統計より作成。

ひく車はあきらかに見劣りがする。ピョートル大帝からはじまった西欧化政策のながれは、現代ロシアのプーチン大統領まで一本の線でつながっているとすら思えるほどである。ロシアは、いまもなおロシア的古層の呪縛から逃れられていないのだろうか（もっとも、現代ロシアのエリートたちにとっては、技術はお金で買えばすむ、ということなのかもしれないが）。

補足ながら、リーマン・ショックをはさんだ二〇〇七年から二〇一七年までの、ロシアにおける外国直接投資の推移（ネット＝流入－償還）をみると（図4－6）、ロシア経済の成長が主としてヨーロッパからの投資とともにあったことが鮮明である。そして同時に、ウクライナ政変がおきた二〇一四年以降、その流入額がいちぢるしく減少している様子もみてとれよう。米国やEUによる経済制裁は、直接的な効果は乏しいともいわれるが、産業の多様化と近代化という点でおおきな痛手となっているだろうことは想像にかたくない。プーチン大統領が欧米諸国との関係改善をいそぎたい理由である。

4　広大なる境域国家

私は、モンゴル草原から筆をおこし、ユーラシアの内陸で進行する静かなダイナミズムの意味とその行方について記している。登山にたとえると、そろそろ七合目から八合目あたりにさしかかったところである。いまは、ロシアの生きる道を問い、最後のけわしい坂をのぼっている。そして、その後は高台からの見晴らしをおおきく俯瞰しながら、なだらかな尾根伝いにすすんで頂きをめざしたいと思う。

北方のフロンティア

ロシア論をつづけよう。

はじめに、ひとつのエピソードを紹介したい。いささか旧聞に属するが、二〇一六年一一月、ウラジーミル・プーチンは全ロシア学童地理学コンクールで優勝した少年をクレムリンに招いている。「プーチン大統領、ロシアの国境はどこまでいけば見えるのですか」と、少年が質問した。「よい質問だね。ロシアには国境などないのだよ」。大統領は微笑みながら、ユーモアとウィットでこう答えたという。プーチンは、少年の無邪気な空想力にこたえて、大胆にもロシアという国の本質的な一面をさらりといってのけたのだった。

私は、ロシアを境域国家ととらえている。

一五世紀なかば、モンゴル支配下のモスクワ大公国は、わずかに二万四〇〇〇平方キロの領地（北海道の三分の一にも満たない）を治めるにすぎなかった。それが革命前の一九世紀末、最後の皇帝ニコライ二世のロシアは、なんと二二〇〇万平方キロの領土（世界全土の一五％ちかい）を有する空前の巨大国家になっていた。四世紀をかけて九〇〇倍以上にひろがったのである（しかも、ロシアはそれ以前にアラスカをアメリカに売却している）。

それにしても、ロシアの国土は、なぜ、どのようにしてこれほどまでにおおきくなったのだろう。それにはおそらくこの国が、ヨーロッパの中心から東へとおく離れた、ユーラシア大陸北部の森林と平原地帯からおこったことが関係している。モスクワ大公国の領地は内陸の瘦せた原野だったという。つまり、ロシアは大陸国家としておこった。海はなかったが、そのかわり川にめぐまれた。また同時に、そこはながくヨーロッパとアジアの草原の狭間にひろがる辺境でもあった。そして、モンゴル（キプチャク・ハン国、一二四三年～一五〇二年）が滅んだあと、その空白の版図に広大で無防備な境域が四方にむかってひらかれた。いうなれば、ロシアそのものがフロンティアだった。

ロシアのツァーリたちは、川をくだって領土をひろげ、海への出口をおさえた。まず、南へボルガ河を征してカスピ海へでた。もっとも、それは大洋ではなかったが。つづいて、北へむかってバルト海を制し、フィンランド湾にそそぐネヴァ川の河口デルタを石で埋めたててペテルブルクの街を建設した。つぎに、南西へすすんで、黒海北岸にひろがる肥沃なウクライナの黒土地帯を領有し（ロシア人はここをノボ・ロシア＝新ロシアと呼んだ）、クリミア（クリム・ハン国）をくだして黒海を制した。

また、ウラル山脈から東のシベリアと極東では、オビ、エニセイ、レナの三つの大河が北へながれて北極海へそそぐ。極東では、アムールが東へながれる。そしてシベリアには、中小あまたのそれらの支流が、まるで大地に蔦がからむように曲がりくねってながれている。おそらくロシアの毛皮商人たちは、それらの川伝いにテンやキツネ、ラッコを追って、果てしのない原野を東へ東へとすすんだのだろう。凍てつくタイガとツンドラ地帯に原住民はまばらで少なかった。彼らはほとんど抵抗することなく、西方におこったスラブ国家の軍門にくだったという。そして一七世紀前半、ロシア人はついに太平洋岸までたどり着く。

陸伝いの膨張と境域の拡大

ところで、近代ヨーロッパのイギリスやオランダなどが、海をわたって植民地をふやしていったのに対し、おなじ時代、ロマノフ朝のロシアは地つづきの領域として領土をひろげた。そのため、ひとたびあたらしい土地を征すると、つぎにはそこを守るために、さらにそのさきの辺境を支配する必要があった。そして、征服した土地にヨーロッパ部からスラブ人を移住させ、先住の部族や氏族をよそへ追いたてるか、さもなければ吸収してスラブ文化に融合した。こうしてロシア帝国は、まるでアメーバが運動するようにその境域をひろげ、ユーラシアの平坦な陸伝いに東へ南へと膨張していった。

ロシア平原の南には、草原ステップが東西に帯状にひろがっている。その広大無辺な一帯が、古来

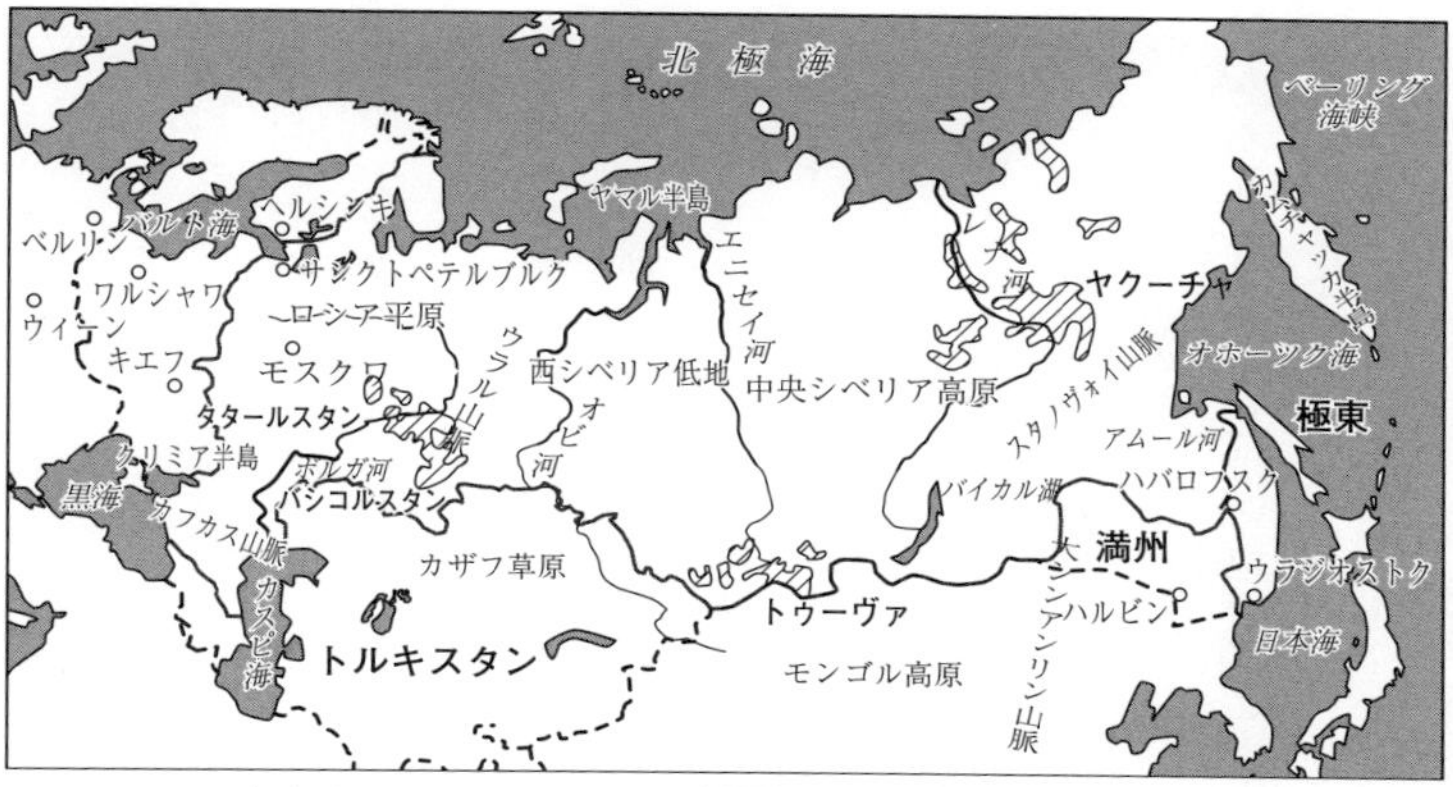

---- 1914年当時のロシア帝国領土　　▨ ロシア連邦内のトルコ語系民族の分布
—— 現在のロシア連邦の領土

ロシア領土の変遷とトルコ系民族の分布

さまざまのトルコ系の騎馬遊牧民族が馬や牛、羊の群れを追って移動する天地だったことは、ここであらためて記すまでもなかろう。モンゴルもまた、この草原を西へすすんだ。ロシアはキプチャク・ハン国をやぶったのち、北からその草原ステップへ進出した。ロシア軍の南下に対し、草原の民の抵抗はながくやまなかったという（それどころか、一六世紀後半には、モスクワそのものがいっときクリミア・タタールによって劫掠された）。

ロシアは、こうして多民族帝国を形成していく。いまでも、ロシア連邦内のカスピ海の北西岸やボルガ河の中流域、あるいはシベリアのアルタイ山麓あたりを中心に、さまざまなトルコ系の民族共和国がインクのしずくを落としたように点在する（その多くはイスラムである）。これらのすべては、ロシア人による草原の征服と、トルコ系遊牧民族のながい抵抗の歴史をいまにとどめる。また実に、おなじ血をひく人びとは極東のレナ河中流域（ヤクート・サハ共和国）にもすんでいる（ただし、彼らの宗教はイスラムではない）。

余談だが、私がモスクワへ赴任した二〇〇四年当時、トヨタのビジネスにとってもロシアはほとんど手つかずのフロンティアだった。赴任後、私はただちに販売サービス網の本格的な構築に着手した。まず、モスクワとサンクトペテルブルクの二大都市をかためたのち、ボルガやウラルの産業都市や石油都市へ、つづいて南部の農業地帯へ、さらにはウラル山脈をこえてシベリアへと、ロシアの領土拡大の足跡をなぞるように販売網をひろげていった。

また、在任中は、広大な国土のなかをほとんど毎週のように飛行機で出張してまわった。ボルガ河沿いのタタールスタン共和国の中心都市カザンや、ウラル南部のバシコルスタン共和国のウファーなどへもよくいった。そこにはトルコ系のタタール人やバシキール人が多くすむ。いくとかならず、新鮮な馬乳酒でむかえられた。草原の民の慣習である。馬乳酒はすこし甘酸っぱい独特の匂いがした。そして販売店のオーナーたちは、自分たちには遊牧民の血がながれているといいながらウォッカをあおり、馬の骨つき肉の燻製やトマトやキュウリをほおばるのだった。私もそれに付きあった。興がのって深夜まで盃を交わすこともしばしばだった。彼らはみな、猛々しい野生ともいうべきエネルギーにあふれていた。私は、ロシアという国が、まわりにさまざまの民族を擁する境域国家であることを実感したのだった。

本国と植民地が隣接する特殊性

ロシア帝国はその後、境域を南へさらにひろげ、一九世紀半ばには中央アジア、トルキスタンへ進出する。そして、その世紀の後半にはカザフ草原全体がほぼ平定され、それにつづいてロシア人の大規模な入植がはじまったことはまえに記したとおりである。やがて、コーカンド・ハン国、ブハラ・ハン国、ヒヴァ・ハン国など、ステップ地帯の南のオアシスに点在したいくつかの城邑もつぎつぎと制圧され、おなじ世紀の末には、中央アジアのほぼ全域がロシア帝国の支配下にはいる。また他方、西の黒海とカスピ海のあいだのカフカス地方も、この頃までにはロシアの支配下にはいっていた。

他方、一九世紀半ばから二〇世紀はじめにかけてのこの時期、ロシアの最大のライバルはイギリスだった。イギリスは、ロシアの黒海から地中海への進出を阻むため、フランスとともにトルコに味方してクリミア戦争をたたかった。同時にまた、イギリス領インドの統治をまもるため、ユーラシアの山岳地帯でロシアとながく対峙した。イギリス史上、チェスのゲームになぞらえて「グレート・ゲーム」とよばれている。ユーラシアの内陸をめぐる英ロの覇権あらそいは、中国新疆をふくむひろい範囲におよび、盤上の空白をうめる攻防はながらく一進一退のまま推移したという（P・ホップカーク著、京谷公雄訳『ザ・グレート・ゲーム』中央公論社、一九九二年）。そして一九世紀末、両国はアフガニスタンとパミール高原南部の国境（現在のトルクメニスタン、ウズベキスタン、タジキスタンの南の境界線）について合意し、これによってついにロシア帝国の領土拡大にピリオドが打たれるのである。

結局、最後にユーラシアにおけるロシアの南下をくい止めることになったのは、自然の境界、つまりヒンズークシ山脈からパミール高原へつらなる天険の山岳地帯だったといえなくもない。いずれにせよ、ロシア帝国の広大な版図はこうして完成した。そして、これをピークに、その後二〇世紀はじめのロシア革命に乗じてヨーロッパ部でフィンランドやポーランドなどが独立し、それから七〇年後にソ連邦が解体して現在の姿にいたる（ちなみに、ソ連軍は一九七九年にアフガニスタンに侵攻するが、一〇年後の一九八九年に撤退した）。

イギリスやオランダにとり、植民地の独立が、本国自身の安全保障上の直接的な脅威になることはなかった。だがしかし、ロシアの場合はちがった。ロマノフ朝のロシアは、広大なる境域国家を形成した。そこでは本国と植民地が、はじめから地つづきで境界そのものがさだめがたく、むしろロシアという領域が、民族や文化のさかいをこえて一体となってひろがった。

しかも、ロシア本国にとり、拡大した境域のながい外縁は、あらたに獲得した領土を守るための緩衝地帯でもあった。ロシアの領土の特殊性はひとえにこの点にあったし、現在のロシアと、それと隣接する国ぐにの地政学的な特殊性を抜きにして、ソ連崩壊後のユーラシアに生じた（あるいは、このさきの未来に生じうる）さまざまなでき事の意味を理解することはできないだろう。ジョージア内戦（二〇〇八年八月）やウクライナ政変（二〇一四年二月）も例外ではないし、中央アジアの国ぐにの地政学的な意味合いもまた然りである。

5　極東開発の地政学

広大にして荒涼たる過疎地

大陸に沈む夕陽はおおきい。

極東において、ロシアと中国をアムール河（中国名は黒竜江）のながい国境がへだてている。河川境は、まず南から北上するウスリー河に沿ってハバロフスク近郊へ、そしてハバロフスクから西へアムール河をさかのぼり、上流のアルグン川から外モンゴルの高原へとのびる。その距離は四三〇〇キロにもおよんでいる。

モスクワ駐在中の二〇〇七年秋、私はハバロフスクからモンゴルの北の高原をぬけてバイカル湖のさきのイルクーツクまで、シベリア横断鉄道にゆられて二泊三日の短い旅をした。ハバロフスクをでると、まずアムール河の上流へむかって満州の平原をひたすら西へすすみ、その後はいくつかの支流を左右にながめながら山あいの草原を縫うようにしてすすむのだが、途中、山野に点在する村々はどこもさびしく、停車場には古びた駅舎に寄りそうようにひなびた集落があり、いまにも朽ち落ちそうな家々がまばらに建っていた光景を思い出す。そして、集落が途絶えたあとの高原には、タイガと大草原の雄大なパノラマが果てしなくつづいていた。

通常、日本でロシア極東といえば、日本海に面してウラジオストクとナホトカのある沿海部や、アムール河のほとりのハバロフスク、近海のサハリン島などを思い浮かべるだけだろう。だが、ロシアの行政区分でいう極東（極東連邦管区）は、東はオホーツク海沿岸や北のカムチャッカ半島から、西はシベリア平原へとつづく北方のタイガとツンドラの原野をふくめた広大な一帯をさす。そして、その面積は国土全体のおよそ三六%を占める。

だが、もともとは皇帝おかかえの商人が、毛皮を追って開拓した辺境の植民地である。そのうえ、北の半分は永久凍土におおわれて冬には凍る。面積はひろいが大半は不毛の大地で、凍土にねむる鉱物資源とサハリン島周辺の地下資源をのぞけば、歴史的にも水産業やタイガの森林業以外にみるべき産業とてなかった(二〇〇五年の愛知万博では、シベリアの凍土からみつかったマンモスの冷凍標本が展示されて話題をよんだ)。日本の江戸時代後期には、ロシアはシベリアの入植地を維持するため、食糧をもとめて鎖国日本に通商をせまった経緯もある(伊勢白子村の船乗りにしてエカチェリーナ女帝に拝謁した、かの大黒屋光太夫の根室帰還も遣日使節アダム・ラクスマンをともなってのものだったといわれる)。また、かつては造船業をはじめ海洋技術の集積もあったというが、それもこの三〇年ですっかり衰退した。

今日、極東の人口は六七〇万人を数えるにすぎず、ロシア全体の四・六%(ロシアの人口は一億四七〇〇万人)、またGDPでも五%強を占めるにすぎない。要するに、ロシア極東は、国土の東にひろがる広大にして荒涼たる過疎地といってよい。そして人口の大半は、ウラジオストク港のある沿海地方やアムール河流域のハバロフスク地方など、比較的ひとの住みやすい南の土地に集中している。他方、モスクワとの時差が七時間もあり、モスクワの人びとの感覚では、いわば外国のイメージにちかいらしい(ちなみに、日本とモスクワの時差は六時間である)。

地政学的な脆弱性

さて、ここで私が思うのは、このロシア極東の地政学的な脆弱性についてである。地図でみると、ふたつの川をはさんで、ロシア側に南から沿海地方、ハバロフスク地方、ユダヤ自治州（一九二〇年代後半にユダヤ人居住区として設置）とアムール州が、また中国側に遼寧省、吉林省、黒竜江省の、いわゆる東北三省があるのだが、それらの人口はロシア側四三〇万人に対して中国側一億一〇〇〇万人と格段にひらいている。つまり、ロシアは極東において、中国の強烈な人口圧力にさらされている。

ロシア極東の地政学

（出所）筆者作成。

ハバロフスクのちかくで、アムール河とウスリー河が合流する地点に大ウスリースキー島がある。ソ連末期の一九八七年にはじまった中ロ国境交渉で、最後まで領有権があらそわれた河川島だ。二〇〇八年一〇月、両国は二〇年以上にわたるながい交渉のすえに、それまでロシアが実効支配していたこの島を隣のタラバロフ島と合わせて折半することで合意し、これによって両国をわける国境を最終的に画定した（東部国境画定に関する議定書に署名）。そしてこれを最後に、ロシアと中国は、かつてスラブ人がウラル山脈をこえてシベリアから極東へ進出し、一七世紀半ばにアムール河畔で中国人と遭遇して以来はじめて、両国の合意にもとづく安定した国境をもつことになったのだった。

この大胆な結着を、ロシア側の大幅な譲歩とみる向きもあったという。だが、おそらくクレムリンのエリートたちは、中国との力の差が決定的なものとなるまえに、なんとしてでもこの東方の国境を画定しておきたかったにちがいない。なぜなら、この問題が解決されなければ、やがていつか、中国がロシアのハバロフスク地方や沿海地方の広大な土地を要求する日がやってくるかもしれなかったからである。また事実、両国のあいだには、前世紀の後半に中ソが対立した時代、ウスリー河の川瀬に浮かぶダマンスキー島で武力衝突をくりひろげた歴史もある。もともとハバロフスクもウラジオストクも、かつて一九世紀半ばに中国が、ロシアに力で圧されて割譲した土地であることを中国人は忘れていないはずである。だからこそ、ロシアには結着を急ぐ必要があったのだ。そして、両国は交渉の過程で、将来的にもそれ以上の領土問題は提起しないことを互いに約束しあったのだった。

それでも、これによって中国との長大な国境が永久に保証されるとは、ロシア人の誰ひとりとして信じていないだろう。なぜなら、この東部の広大な過疎地が中国人によって開発される日が来ないとは、誰しも確信できないからである。経済力で二つの国の立場は逆転し、いまでは競いようもないほどにひらいている。そのうえ、このあたらしい現実はまだはじまったばかりで、これからながくつづくことになるだろう。

また、仮に将来、そういう日が来たとしても、国境は必ずしも変更すべきものとはならない。否、むしろ、そのときには国境はなかばその意味をうしない、文字どおり「ボーダーレス」な経済空間がロシア極東の未開の山野にひろがるだろう。他方、ロシアはもはや勢いをうしなって停滞し、ウラル山脈の西で小さくまとまることになるかもしれない。そして経済的には、ロシア極東の沿海部とシベリアは、中国のための食糧と資源の供給基地になっていることだろう。

国境をながれるふたつの川は、冬には凍って一面の氷原と化す。中国黒竜江省の国境の街、人口一七〇万人の黒河にはモダンな都市の活気が満ちあふれ、かたや対岸のロシア・アムール州の州都、人口二〇万人のブラゴヴェシチェンスクは小さくひなびて朽ちはてている。黒竜江省の省都ハルビンは、人口一〇〇〇万人を擁する大都会だ。そして冬、凍結したアムール河を歩いてわたる人びとの姿は容易に想像がつく。中国経済のダイナミズムとその圧倒的な人口圧力にさらされて、ロシアはこの扱いにくい東方のながい国境をどう管理していくことができるだろうか。

パイプラインのルート図は語る

ロシアが、ユーラシアの地政学空間において、将来どのような力を持つことになるか。それは、ロシアの東部、つまりシベリア・極東がこの先どうなるかにかかっている。

これまで記したように、シベリアはもともとロシアの商人が毛皮をおって開拓した植民地である。

そして、ふるくはヨーロッパ部のモスクワ大公国にはじまったロシアは、ウラルをこえて東方のシベリアを併合していくことによってその境域をひろげ、ついにはヨーロッパからアジアへまたがる空前の巨大国家を形成してきたという一面をもつ。だが、いまやそのシベリアの大地にねむる厖大な石油と天然ガスこそが、ロシアの国家戦略を経済でささえるための礎になっている。要するに今日、ロシアはシベリアなくしてロシアたりえない。そしてそのロシアはいま、東シベリアで新たな鉱区を開発し、アジアの国ぐにへの輸出をいそぐ。

二〇一二年九月、ウラジオストクでＡＰＥＣ（アジア太平洋経済協力）の首脳会議がひらかれた。ロシア政府が、そのために総額六六〇〇億ルーブル（当時の為替レートで約一兆八〇〇〇億円）にのぼる巨額の予算の大半を、この人口六〇万都市の開発と近代化に投じたことはつとに知られている。しかも、その予算は、リーマン・ショック後の金融危機下においてさえもとどこおることなく執行されたという。その結果、いまやウラジオストクの社会基盤は一新され、それ以前を知るものにとってはまさに隔世の感がある。他方、その年の一二月には、東シベリアからバイカル湖の北をとおって沿海部のナホトカへいたる、全長四八〇〇キロの東シベリア太平洋石油パイプライン（ＥＳＰＯ）が完成した。これにより、シベリアの油田地帯がアジアの海とつながったのである。

私は、ロシア極東の開発とは、シベリアの石油・ガス資源を開発するとともに、これまでながく放置されてきた極東を東の海への出口と位置づけて、そのための機能を整備し基盤を堅固にする、ということではないかとみている。それはまた、ロシアがエネルギー生産大国でありつづけるための道ということでもあるだろう。他方、その背景に、中国のダイナミズムと対峙して、国土のこの広大にして脆弱なる東部をいかに保全していくかという、いわば「クレムリンの地政学」があることは想像にかたくない。

東方パイプラインが完成した翌年、ながくプーチン政権のエネルギー政策顧問をしていたモスクワ国際関係大学の老教授は、私に次のように語った。「自分は一九九八年にパイプラインのルート図を描いた。以来一五年、シベリアと極東の開発はロシアの領土を維持するための重要な課題でありつづけた。その点で、二〇〇三年にくだされたパイプラインのルート決定は画期的だった。それは、一九世紀末の蔵相セルゲイ・ウィッテがおこなったシベリア鉄道の建設に匹敵する」と。

当初、このパイプラインは、モンゴルを経由して中国の内陸部へいたるルートが有力とされた。だが最終的に、ロシア領土内に敷設してナホトカまでとおし、中国むけを途中から枝分かれさせるルートに決まったという。プーチンのロシアは、中国への一辺倒な依存をさけ、シベリアがアジア・太平洋と直接つながるルートを選んだのである。

6　ロシアと中国、戦略的連携

中国との国境画定

二〇〇八年三月、ウラジーミル・プーチンはロシア大統領としての最初の二期八年を終えるにあたり、クレムリン宮殿で内外記者会見にのぞんでいる。

「在任中の最大の功績はなんだったと思いますか」。

「極東における中国との国境画定だ」。

彼は、記者の質問をうけて即座にこう答えた。

余談だが、この会見でもうひとつ興味ぶかいやりとりがあった。ひとりの西側の記者がロシア語で質問した。閣下、大統領職に未練はないか、と。プーチンは、その記者の方にきびしい視線を投げてからいっきに答えたのだった。「私はこの八年間、国民の奴隷となって働いた。奴隷だよ、アメリカ人の君ならわかるだろう?」。語り口はしずかだが、言葉には凄味があった。会場が一瞬、水を打ったように静まりかえったのを憶えている。

さて、双頭の鷲はユーラシアの東西に睨みをきかす。

さかのぼること、二〇〇〇年七月である。プーチン大統領は、就任後初の外遊でG8のメンバーとして沖縄サミットへ出席した。そして帰路、ロシア極東アムール州の州都ブラゴヴェシチェンスクへ立ち寄っている(ちなみに、往路では北朝鮮の平壌に立ち寄り、当時の金正日朝鮮労働党委員長と会談している)。

彼は、そこでアムール河の国境警備隊を視察した。そしてこのとき、一キロ先の対岸に中国黒竜江省の国境の街、黒河の姿を仰ぎみたはずである。大統領の眼に、彼我のコントラストは紛れもない脅威と映ったにちがいない。

おそらく、ここで目の当たりにした光景が、その後の中国との外交日程を決定づけたのではないかと私は思う。ロシアと中国は、翌年七月に善隣友好協力条約を締結すると、それからわずか三年後の二〇〇四年一〇月には、国境をめぐる積年の対立に決着をつけたのだった（中ロ国境協定の署名）。そして、ロシアは極東の開発にのりだした。プーチンは、脆弱なロシア東部における領土の保全をいそいだのである。

ウクライナ政変とその後

ひるがえってヨーロッパである。二五年前、多くのロシア人たちは、新生ロシアがヨーロッパの一部になることを期待した。けれどもいま、ロシアはヨーロッパと、あるいはヨーロッパはロシアと距離をおくようになり、人びとの希望と期待は過去のものになりつつある。

プーチンのロシアには、アメリカが主導する欧米中心の秩序にしたがう考えはないようである（たとえば二〇〇五年、ロシアは原油価格が上向いて財政に余裕ができると、IMFへの債務をきれいに耳をそろえて返済した。アメリカの世話にはなりたくない、という意思表示だったのだろう）。そして、経済における行政の役割をおおきくし、政治は権威主義へとむかった。他方、それに対して欧米は、ロシアがふたたび覇権への野心をいだくのではないかと疑った。そして、NATO（北大西洋条約機構）とEU（欧州連合）は、東欧や旧ソ連の国ぐにつぎつぎと門戸をひらく方向へうごいてきた。

ウクライナもそうだった。二〇一四年二月、首都キエフで政変がおこった。ロシアがそれに乗じてクリミアを併合し、欧米世界がこれに反発してやにわに制裁を発動させたことはいまだ記憶にあたらしい。政変の背景には、この国をめぐるEUとロシアの綱引きがあったという。EUは連合協定（EU圏との自由貿易協定）へウクライナを誘い、かたやロシアは、翌年一月に発足する予定のユーラシア経済連合に加盟させたいと考えていた。

ウクライナは、ヨーロッパの東のはずれで、ロシアとの西の狭間に位置している。言いかえると、ロシアはそれによってヨーロッパから緩衝され、かつひとつの大陸でつながってもいる。そのうえ、黒海はロシアにとり、南の海への出口にあたる。つまり、この国はユーラシアの地政学的な要衝にある。「ロシアはウクライナなくして帝国たり得ず、ウクライナあればこその帝国である」（Z・ブレジンスキー著、山岡洋一訳『世界はこう動く――21世紀の地政戦略ゲーム』日本経済新聞社、一九九七年）といわれる所以であろう。そして、歴史的にも一七世紀なかば、ロマノフ朝のロシアはこの国を併合したことによってヨーロッパの列強にくわわったのだった。

他方、この一世紀、ロシアはつぎつぎに領土を失ってきた。北欧やバルト海、東欧が解放され、いまでは旧ソ連の国ぐにまでもが独立した。時がたつにつれ、これらの国ぐにには政治的にも経済的にもロシアからはなれていく。ロシアが広大なる境域国家であることはまえに記した。帝国の外縁がひとつふたつとはがれ、陸つづきの境域がひたひたと本土にせまっている。おそらく、このながれはこれからもつづく。それは、この国の安全保障を脅威にさらすだろう。そして案の定、ウクライナでロシアは黙していなかった。二〇世紀の東欧で、ブダペストやプラハ、ワルシャワの空を焦がした動乱は、二一世紀のジョージア内戦やウクライナ政変へとおなじ糸でつながっている。それはまた、後退するロシアの苦境とユーラシアの未来を映しだす。

当のウクライナでは、東部のドンバスで、キエフ政権と親ロシア派勢力の戦闘がいまも絶えない。そのうえ、ロシアとの国境はひらいたままなのだ。つまり、兵士も住民も自由に往来できる。これに対し、ドンバス以外のウクライナは、いまでは反ロシアでひとつにまとまっている。ビザなしでヨーロッパとつながってもいる。「クリミアやドンバスのことはもう諦めてもいい。自分たちだけでヨーロッパへ合流したい」。キエフの友人は私に本音をこうのべる。ロシアは戦争には勝ったかもしれないが、ウクライナそのものを失ったといえよう。

だが、それでも黒海をのぞむクリミアは、ロシアが生命線とみなす土地である。だからこそ、ロシアは、そこがNATOの手にわたるまえに併合したのだろう。ロシアはクリミアを手放さない。したがって、そのかぎりで制裁もつづく。ウクライナ政変は、ロシアとヨーロッパの溝を決定的にひろげたように思う。

ロシアは中国と争わない

一方、ウクライナの政変とその後に発動された制裁は、ロシアが中国へ接近していく分水嶺になったと私は考えている。

それを象徴するように、二〇一四年五月、ロシアのガスプロム（世界最大の国営ガス企業）と中国のCNPC（石油・天然ガス集団公司）は、ソ連時代をつうじて最大規模となる天然ガス供給契約に署名した。契約期間は二〇一八年から三〇年間の長期にわたり、その総額は空前の四〇〇〇億ドルをこえている（供給ソースは東シベリアのチャヤンダ・ガス田である）。

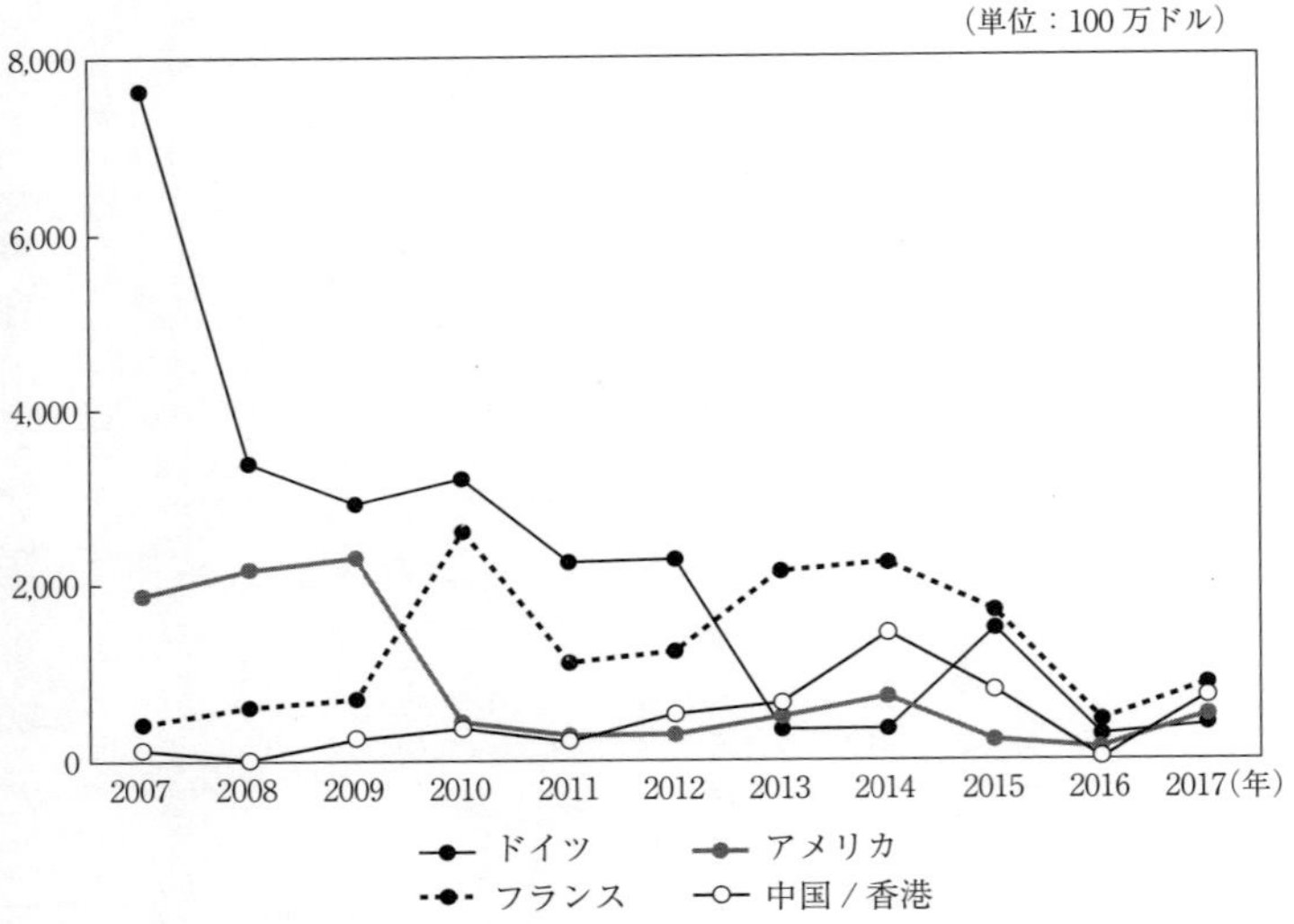

図4－7　主要国におけるロシア向け直接投資の推移（ネットの流入額）
（出所）ロシア中央銀行統計より作成。

また、その年の九月には、東シベリアから極東のサハ共和国をとおって中国の東北地方へいたる天然ガス・パイプラインの建設工事もはじまった。長大なパイプラインは、いみじくも「シベリアの力」と命名された。そしてつづく一一月には、この両社は北極圏にちかい西シベリアのヤマル・ガス田からの供給でも合意した。ヤマルといえば、欧州むけの天然ガスもここを供給ソースにしていることを記しておこう。制裁に背中をおされるように、ロシアは中国との関係強化へうごいたとみることができよう。

もっとも、中国の方は、そのようなロシアの足もとを冷ややかに見透かしている節もある。図4－7は、二〇〇七年以降の主要国によるロシアへの直接投資の流入額

（ネット）の推移をしめしている。たしかに制裁がはじまる二〇一四年以後、ドイツ、フランス、アメリカの投資は減った。だが、それにかわって中国のそれが増えているかというと、意外にもそうではない。浮上するかにみえて、低迷したままなのである（二〇一四年に中国の投資がいっとき増えたのは、ヤマル半島のＬＮＧ事業に中国ＣＮＰＣが出資したためである）。

他方、プーチン大統領は、ロシアをユーラシア国家と位置づける。そして、アジアとヨーロッパをつなぐ架け橋とすることに活路を見いだそうとしている。

一九世紀末、ニコライ二世下の蔵相セルゲイ・ウィッテはシベリア横断鉄道の建設にのりだした。帝国のヨーロッパ部と太平洋を鉄道でむすび、近代ロシアの工業化の礎とするために。また、そもそもロマノフ朝のロシアがウラルから南へ境域をひろげていったひとつの理由は、南の草原をいく東西の交易路をとりこむためだった。だが、ソ連は崩壊し、内陸の国ぐには独立した。そして二一世紀のいま、中国がシルクロード経済ベルト構想の名のもとに推進し、アジアとヨーロッパを直行でむすぶ越境型の鉄道輸送プロジェクトは、北のロシアを置き去りにするように、いまは独立した中央アジアのルートを中心にすすんでいる（もっとも地球儀で距離をはかると、ロシア経由ではとおくなり、そのかぎりでは経済合理性にかなってはいるのだが）。

ロシアはどう生きるべきか。中国の経済成長について、プーチン大統領は二〇一二年二月（大統領職にもどる直前である）に発表した外交政策論文のなかで、「中国の風をわれわれの経済の帆にうけるチャンスがもたらされている」とのべるとともに、これを脅威とみなすのではなく、シベリアや極東の発展に取りこむことが正しいという認識をしめしている（*Moskovskyi Novosti*, February 27, 2012.）。一〇年前、ロシアがリーマン・ショックに撃たれたことはまえに記した。ロシアは原油価格の急落で経済成長の腰をくだかれた。だがしかし、かたや中国は、その巨大な経済パワーで四兆元（当時の為替レートで約五六兆円）というけたちがいの景気刺激策をうって、米国発の世界規模の不況をやわらげることに貢献したのだった。論文のタイトルは「ロシアと変わりゆく世界」であった。

ウラジーミル・プーチンは現実主義者である。私は、ロシアは中国と争わないだろうと考えている。とりわけ、ロシア極東は中国に対して脆弱で、その脅威にじかにさらされているからだ。また私は、ロシアは強大化する中国への競争心をすでに克服しているのではないかとみている。なぜなら、ロシアの人びとの思いがどうであれ、彼我の経済力のちがいはもはや競いようがないし、それになによりもロシアにとって中国は、経済の屋台骨をなす石油と天然ガスの最重要な買い手なのだから（いままでは中国への最大の原油輸出国はロシアである）。そして外交面でも中国は、アメリカに対抗していくうえで無くてはならない盟友なのだから。

逆にいえば、これからのロシアは、中国との連携あってのグローバル・パワーということでもあるだろう。したがって、中国との連携こそが、ロシアが生きる道ということなのだと私は思う。この連携はまた、中央アジアをめぐる両国の国益を調整するだろう。中央アジアは、ロシアの南の脇腹にひろがっている。この広大にして陸つづきの外縁をはさんだ中国との連携は、北の境域大国ロシアがユーラシア国家でありつづける道ということでもあるだろう。世界は、いよいよ米中二大国が覇権を競う時代にはいったようにみえる。ロシアの基軸は中国との戦略的連携である。

第五章　胎動する大陸と海の日本

1　ユーラシア地政学の大転換

「シルクロード経済ベルト」再論

本書で、これまで私は、ユーラシアをおおう静かなダイナミズムについて記してきた。はじめに、ユーラシアで生じたこの二〇年の変化のおおきさを私自身の旅の報告としてふりかえった。そして、そのうえでダイナミズムの意味とその行方について、歴史の時間軸と文化の空間軸をながく、かつおおらかにひろくとり、まず内陸の中央アジアの視点から、つづいてキャンバスの東と北のふたつの極ともいうべき中国とロシアの視点から、ユーラシアのひろびろとした時空のなかでのべてきた。

他方、ユーラシアにおける中国について考えることは、北の大国ロシアの未来を問う、ということでもある。その意味で、本書はユーラシア論であると同時にロシア論でもある。ロシアにとり、ユーラシアという領域概念は、まさしく国家としての基本スタンスにほかならない。西にヨーロッパ、東にアジアをにらみながら、ユーラシアというおおきな地平を北から構想することは、北方の境域国家ロシアの強みであるとともに弱みでもあり、宿命ということでもあるだろう。強大化する中国との対比において、ロシアは生きる道を問われている。

本章では、高台からの見晴らしを俯瞰しつつ、これまで記してこなかったことがらをいくつか補足しながら全体をまとめたいと思う。そこでまず、中国が推進するシルクロード経済ベルト構想とはなにか。ユーラシアにおける中国について、これまで記してきたことをふりかえりながらあらためて考えてみたい。

私がはじめて中央アジアを旅したのは、ソ連の崩壊からまだまもない一九九四年の秋だった。二五年前、ソ連邦から解きはなたれた中央アジアでは、経済のボーダーレス化が堰をきったようにすすむとともに、そこに民族や文化、歴史の記憶や、大国の思惑と国益などがさまざまに入り混じって、冷戦終焉後のユーラシアをつつむ混沌として多様なダイナミズムが織りなされていたように思う。

いま、四半世紀のときをへて、そのダイナミズムは東の中国から打ちよせるおおきなうねりに収斂しつつある。そして、アジアのモンゴル高原の西のはずれからカスピ海をこえてカフカスへとつづく広大な内陸ユーラシアのその一帯は、強大化する中国にとってのエネルギー資源の供給基地、安価な製品の市場、はたまたあり余るほどの巨大な生産力の受け皿と化しているといってよい。

他方、中央ユーラシアの平原にのびる真新しいひと筋の白いハイウェイは、冷戦終焉後のユーラシアを象徴して鮮烈である。近い将来、中国の沿海部からヨーロッパの東部まで総延長八五〇〇キロ、ユーラシア大陸の東西が長大な高速ハイウェイでつながるだろう。また、ハイウェイとならんで、いまでは中国—新疆—欧州鉄道、いわゆる「中欧班列」が、中国の工業都市とヨーロッパの主要都市をほとんど毎日のように直行でむすんでいる。しかも、その輸送量はここ数年で急激にふえ、大陸をいきかうコンテナの中身は、工業製品や電子部品からワインや化粧品などの高級消費財にいたるまで多種多様にひろがってもいる。

ユーラシアの内陸は、アジアとヨーロッパをつなぐ地つづきの回廊に位置している。これからは輸送網の利便性や輸送能力の増強ともあいまって、中国と中央アジアだけでなく、中国とヨーロッパの内陸どうしがちかくなっていく。いまや、中国の巨大な生産力と厖大な購買力が陸伝いにあふれ、大陸大のダイナミズムを生んでいるといってよいだろう。

ユーラシアにおける中国

ユーラシアをつつむこの静かなダイナミズムのみなもとが、この二〇年の中国のめざましい経済発展にあることはいうまでもない。

ソ連崩壊後の中央アジアで、中国はいちはやくエネルギー資源の確保へうごいた。そして、カスピ海の東岸から中国本土へのびる長大なパイプラインを建設した。また、欧米オイルメジャーからカスピ海沿岸の石油と天然ガスの採掘権を取得した。同時に、かつて西域とよばれた西の内陸、新疆ウイグル自治区の開発をいそぐとともに、そのさきに誕生した中央アジアの国ぐにで、道路網や送電網などの社会インフラの整備にのりだした。

中国はさらに、東の沿海部から内陸の国境へ、そして大陸を横断して西へいくハイウェイと鉄道網の建設にとりかかった。それとともに新疆は、西の内陸の辺境から、中央アジアやヨーロッパへひらかれる輸送回廊の前門になった。そして、中国はそこを「ドライ・ポート」、陸の港と命名し、国境の草原に巨大なコンテナの積み替え基地を建設し、一大物流ターミナルを開発した。

また、鉄道による貨物輸送事業では、重慶や成都などの工業都市が主体となって、カザフスタンやロシア、ポーランド、ドイツなどの鉄道当局と合同で協議体を設置し、合弁の事業会社を設立した。そして、彼らをパートナーとしてフィージビリティ・スタディをかさね、テスト輸送をくりかえし、経由国の通関手続きを簡素化するなどして、中国と欧州を直行でむすぶ越境型の鉄道高速輸送を実現させた。

他方、このような経済開発のうごきに先行して、中国はソ連崩壊後ただちにロシア、カザフスタン、キルギス、タジキスタンの四ヵ国によびかけて首脳サミット「上海ファイブ」をスタートさせた。そして、内陸の国境を画定して西域の不安定化と流動化をふせぐとともに、国境地帯の緊張緩和や安全保障、治安の安定や経済協力などについてはばひろく協議をかさねた。

中国史は、西域の安定なくして中華の発展はないことを伝えている。中国にとり、西域はながく文化のことなる異郷であり、中華の安寧をおびやかす辺境だった。そこは、北方の高原でかの匈奴が勇躍したはるかとおい紀元前の昔から、ひさしく艱難の地でありつづけている。そして、その後現代の中国は、この協議体を「上海協力機構」として常設化し、内陸の国ぐにとの対話をつづけるとともに、国防と安全保障だけでなく、文化の垣根をこえてさまざまな地域協力について協議するためのプラットフォームに変えていった。

それでも、中央アジアの国ぐににとり、中国の強大化は脅威とうつる。それは、日本の外務省が現地でおこなった世論調査の結果にいみじくもあらわれている。いわく、ロシアは信頼できる重要なパートナー、中国は重要なパートナーだが信頼はできない、と。

だが、中央アジアでは内なる変化もすすんでいる。中央アジアの国ぐにの出生率は概して高い。カザフスタンやウズベキスタンでは、ここ数年、毎年五〇万人のペースで人口がふえている。二〇三〇年には、地域全体で九〇〇〇万人ちかくになるかもしれない。人口がふえるにつれて、若年層のための雇用の確保はどこもますます深刻な課題になっている。いまでは、雇用を確保するために、中国との協力と中国企業の進出は欠かせないと考える人びとも多いという。

そのうえ、世代交代がすすむにつれて、ソ連がのこした共通経済空間の濃度もしだいに薄まっていくだろうし、かつて中ソが対立した時代にソ連の教育が親たちの世代に刷りこんだ反中感情の残滓もゆっくりと溶けていくだろう。「政府内では親中派の影響がおおきくなっている」と、先ごろ来日したカザフスタンの友人はのべていた。いまではどの国でも、政府の高官に中国留学組が多く登用されているともきく。彼らは中国語を流ちょうに話す。そして、大学では中国語を学ぶ学生が急速にふえてもいる。世論調査では英語についで人気の高いのが中国語だった。

他方、ウズベキスタンの改革開放は、ユーラシアの内陸部全体の発展を促していく可能性が高いが、そのウズベキスタンへの投融資で先行するのも、ほかならぬ中国である。こうして、中央アジアの国ぐには中国経済への依存を高めていくだろう。そこには、すでに中国を中心とするタテ型の統合ともいうべき関係とともに、なかば援助国と被援助国の二国間の関係が形成されてもいる。

ただし、そこに問題がないわけではけっしてない。まえにもすこし触れたが、キルギスやタジキスタンでは過剰債務が懸念されている。中国がユーラシアの国ぐにで経済協力の名のもとにすすめるプロジェクトは、その多くが中国輸出入銀行や中国開発銀行をはじめ政府系の金融機関による貸し付けでおこなわれているのだが、中国の金融機関がおうおうにして相手国の返済能力をおおきくこえる巨額の融資をおこなってきたことが、「債務のわな」として欧米諸国の批判をかうことになっている。中国は港や鉱山などを借金のカタにとっている。これは、かつて一九世紀後半から二〇世紀にかけての時期、帝国主義の欧米列強が清朝末期の中国に対してやってきたことを髣髴させる（たとえば、インド洋に浮かぶスリランカで、中国の援助で建設された南部のハンバントタ港が、イギリスに租借された香港同様に九九年間、中国の国有企業にリースされることになったことは「債務のわな」の事例としてひろく知られている）。

だが、それでも中国の資金力は魅力である。中国への傾斜は止められない潮流といえよう。

地政学的な大転換

私たちは、二〇世紀最後の一〇年にはじまるこの二〇年を、世界史的なおおきな転換点として記憶にとどめるべきかもしれない。

ふりかえれば二〇世紀末、ユーラシアの内陸部が、あたかも霧が晴れるようにひらかれた。ソ連邦の崩壊と積年の中ソ対立の解消によって、ユーラシア大陸の広大な地平がグローバルにひらかれたのである。霧が晴れるにしたがって視界は一変した。無辺の乾燥地帯が東西にのびやかにひろがった。かたや、ソ連を継承したロシアは北へおおきく後退し、国家存亡の混沌の渦に沈んでいた。まさしくユーラシア地政学の大転換といってよいだろう。

そして、これを機として中国は、はやくも二〇〇〇年代はじめごろから、ユーラシア大陸において資源パイプライン、高速道路や高速鉄道網などからなる長大な陸上輸送網の構築にのりだした。広大で平坦な沙漠と草原ステップからなるユーラシア中央部の自然地理が、それを容易にしたことは想像にかたくない。そして、これがやがて、シルクロード経済ベルト構想として世界にむけて提唱されることになったのだ。

他方、中国は、上海協力機構を対話のプラットフォームにして、内陸ユーラシアの国ぐにと対話をかさね、新疆の開発と中央アジアのそれを一体のものとしてすすめてきた。民族問題をかかえる新疆ウイグル自治区の安定が、中央アジアの政治と民生の安定とひとつの糸でつながっているとみているからでもあろう。ウイグル人は中央アジアとおなじトルコ人である。中国は、国内にさまざまな矛盾をかかえながらも巨大な経済のうねりにのって、地つづきでちかい、陸伝いの国ぐにの開発と発展を巻きこみながら発展していく。やがて、経済のその外延的なひろがりはユーラシアの内陸部全体をすっぽりとおおうだろう。私は、シルクロード経済ベルト構想をこのように理解している。

ユーラシアはいま、巨大な中国経済のうねりのなかにある。そこにみえるのは、ますます強大化する中国と、それに引き寄せられる陸伝いの国ぐにと、かたやゆるやかに衰えゆく北の大国ロシアの姿である。ユーラシアの重心はさしあたり、ゆっくりと東へ移動しているようである。そして、この趨勢はこれからながくつづくだろう。なぜなら、ながい時間軸においてみると、このあたらしい現実はまだはじまったばかりなのだから。

中国の壮大な構想は、陸と海のシルクロードからなる「一帯一路」として現在も進行中である。歴史をさかのぼれば、ユーラシアにおける中国は、古代の漢王朝から唐、清へといくつかのながい混乱期をはさんで断続的につらなっている。そして、最初の統一王朝、秦からはじまる二千数百年来の中国の歴史の現在に大陸のいまはある。この潮流は、やがて南の海に面するインドの発展をも巻きこんで、ユーラシアにおける大中国経済圏の形成へと向かうかもしれない。

ユーラシアをうごかす静かなダイナミズムは、巨大な中国経済の成長と、ソ連崩壊後のユーラシアに生じた地政学的な大転換からはじまった。あるいは、すべてはペレストロイカからはじまった、といえなくもない。かたや、日本の社会はこの間、バブル崩壊後の「失われた二〇年」の閉塞感に厚くおおわれていた。海の向こうで進行する静かなダイナミズムについて、日本の認識がおくれたのは無理からぬことではある。中国の快挙をあっぱれと無邪気に讃えるつもりはさらさらない。中国は、なにも沿海部だけが中国なのではない。私たちは大陸の変容にもっとおおきな注意をはらう必要があると思っている。

2　ユーラシアの柔らかな脇腹

私はいま、海の向こうにひろがる大陸の地平をみている。ひきつづき、高台からの見晴らしについて記していこう。

アメリカとの距離

ふりかえれば一九九一年末のソ連崩壊後、中国はいちはやく内陸ユーラシアの開発にのりだした。のちにシルクロード経済ベルト構想と銘打たれることになった一連の開発は、すでにおよそ二〇年ちかくこの方、一九九六年四月に結成された「上海ファイブ」をベースとし、その後二〇〇一年六月にユーラシアにおける多国間の協力組織として中国のイニシアティブで創設された「上海協力機構」を対話のプラットフォームにして、中国新疆をふくむ内陸のトルキスタン（トルコ人のすむ国ぐに）の統治、治安や民生の安定と一体のものとしてすすめられてきたといってよい。

同時に中国にとり、それは北京から西へはるかに三〇〇〇キロ以上も遠くはなれ、ふるくから西域と呼ばれてきた新疆ウイグル自治区の安寧と、一九八〇年代の改革開放政策とともに東の沿海部から立ちあがり、いまでは西の内陸部の工業都市へとひろがる巨大な経済の外延的な（もしくは、拡張的なといってもよいだろう）発展をめざすことと表裏をなしていた。中国経済はいま、一八世紀なかばにかがやいた清の乾隆帝の治世以来の歴史的な興隆の途上にある。そして、古代の秦王朝からはじまる二千数百年来の中国の歴史の現在にユーラシアのいまはある。

さて、ここで上海協力機構とアメリカとの距離、ロシアと中国の関係についてすこし補足したいと思う。

まず上海協力機構が、中国が音頭をとり、ロシア、カザフスタン、キルギス、ウズベキスタン、タジキスタンの六ヵ国を原加盟国としてスタートしたことはまえにのべた。総じて、権威主義にもとづく専制的、強権的な政治がおこなわれている国ぐにの集まりである。あるいは、そこに集団生活、互助精神、権威主義などを特徴とする、ユーラシアに土着の騎馬遊牧文化の母斑を透かしみることもできるだろう。

また、その構成は、おおむねロシアとカザフスタンなどエネルギー資源の生産国と、中国をはじめとするその消費国に大別される（ちなみに、ロシアとカザフスタンが、世界有数の穀物輸出国でもあることを書きそえておこう）。そしてその活動は、主として経済と産業、エネルギー資源、安全保障分野での協力を中心に、これまで二つの大国、ロシアと中国の力のバランスのうえにすすめられてきたといってよい。

これに対し、上海協力機構へのアメリカの関与は希薄である。当初、この機構はひらかれた組織としてアメリカとの協調をむしろ重視した。そして、かの9・11同時多発テロ事件後にアメリカがおこなったアフガニスタン空爆時には、ウズベキスタンやキルギスをはじめ各国が補給のための空軍基地の使用をみとめるなど、アメリカの行動を支持し協力してもいた。

ところが、二〇〇〇年代前半に旧ソ連の国ぐにをつぎつぎにおそった一連のカラー革命（二〇〇三年のジョージア「バラ革命」、二〇〇四年のウクライナ「オレンジ革命」、二〇〇五年のキルギス「チューリップ革命」と呼ばれる反政権運動。米国系NGOが後ろ盾したといわれる）と、おなじ頃にウズベキスタン東部のフェルガナ地方でおこったイスラム系住民による暴動（二〇〇五年のアンディジャン事件。治安部隊による武力鎮圧が、無辜の市民の虐殺として欧米諸国からきびしく非難された）などのでき事によって、アメリカとの関係は見直されることになる。加盟国のリーダーたちが、欧米流の自由でひらかれた市民社会の価値観の伝播をきらったためである。

そして二〇〇五年七月、上海協力機構はカザフスタンの首都アスタナで開かれた第五回首脳会議において、加盟国に対し、各国に駐留するアメリカ軍の撤退期限を決めるようもとめたのだった。つまり、域内からアメリカ軍を退去させるようもとめたわけである。そしてこれが転機となり、アメリカはこの地域における軍事プレゼンスをうしなうことになる。首脳会議ではまた、アメリカのオブザーバーとしての加盟申請も却下された。

こうして、アメリカとの距離はひらいていった。そして、上海協力機構はその後、欧米的な価値観とは異なるユーラシアの対抗軸としての性格を鮮明にしていくのである。

経済開発と安全保障

ユーラシアの内陸部で、アメリカにかわって軍事プレゼンスを高めていったのは、ほかならぬロシアである。二〇〇五年五月、旧ソ連のカザフスタン、ベラルーシ、キルギス、タジキスタン、アルメニアの五ヵ国は、ロシアを中心とする集団安全保障条約に調印した（ただし、中央アジアでもウズベキスタンや永世中立国のトルクメニスタンは加わっていない）。そして現在、ロシア軍はキルギスのカント空軍基地を独占的に使用し、タジキスタンには国外で最大規模の軍事基地（第二〇一軍基地や国境警備隊など）をおいている。また、加盟国（非加盟のウズベキスタンをふくむ）は、ロシアと合同の統一防空システムを導入してもいる。つまり、ロシアの傘のもとに加盟国の安全保障システムが統合されたということだ。

中央アジアの国ぐにには、中国から大規模な経済協力を受けいれる反面、その影響力が強まることへの警戒心があったということかもしれない。世論調査でもしめされたように、中国は重要なパートナーだが、信頼はできないのである。あるいは、遠い記憶「シルクに騙されてはならぬ」がよびおこされた、ということかもしれない。いずれにせよ、東の中国の強大化という、冷戦終焉後のユーラシアにおける新しい現実とむきあって、中央アジアの国ぐには自らの安全保障の傘を北のロシアにもとめたということなのだろう。こうして、ロシアはかろうじて覇権の一部をとりもどした。そしてその後、ウクライナ政変の曲折をへて、ユーラシア経済連合の創設へとむかうのである。

他方、二〇一五年七月、プーチン大統領と習近平国家主席はウラル地方のウファーで開かれた第一五回首脳会議において、ロシアが中心のユーラシア経済連合と中国が推進するシルクロード経済ベルト構想を、この上海協力機構をプラットフォームにしてたがいに連携してすすめることを表明した。ユーラシアにおいて、二つの国の立場はすでに逆転している。ロシアはユーラシア経済連合を創設したものの、加盟国の発展をけん引していけるだけの経済力をもたない。つまり、ロシアは資金力を欠き、かたや中国は信頼を欠く。したがってその意味では、この表明を、ユーラシアの内陸において両国が経済開発と安全保障の分野ですみ分け、貿易と投資、エネルギー、交通・輸送などの分野でおたがいの国益を調整し、上海協力機構を対話のベースにして相互に補完しあうことで一致した、と受けとれなくもない。もっとも、そこには政治的なレトリックも多分に加味されていた、という留保つきではあるのだが。

二〇一四年春のウクライナ政変とその後に発動された制裁が機となって、ロシアが中国に接近していった事情はまえに記した。ロシアはクリミアを併合した。欧米諸国による横一線の制裁網に包囲されるなかで、会議をしきったプーチン大統領に、ロシアと中国の良好な関係を欧米の価値観に対抗するユーラシアの対抗軸として、国際社会にアピールするねらいがあっただろうことは容易に想像がつく。ましてやその連携が、自由貿易協定などの多国間のあらたな取り決めごとをさすわけではないこともまた。

競争関係と国民感情

なぜなら、両国は潜在的には競争関係にあるからだ。衰えつつあるとはいえ、ロシアにとって中国が、油断ならないライバルであることにかわりはない。また、企業どうしは日々、各地でしのぎを削りあってもいる。仮に関税がなくなれば、安価な中国製品がたちどころにロシアとユーラシア経済連合の市場を席巻し、ロシアの産業が生き残れないことは火をみるよりもあきらかだ。他方、中国にとり、ロシアが持てるものの魅力といえば、せいぜい豊富なエネルギーと多彩な鉱物資源、穀物や最新鋭の兵器類などに尽きるだろう。そして、ロシアもそれをよく承知しているはずである（参考ながら、ロシアは二〇一八年にS四〇〇ミサイル防衛システムを中国に供与している）。

そのうえ、国民感情として、ロシア人は中国人を好ましく思っていない現実もある。ロシア史は、かつて二四〇年におよんだモンゴル帝国による北の平原の支配を「タタール（モンゴル）のくびき」と教えてきた。実は、このタタールという言葉には、ある特異なニュアンスが秘められている。モンゴルの襲来にあった北方のスラブ人たちは、古来つたわる民間伝承の説話にでてくる地獄の奈落につきおとされた思いで、アジアの草原からおそった侵寇者のことをタルタールと呼んでおそれたのだという。タルタールとは、地獄にながれる三途の川のことをいうらしい。それが、タタールになったという。タルタールが、モンゴルの一部族だった韃靼（タタール）と言葉の音が似ていたからだという説もある。いずれにせよ、野蛮な夷狄にちかいニュアンスである。

モスクワ勤務時代の部下によれば、現代ロシアの人びとにとってタタールは、モンゴル人やトルコ人、両者の混血、あるいはトルコ化したモンゴル人など、さまざまな混淆をへて形成された民族とエスニックのことをいうらしい（これに対し、ロシア連邦内タタールスタン共和国の「タタール」はれっきとしたトルコ系民族の呼称である）。だがしかし、そこにひとつだけ共通項がある。イスラムであることだ。だから、おなじトルコ語系の民族（テュルク）であっても、後年ロシア正教に改宗したシベリアのヤクート人やアルタイ地方にすむ少数民族などはタタールとはよばれない。

いずれにせよ、ふつうのロシアの人びとにとり、モンゴル人と中国人はおなじアジアの民族で、外見上も区別はつけがたい（実は、日本人といえどもその点ではおなじなのだが）。それだからか、モスクワにすむ知人たちの多くは、キタイ（ロシア語で中国のこと。遊牧民族の契丹に由来）を口にするときにしばしば眉をひそめるし、またビザなし入国が可能になり、いまでは中国人ツアーでにぎわうエルミタージュ美術館の静謐さを欠くありさまを冷ややかに嘆いてもいる。

イスラムという共通課題

だが、それでもユーラシアでロシアと中国は争わないだろうと私は思う。

ロシアが、ヨーロッパでもっとも多くのイスラム教徒のすむ国であることはあまり知られていない。ロシアには現在、中央アジアやカフカスの国ぐにからの在留者もふくめると、およそ二〇〇〇万人のイスラム教徒がすんでいる。モスクワには二〇〇万人のイスラム系住民がおり、五〇〇万人のイスラム教徒がチェチェン共和国の名で知られる北カフカスにすんでいる（ただし、カフカスのイスラムの多くはトルコ系ではない）。ロシアはながくチェチェン人戦闘員に悩まされてきた。そして、ウラジーミル・プーチンに恭順をしめす部族の頭目に、共和国をまるごと封地同然にあたえて過激な暴力を封じこめてきた経緯がある。だがしかし、過激なイスラムは消滅したのではない。封じこめられているだけなのだ。

他方、モスクワにすむイスラム教徒の皆が、ロシア人社会に溶けこんでいるわけでもけっしてない。中央アジアからの出稼ぎ労働者の多くが、飲食サービス、建設現場や危険をともなう作業に従事していることはモスクワで暮らす誰もが知っている。ロシア人はそのような仕事に寄りつかない。彼らはロシア人から疎外されている。そういう状況のなかで、彼らが父祖の信仰にもどり、過激なイスラム指導者のもとに向かわないと、いったい誰が約束できるだろう。

ロシアにとり、中東から中央アジアへつらなるユーラシアの南の内陸の一帯は、東西にながくひろ

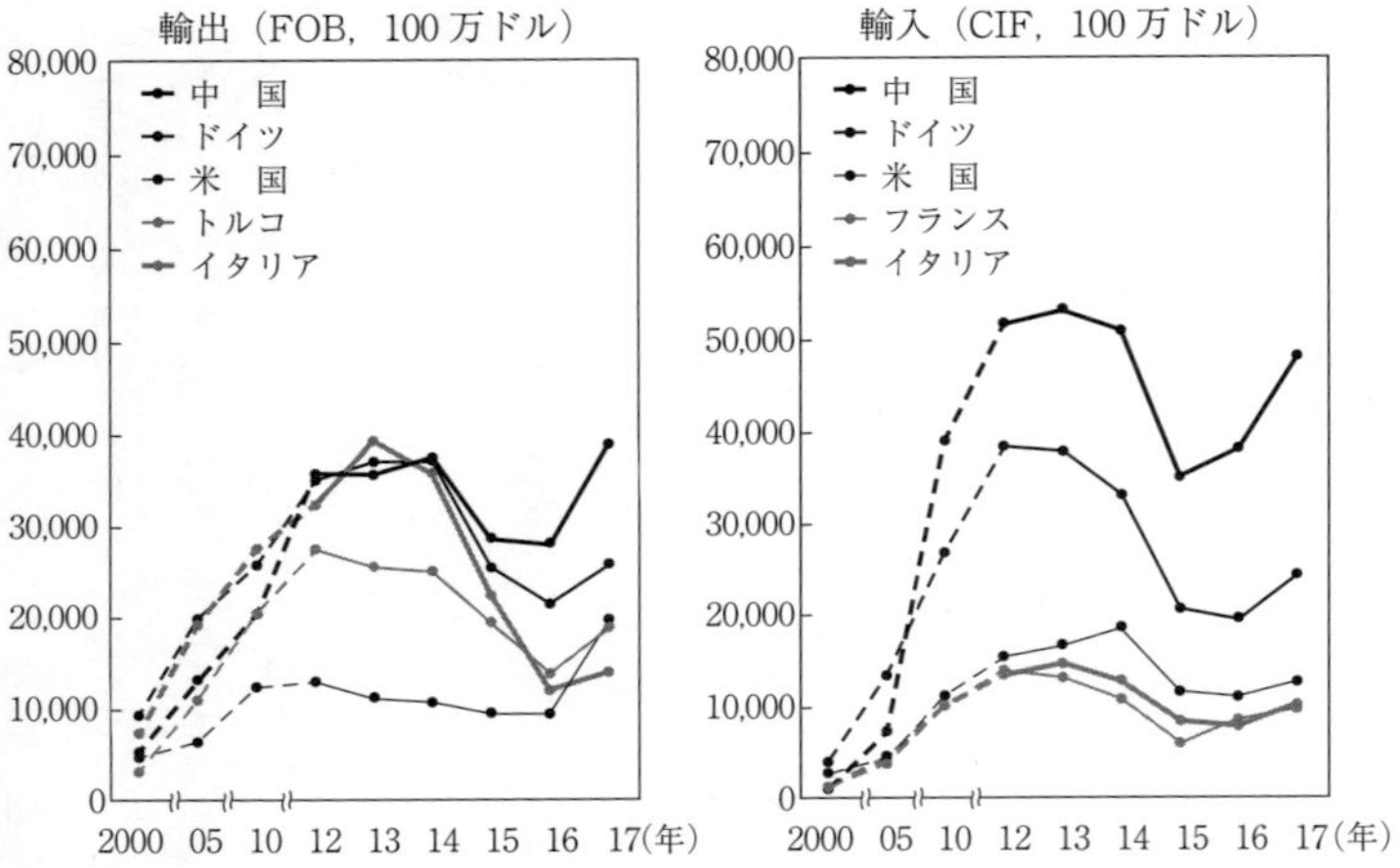

図5-1　ロシアの貿易の主要な相手国別の推移

（出所）ロシア連邦税関局データより作成。

がる領土の、いわば「柔らかな脇腹」といえる。境域には、タタールスタンやバシコルスタンなどトルコ系のイスラム民族共和国も多く分布している。クレムリンのエリートたちは、中東の不安定化がカフカスや中央アジアの国ぐにへ飛び火し、南からロシアを揺さぶる事態を警戒する。イスラムは、ユーラシアの境域国家ロシアの命運にかかわる問題ともいえよう。かたや、中国にとり、西域の平定は二千数百年来の歴史的な課題である。中国政府が新疆にすむイスラムのウイグル人に対する統制をつよめていることはひろく知られている。ウイグルの同胞たちはトルコや中央アジアの国ぐににも多くすんでいる。かくして、ロシアと中国は内陸ユーラシアの政治と民生の安定で利害を分かちあう。ユーラシアにおいてロシアと中国が争わないもうひとつの理由である。

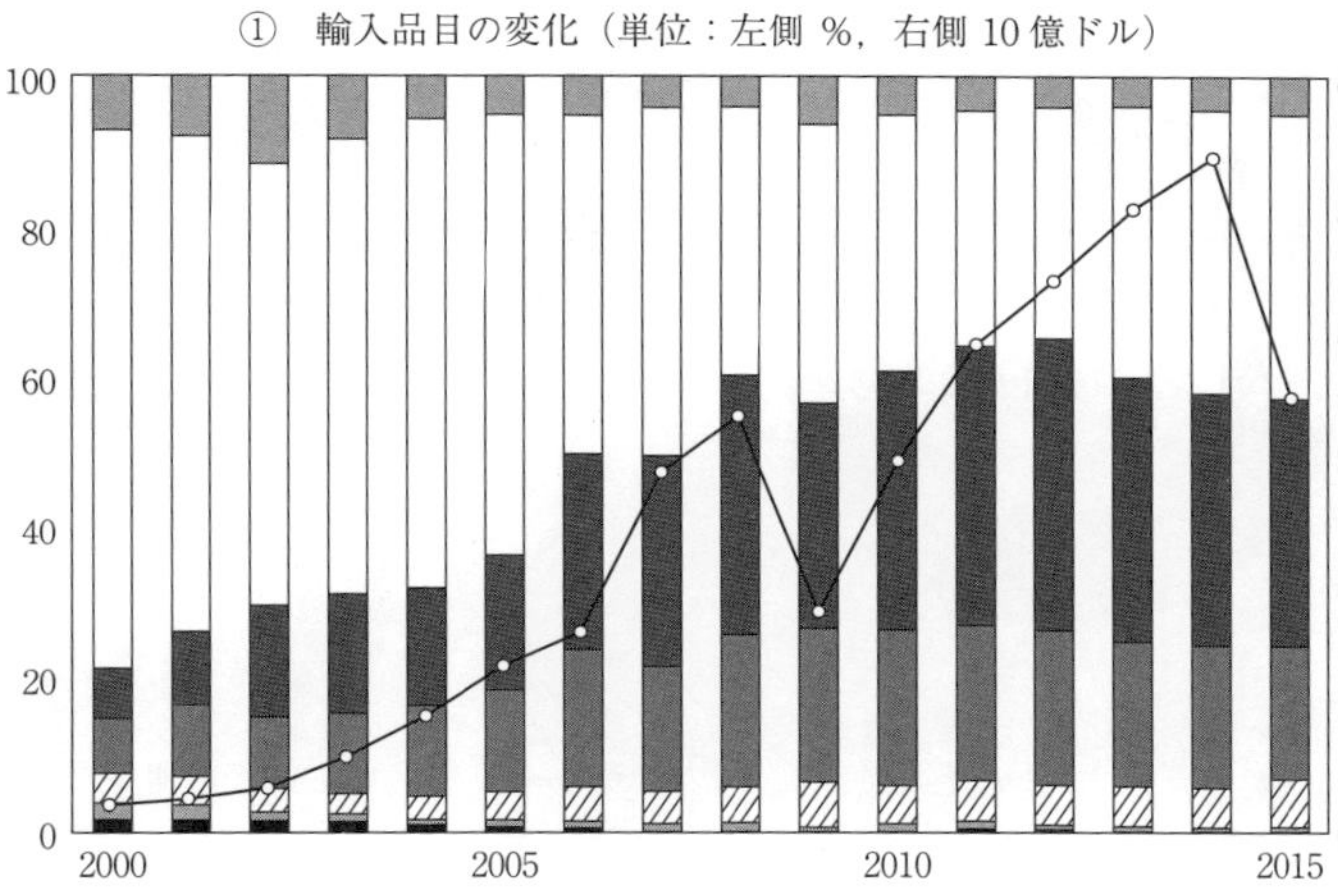

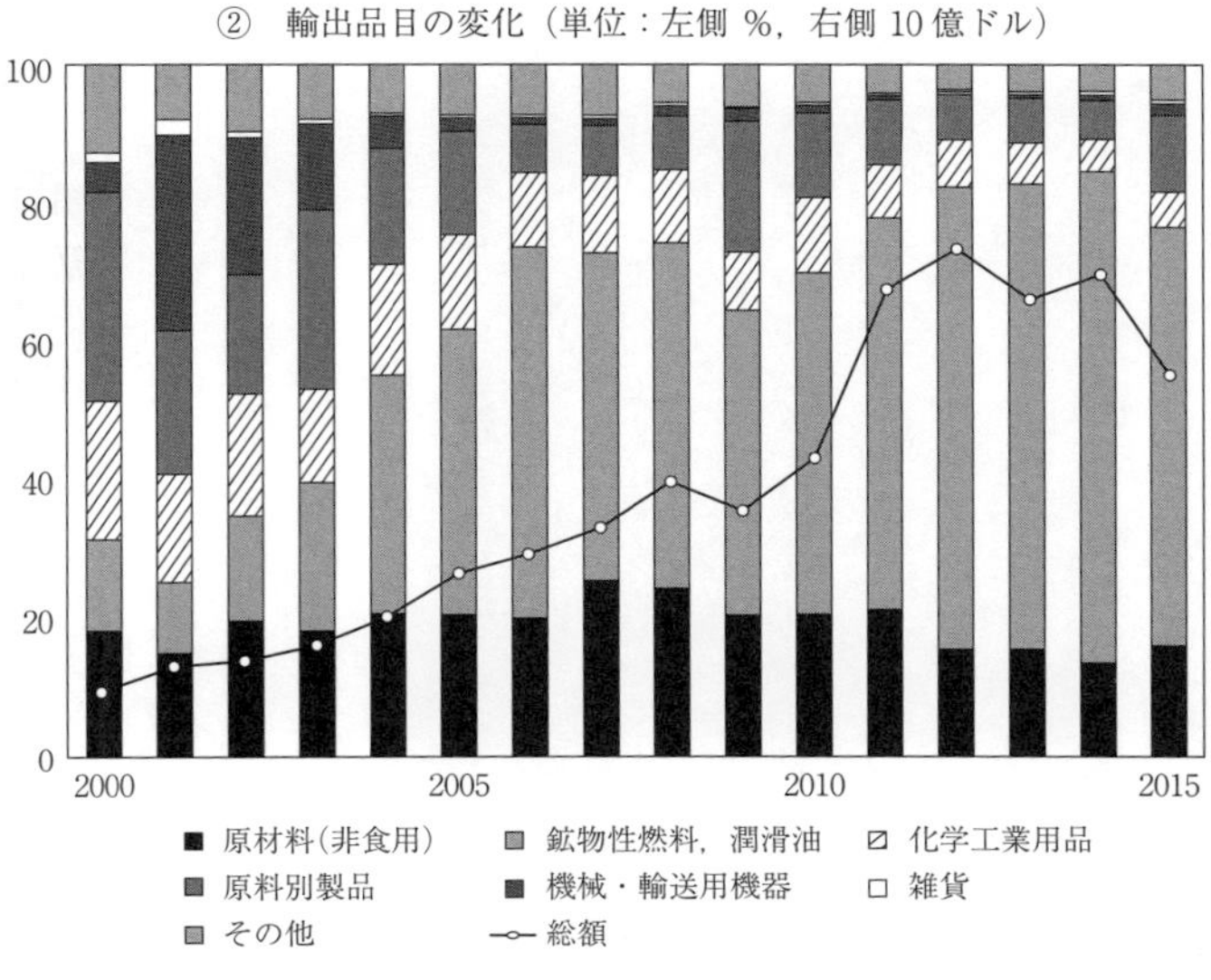

図 5－2　ロシアの対中国の貿易構造

（出所）UN Comtrade Database より作成。

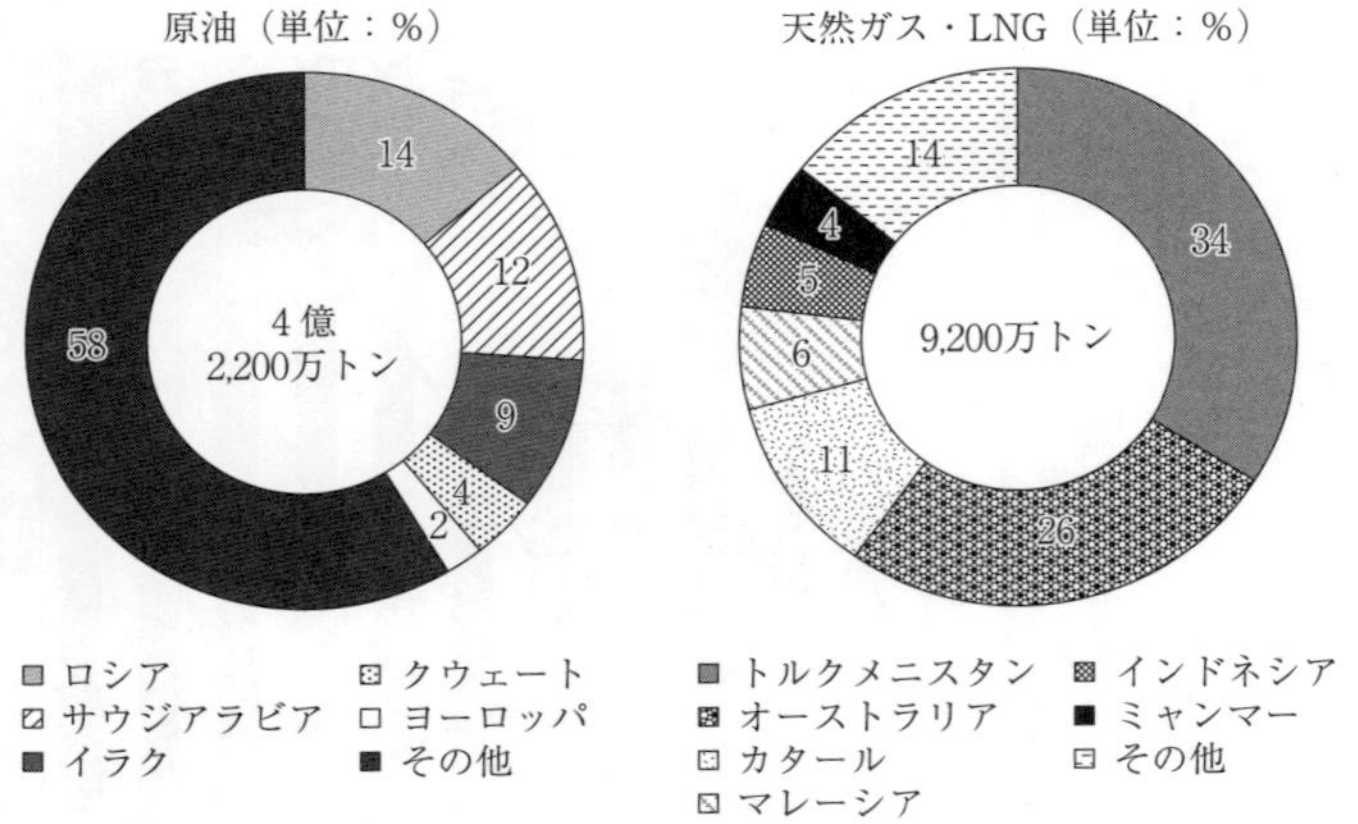

図5－3　中国への原油・ガス輸出国シェア（2017年）
（出所）BP Energy Outlook（2018）より作成。

エネルギーの相互依存

ロシアと中国は、ユーラシアのイスラムという地政学上の不安を分かちあう。だが、ロシアは経済力を欠き、中国は信用力を欠く。ここに、二つの大国がユーラシアで争わない重要な理由のひとつがあると私は思う。二つの大国はまた、ロシアの北に位置するアメリカの覇権への対抗（モスクワに視点をおいてグローバルにみると、北米大陸は北極海をはさんでロシアの真北の方角に位置している）というグローバルな競争空間においても立場をともにする。そして、自由でひらかれた欧米的な市民社会の価値観とはことなるユーラシアの対抗軸として結束していくだろう。

　他方、経済の相互依存も深まっている。図5－1にしめすとおり、中国はロシアにとり、いまではドイツを抜いて最大の貿易相手国になっている（二〇一七年にはロシアの輸出額の一〇・九%、輸入額の二一・二％を中国がしめた）。

また、エネルギー資源の相互依存もいっそう深まっていく趨勢にある。図5－2は、二〇〇〇年から二〇一五年へいたるロシアの中国に対する貿易構造の変遷をしめしている。ロシアの輸出が、二〇〇〇年代の半ばごろからエネルギー資源へ急速に傾斜していった様子がはっきりとみてとれよう。その結果、ロシアはいまではサウジアラビアをしのいで中国への最大の原油供給国になっている（図5－3）。しかも、これからは原油だけにとどまらない。二〇一九年には、シベリアから中国東北部へ天然ガスを輸送する長大なパイプライン「シベリアの力」が完工するだろう。ロシアによるクリミア併合からまもない二〇一四年五月、ロシアのガスプロムと中国のCNPCが二〇一八年から三〇年間にわたる空前絶後のスケールの天然ガス供給契約に署名したことはまえに記した。世界のエネルギー・ウォッチャーをおどろかせたこの契約がいよいよ実行へうつる。近い将来、ロシアは原油だけでなくガスにおいても、中央アジアのトルクメニスタンにかわって中国への最大の輸出国になるはずである。

かくしてユーラシアの北と東の二つの大国は、かたやエネルギー資源を中心に経済の相互依存をいっそうふかめながら、同時にまた中央ユーラシアの安定とアメリカへの対抗を共通軸にして、潜在的なライバル関係をこえて協調し、相互に補完しあっていくだろう。ロシアは中国と争わない。ロシアの基軸は中国との連携にあると私は考えている。

3　インドの発展を巻き込んで

ユーラシアにおけるロシアと中国の連携にくわえて、もうひとつ記しておきたいことがある。巨象インドの発展についてである。そこで最後に、南のインドの発展と隣国、中国との関係についてすこしのべて筆を置こうと思う。

巨象インドの発展

インドは将来、中国とならんで世界の経済大国になる可能性がたかい。いまのところ、経済の規模（ドル換算のGDP）では中国の五分の一をこえるほどにすぎないが、ここ数年の発展はめざましく、二〇一五年から二〇一七年へいたる最近三ヵ年の平均成長率は七・三％で、中国の六・八％をしのいでいる。また、購買力でみたひとりあたり所得は七八〇〇ドルで、中国の一万八〇〇〇ドルにはまだまだとおくおよばないが、人口ではすでに中国の一四億人にせまり、しかも経済活動をになう生産年齢人口（一五歳以上、六五歳未満の人口）は、ちかい将来、中国のそれをこえるだろう。

ユーラシア・ダイナミズムの見通しを得るためにはインドへ行かなければならない。二〇一九年二

デリーの街角

月、私はロシアへの出張につなげて、凍てつくモスクワから南のインドの首都デリーへ飛んだ。眼下に果てしのない白い雪原をみおろしながら、カスピ海の北東の上空を一路南下して、やがて深夜のデリー空港についた。とにかく、ものすごいエネルギーとスケールを感じさせる国なのである。そのうえ、経済はいよいよ上げ潮にのっている。夜が明けると、市内はどこへいっても人と車とミニ三輪タクシーであふれていた。私にとり、モスクワはいつもどこか野暮ったく落ち着かない街なのだが、そのモスクワがなんとよく整備され、先進的で心地のよい街であることかとあらためて感じさせられたほどである。

大英帝国の残影

　デリーのなかでオールドデリーとよばれる一角は、買い物客を乗せたミニ三輪車と、商品を運びいれる人力の荷車でごったがえしていた。そこはムガール帝国の古都だったところである。また、大英帝国もいっときそこに総督府をおいた。狭くて入りくんだ路地にミニ三輪車の警笛と香辛料のにおいがたちこめて、その両側にあでやかなサリーや絨毯、宝石や雑貨を売る老舗の商家がひしめくように建ちならぶ。頭上にはむきだしの電線がゆるくたれさがり、人とバイクとミニ三輪車があわただしく行きすぎる道端で、はだしの男が地べたに横になって眠っていた。

これに対し、大英帝国がその後、あらたな総督府として開発したのがニューデリーである。威風堂々たる大統領府を中心に、石造りの重厚な建築群が往時のイギリスの栄光をしのばせる。また、大通りは、いかにもインドを感じさせる菩提樹や沙羅双樹のおおきな緑におおわれて、近代的なビルやホテル、古くなった住宅があちこちに林立する。

他方、デリー近郊の街クルガオンは、多くの外資系企業がオフィスをかまえるモダンな産業パークだ。サイバーシティとよばれるその街に、いまではたくさんの若い人びとがデリーから車や地下鉄で通っている。そして、ここではやくも不動産が高騰し、オフィスや住宅の賃料は隣接するデリーよりも高いという。土地はあっても開発が追いつかないためだ。インドの人口は一三億をこえて、いまなお増えつづけている。EU全体にちかい広大な国土を擁しながら、人口密度はなんと狭い日本よりも大きいのである。もっとも、全体としては農村人口がおよそ八割を占め、その多くは所得のひくい貧しい人びとだ。だが、月給五〇〇〇円の農民までもがスマホをつかう国である。アマゾンや地元資本によるeコマースが急速にひろまり、安価な中国製品がそこでもシェアを伸ばしているという。

インドと中国

二〇一七年六月、そのインドと、西の隣国パキスタンが上海協力機構へ加盟したことはまえに記した。ふたつの国の同時加盟に、インドを推すロシアと、パキスタンを推す中国のあいだをバランスさせたい政治力学がはたらいたであろうことは想像にかたくない。とはいえ、インドとパキスタンの両国は、北部のカシミール地方の領有権をめぐってひさしく対立する

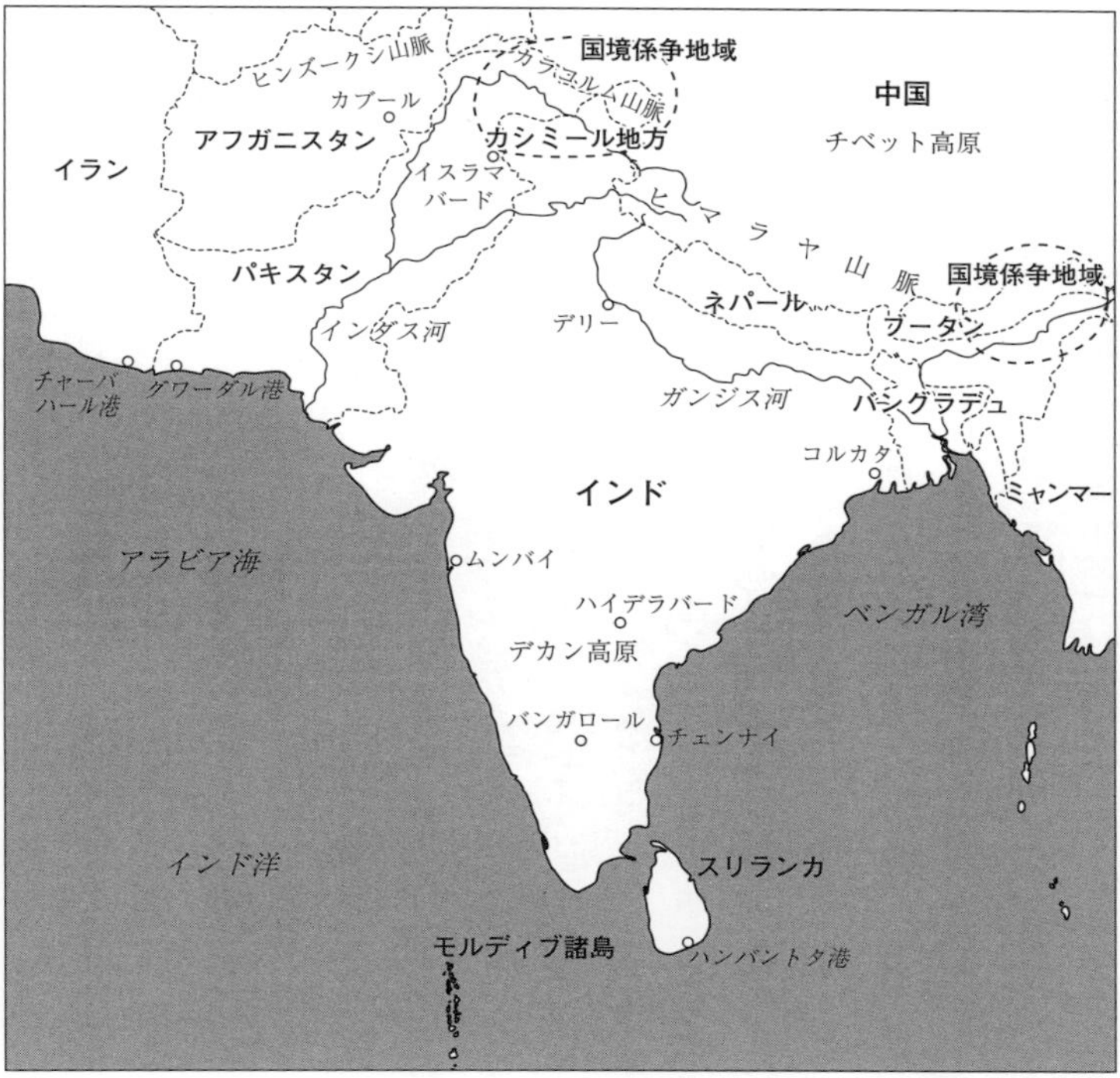

インドとその周辺図

因縁の仲である（私のデリー滞在中の二月にも、停戦ラインのインド側でおこった爆弾テロ事件をきっかけに両国間の緊張がたかまった）。たがいに反目するふたつの国の参画は、加盟国のあいだの利害のからみを複雑にするだけで、地域協力機構としてのまとまりをかえって損なうことになるだろうとクールに論じる向きもおおい。

インドはどうして上海協力機構に加盟したのだろう。そもそもインドと中国は、世界の屋根ともよばれるヒマラヤ山脈の西と東の高原でながく国境紛争をひきずってきた。その背景は、一九世紀なかばから二〇世紀はじめにかけてユーラシアの山岳地帯でくりひろげられたイギリスとロシアの壮大な覇権あらそい「グレート・ゲーム」と、東のチベット高原をめぐるイギリスと清朝末期の中国のせめぎあいまでさかのぼる。一九六〇年代におきた中印戦争では多くのインド兵が犠牲になったし、また最近でも二〇一七年末から翌年夏にかけて、インド北東部のガンジス河上流と中国のチベット自治区をへだてる高原で両国軍がきびしく対峙したことは記憶にあたらしい。

そのうえ、インドは中国が提唱する陸と海のシルクロードからなる一帯一路構想を支持していない。なぜなら、インドがパキスタンとのあいだで領有権をあらそうカシミール高原で、中国がそのパキスタンに協力して経済回廊を建設しようとしているからである。インドはその動きにつよく反発している。インドはまた、中国が南の海にうかぶスリランカやモルディブ諸島、パキスタン南西部のグワーダルなどで港の開発をすすめていることにも警戒心をかくさない。これらの港は、あたかも真珠の首飾りのようにつらなって、南洋に逆三角形状につきでたインド大陸を包囲する（ちなみに、インドの貿易量の九五％、貿易額の七〇％が海上輸送によっている）。

だがしかし、インドと中国のあいだには、これとはことなる別の一面があることにも注目する必要がある。ふたつの国は、対立するだけかというと実はそうではない。インドは、かの国際開発金融機関ＡＩＩＢ（アジアインフラ投資銀行）の創設メンバーのひとつでもある。しかも、中国につぐ第二位の出資国としてなのである（資本金一〇〇〇億ドルのうち、出資額は多い順に中国二九八億ドル、インド八四億ドル、ロシア六五億ドル。比率はそれぞれ二九・七％と八・三％、六・五％である）。

インドのプラグマティズム

AIIBが、一帯一路の厖大な資金需要をささえるために、中国が提唱して二〇一五年一二月に鳴りものいりで創設されたことはあらためて記すまでもなかろう。そして、これは意外なことなのだが、同行の公式ホームページによれば（二〇一九年一月時点）、開業以来これまで二年間の投融資の総額（累計の承認額）はおよそ七五億ドルにのぼるが、そのうちなんと二二億ドル、出資比率をはるかにこえるおよそ三〇％ちかくがインド向けのそれで占められているのである（案件数では三五件中九件）。これはいったいなにを物語るだろうか。

インドは、国内の道路や地下鉄、送電網や上下水道などを整備するために、中国の資金を必要としている。インドは一帯一路には反対するが、中国との経済協力には反対しない。否、むしろ未発達の社会インフラを近代化するために中国マネーにおおきな期待を寄せている。おそらく、この国がAIIBの創設メンバーとして巨額の出資金をつんだのも、同行の運営に関与して自国に有利にうごかしたい意図があったからにちがいない（同行にはインド財務省から副総裁がおくりこまれている）。そしてまた、この国が、中国とのあいだで国境紛争をひきずりながらも上海協力機構へ加盟したのも、このようなプラグマティックな立場とおおいに関連しているのではないかと思う。

ところで、もうひとつ興味ぶかい現実がある。図5－4をみてみよう。上段はインドの主要な相手国・地域別の輸出額の推移を、下段はおなじく輸入額のそれをしめしている。インドと中国のあいだの貿易額（輸出入の総額）は、リーマン・ショック後の二〇〇九年の三八九億ドルから二〇一七年には

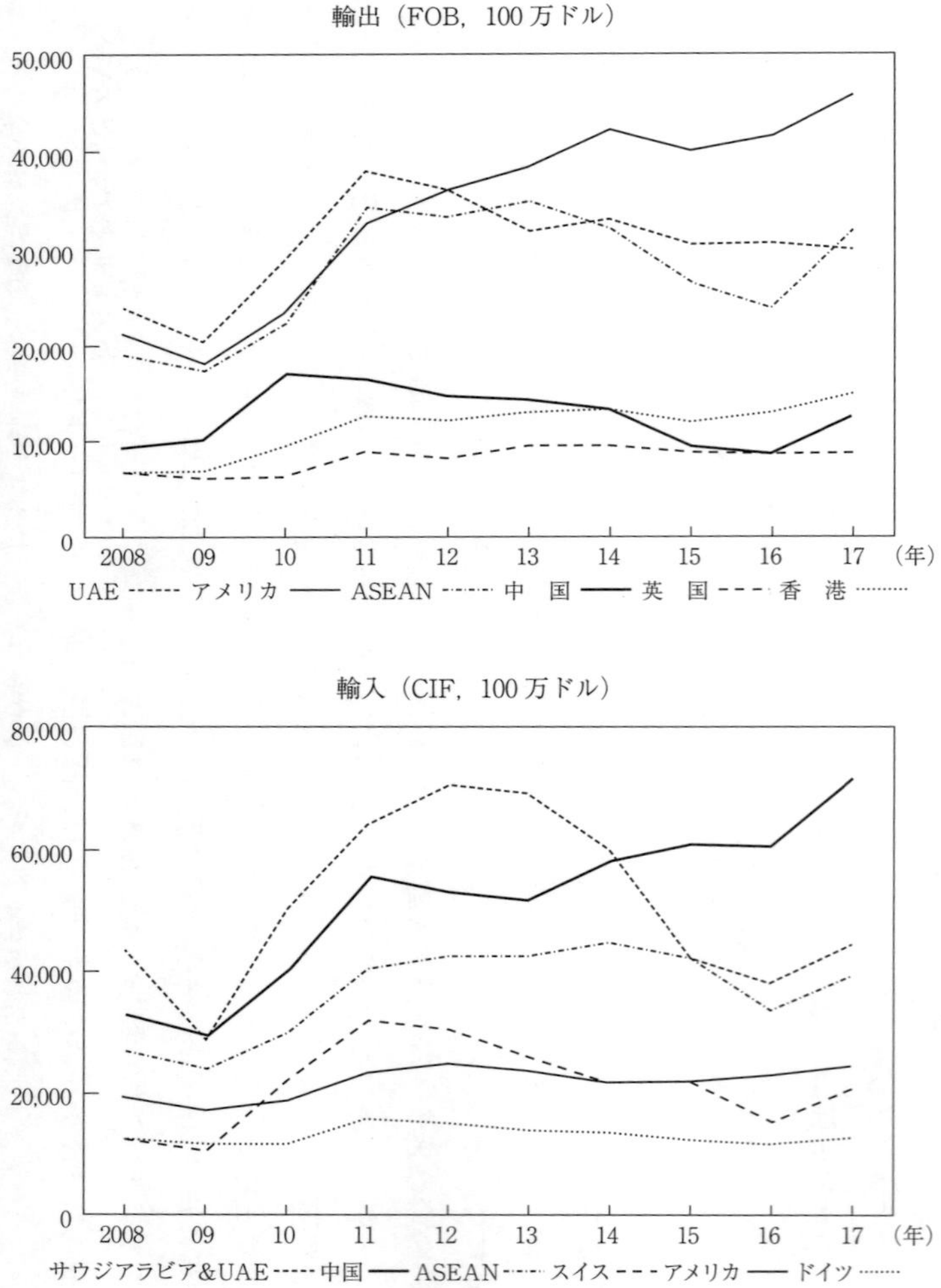

図 5 - 4　インドの貿易の主要な相手国・地域別の推移

（出所）UN Comtrade Database より作成。

八四七億ドルへと二倍以上にふえて、中国はいまではインドにとって最大の貿易相手国になっている。

だが、注目すべきは輸入である。下図には、貿易額の増加が輸入のそれによることが一目瞭然である（タテ軸のものさしが輸出と輸入でことなることに留意されたい）。おなじ期間、中国からの輸入は二八八億ドルから七二〇億ドルへ右肩あがりに二・五倍にふえている。しかも、品目ごとに中身の推移をおきくみると、輸入全体が携帯電話やパソコン、家電製品などの電気・通信機器類にけん引されるように伸びており、またそのほかの多くが肥料などの化学製品、機械設備や産業資材、日用雑貨・消費財などでしめられていることがわかる（図5－5）。この特徴は、これまで中国と、カザフスタンをはじめ中央アジアの国ぐにとの貿易でみてきたことを思い起こさせる。つまり、インドもまた、中国の巨大な生産力の受け皿と化している。両者のちがいは市場の桁ちがいのスケールだ。

そこで、つづいて図5－6を見ていただきたい。二〇〇〇年代にはいり、パソコンの輸入が右肩あがりにふえていることはなんら驚くほどではないのだが、おなじ後半にはいってスマホや携帯電話の輸入がはじまるや、それとは比較にならないいきおいで急激にふえている。二〇〇七年の一四億ドルから二〇一七年の一四七億ドルへと、一〇年間になんと一〇倍以上にふえたのである。大量の中国製品が、まるで洪水のように流入するようすが目に浮かぶではないか（二〇一八年の急減は前年の反動）。

特に、ここ数年、インドにおける中国製の格安スマホの普及はめざましい。インドは、なんと年間一億二〇〇〇万台をこえるスマートフォンの巨大市場なのである（二〇一八年の日本における総出荷台数は約三五〇〇万台）。中国ブランドがそこでしめるシェアはいまでは五〇％をこえている。そもそもイ

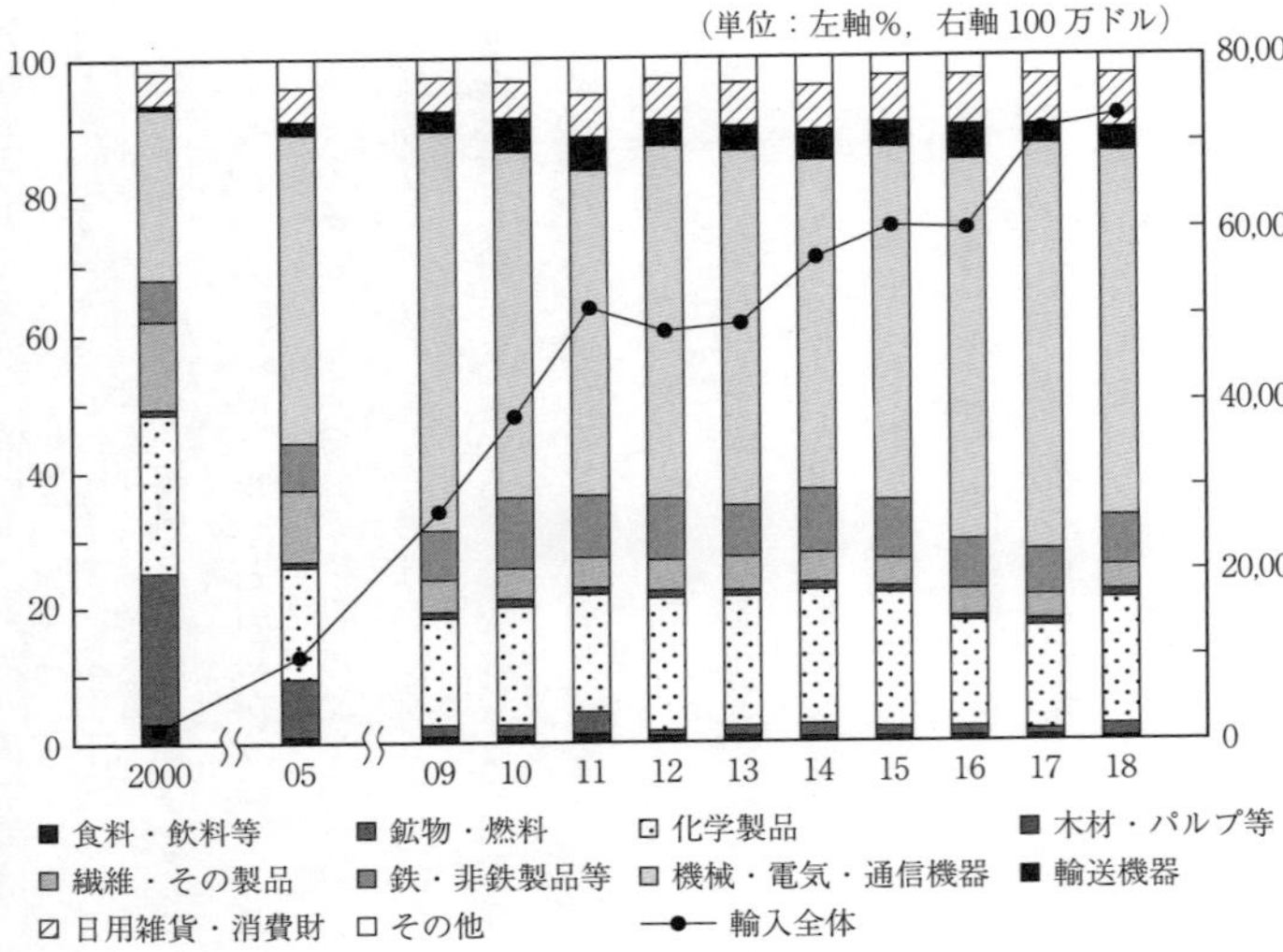

図 5－5　インドの中国からの輸入構造

（出所）UN Comtrade Database より作成。

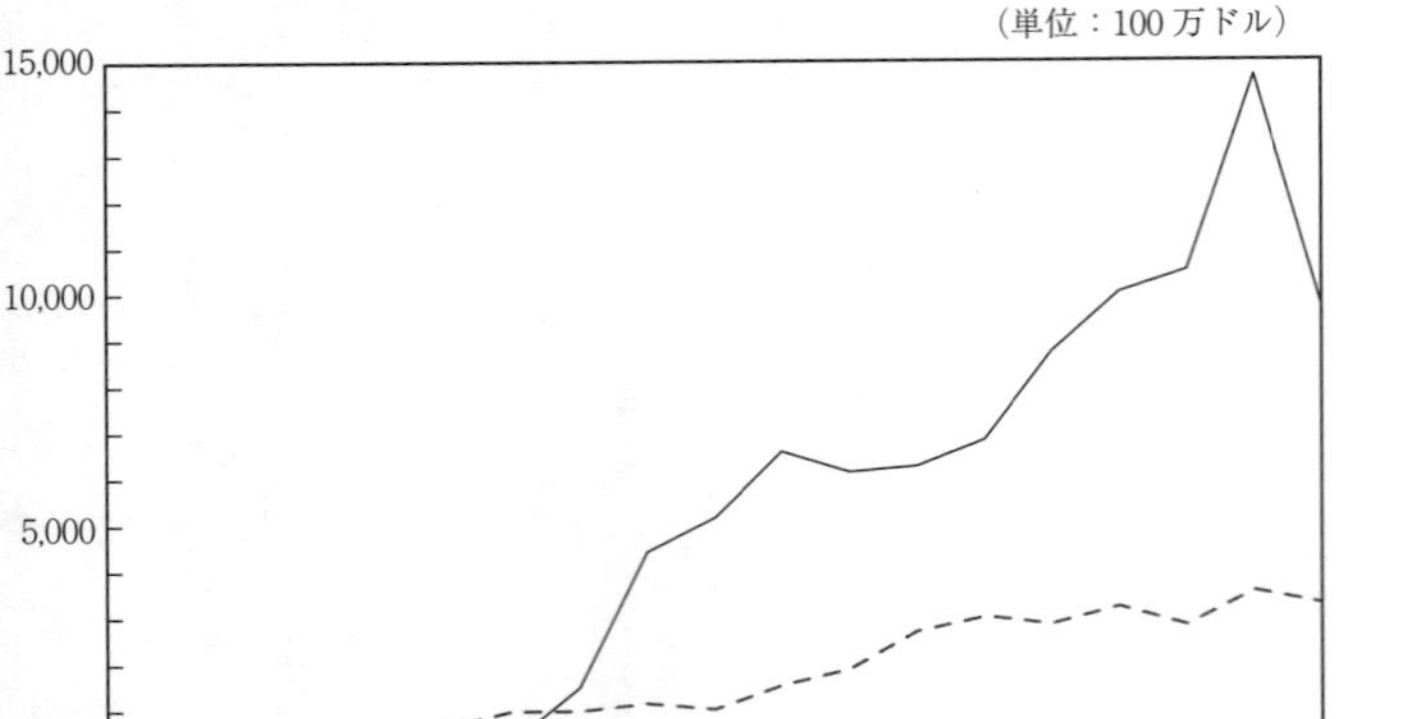

図 5－6　インドの中国からのスマホ，パソコン等の輸入額の推移

（出所）UN Comtrade Database より作成。

ンドでは、モバイル通信をささえる携帯電話の基地局のほとんどが中国企業によって設営されているという。そして二〇一六年八月、かのファーウェイ（華為技術）は南部の高原都市バンガロールに国外で最大規模のR＆Dセンターを開設した。中国経済のうねりは、いまや発展するインドの一三億人市場をも席巻しつつあるといえよう。

一帯一路の必然

中国は、経済の外延的な成長を維持していくために、厖大な生産能力の受け皿を必要としている。かたや、インドは広大な国土のインフラ整備を課題とするが、そのための資金力を欠いている。インドは資金を受けいれ、中国は市場を手にいれる。そして、両国はたがいにそれをよく承知していよう。そうだとすれば、これを互恵の間柄と呼ばずしてなんと呼ぼうか。インド外交の権謀術数はなかなかにしたたかであり、しなやかということでもある。

他方、上海協力機構は、もともとユーラシアの内陸で中国と国境を接する国ぐにが、国境地帯での紛争を回避し、緊張緩和と経済協力について協議するための対話のプラットフォームとしてはじまった。インドもパキスタンも、中国や中央アジアの国ぐにと陸伝いに国境を接してつながっている。たしかに相反目する両国の加盟は、加盟国のあいだの協調をむずかしくし、地域協力機構としての一枚岩のまとまりをさまたげる要因になるかもしれない。だが反面、そこには、この機構がユーラシアにおけるさまざまな協力を接合させるためのプラットフォームとして、加盟国のあいだの相互協力の可能性と、その地理的な地平をおおきくひろげることになったという重要な側面があることも見落としてはならないと思う。インドの加盟によって地域協力の領域がひろがったのである。次はイランが加盟するかもしれない。こうして、ユーラシアのダイナミズムは形成されていく。

私はモンゴル草原から本書の筆をおこした。草原の歴史は遊牧国家の興亡の歴史である。「史記」が記す匈奴にはじまって、アジアからヨーロッパへつづく広大な中央ユーラシアの平原を、幾多の遊牧民たちがのびやかに西へ移動してつぎつぎに国家を成し、興ってはまた消えていった。それらの国家は、どれもみな強い個人を中心に、権威主義にもとづく集権的な統治をおこなった。なぜか現代のロシアや中国もそうだし、中央アジアの国ぐにもまた例外ではないだろう。あるいは、ユーラシアの古層にきざまれた騎馬遊牧国家の母斑が、いまもなお静かに息づいているということかもしれない。そしてその点で、大英帝国の支配から独立した民主主義国インドは国家の理念をあきらかに異にする。

だが、いまや中国は、「一帯一路」の旗をかかげてユーラシアの領域をこえ、海を越えてグローバルな競争空間に漕ぎだした。一帯一路は陸と海のふたつのシルクロードからなる。中国は、国家が主導する資本主義の国である。南の巨象インドの発展を巻きこむことは、いわば必然といえよう。

4　陸と海と

「一帯一路」の地政学

「世界史は陸の国に対する海の国のたたかい、海の国に対する陸の国のたたかいの歴史である」。二〇世紀ドイツの政治学者カール・シュミット（一八八八～一九八五）は、晩年の著作『陸と海と――世界史的一考察』において、古代ギリシャ以来の人類のながい世界史上の展開を、陸のエレメントと海のエレメントの闘争の歴史として大胆にとらえなおし、「わが娘アマニに語る」というかたちで興味ぶかい物語として記している。「一六世紀の当時、地球上では同時にふたつの異なった種類の狩猟者が決定的な出発の途上にあった。両者はともに新しい無限の空間をひらき、そこから大きな世界が生まれてきたのである」と、シュミットはつづける。陸にロシアの毛皮獣の狩猟者たちと、海に北、西ヨーロッパの捕鯨者たちである（カール・シュミット著、生松敬三・前野光弘訳、慈学社、二〇〇六年）。

最後に、これまで記してきたユーラシア・ダイナミズムの現在を、世界史の展開というよりおおきな視点でとらえなおして締めくくることにしよう。

一六世紀の北半球、ユーラシア大陸の北の平原では、ロシアの狩猟民たちが陸路、毛皮を追いながらウラルの山々と丘をこえて東のシベリアを征服した。そして、荒涼たる凍土のはての地平線をめざし、ついに太平洋岸まで到達した。かたやおなじ時代、西のヨーロッパでは、天文学や測量術、コンパスの発明や海図の作成、航海技術の進歩、さらに帆船の大型化などをテコにして大航海時代が幕をあける。そして、オランダやポルトガル、スペインなどの水夫たちがつぎつぎと大西洋をわたってはるかな新世界の水平線をめざして漕ぎだした。

他方、この海の時代の到来は、かのモンゴル帝国と、その後中央ユーラシアの草原に割拠したイスラム遊牧国家の衰退をもたらした。文明の光は海をてらし、陸から遠ざかったのである。世界史は陸から海の時代へと転じ、やがて西ヨーロッパの列強と、それらに統治されるアジアやアフリカ、南アメリカ大陸の植民地が海路でむすばれる重商主義と帝国主義の時代をむかえることになる。

近代の資本主義が、海上貿易の発達とともに発展したことはいうまでもない。そこでは、大洋を支配する者が世界を支配する。海を制する者が世界の貿易を制するのである。ユーラシア史研究で異彩を放った岡田英弘（一九三一～二〇一七）は、「モンゴル帝国の弱点は、それが大陸帝国であることにあった」と記している（岡田英弘著『世界史の誕生』筑摩書房、一九九二年）。草原の街道をいく陸上輸送のコストは、海をいく海上輸送のそれにくらべてはるかにたかく、その差は距離がとおいほどおおきくなる。これに対し、海洋国家はいくつかの要衝となる港とそれらをむすぶ海路の安全（シーレーン）をおさえるだけで、大量の物資を一度にひくいコストで輸送して、貿易によって巨万の富をかせぐことができた。海の時代における大陸国家の衰退は必然だったといえよう。しかも、この海の時代は、モンゴルの支配がおよばなかった北、西ヨーロッパの捕鯨者たちの国ぐにによってひらかれたのだった。こうして世界史の主役は、モンゴル帝国に代表される大陸国家から、大英帝国に代表される海洋国家の時代へとうつりかわっていく。そしてイギリスは、ポルトガル、スペイン、オランダ、フランス、ドイツなどに代わって世界の海とその連絡路を支配したのだった。

時をへて二〇世紀の最後の一〇年、アメリカの資本主義はソ連の社会主義に勝利した。アメリカの世界制覇の力の源泉は、圧倒的に強力な海軍力にあった。アメリカは国土がひろく、国柄としては大陸的とも考えられる（自動車も大型のジープやトラックタイプのものがよく売れる）。だが、もともとは一七世紀前半に信教の自由をもとめてイギリスから大西洋をわたったピューリタン（清教徒）たちがつくった国である。彼らは、西ヨーロッパの海洋国家の遺伝子をひきついで工業化をすすめ、ほどなくアメリカは、大量生産方式に象徴される二〇世紀の資本主義をリードしてかがやいた。そして、イギリスに代わって第二次世界大戦後の国際秩序を主導し、またその後は東西冷戦の覇者としてポスト冷戦の世界をグローバルに領導した。

これに対し、二一世紀の最初の二〇年がすぎようとするいま、中国は共産党が主導する国家資本主義にもとづいて、経済と技術の両面でアメリカをしのぐほどの力をつけるようになった。また、中国遠洋運輸集団（COSCO）を筆頭に海運力もそなわった。そして、冷戦終焉後のユーラシアに生じた地政学的な大転換にいちはやく対応して西の内陸の開発にのりだすとともに、南の海路の確保にのりだした。陸と海の関係における、「一帯一路」の地政学的な意味あいもそこにある。

中国史は、この国がユーラシアの東の一帯で、遊牧の北と農耕・定住の南の相克と融合として分裂と統一をくりかえして発展したことを伝えている。つまり、中国はながく陸の国として生きてきた。そして、陸のアジアは海の時代をヨーロッパにゆずり、清は鎖国政策をとって海との交渉そのものを閉ざしたのだった。だが二一世紀のいま、その中国は国力をととのえて強大化し、勇躍して世界の海へ漕ぎだした。そして、かたや広大なユーラシアの中央で、かたやアジアとインドの大洋で、陸と海のふたつのシルクロードからなるグローバルな経済回廊の構築をすすめている。これらの回廊は、中国本土を扇のかなめとして世界とをむすぶ。中国は、国内にさまざまな矛盾をかかえながらも経済の巨大なうねりにのって、その外縁をユーラシアの内陸とアジアの海の彼方までひろげようとしている。

他方、大陸の北と南のロシアやインドにとり、中国はいまでは最大の貿易相手国になっている。そのうえ、ロシアは石油とガスのエネルギー資源で中国と相互依存を深めつつある。また、インドは中国マネーを導入して未発達の社会インフラを整備し、中国との互恵の関係を深めている。そして、いまや一三億人の巨大な市場は安価な中国製品に席巻されつつある。ユーラシアにおいて、中国とロシア、インドの三大国が、中国経済を回転軸にして相互の連関を深めつつあるといえよう。

海の日本とインドの未来

ところで、インドでは、一二世紀末ごろからデリーを首都とするトルコ系のイスラム王朝がながくつづいた。そして一六世紀前半、中央アジアのティムールの後裔が、アフガニスタンから陸伝いに北インドへはいっておこしたのがムガール帝国である。ムガールがモンゴルをさすことはまえに記した。ティムールはモンゴル貴族の子孫である。一九世紀半ばのムガール帝国の滅亡（一八五八年）とそれにつづくイギリスによるインド統治は、北からおよんだ陸伝いの潮流が、海からのそれにとってかわられたことを意味している。それが、陸と海の関係における、世界史上のおおきな旋回を象徴するできごとになったことはいうまでもない。そして、イギリスはこの地に英語と民主主義をのこしたのだった。

インドが将来、どのような発展をとげるのか。私は、ここにユーラシア・ダイナミズムの行方にかかわる重要な側面があると思っている。「中国は共産党がリードして急速に発展することができた。しかし、インドはそうはいかない。わが国では合意の形成にながい時間がかかる。私たちは象がダンスをおどるようにゆっくりと進んでいます」。インド外務省の石造りの建物内の一角で、現代中国研究センターの所長はユーモラスにこう述べた。

インドは多様性の国である。多くの異なる文化をもった人びとが、南の海につきでたひとつの地理的なうつわに押しこまれたように共存する。この国には、なんと憲法で規定された二〇以上もの言語がある。また宗教も、ヒンズー教を多数派としてイスラム教、キリスト教、シク教、仏教、ジャイナ教などさまざまだ。

アメリカの中国史家O・ラティモアが、中国の新疆をイギリス統治下のインドになぞらえたとおなじころ、W・チャーチルは一九三一年にロンドンの憲法クラブでおこなった演説で、「インドは地理的な用語である。それは赤道以上に統一された国家ではない」と、インドという概念をあざわらったという（『エコノミスト』二〇一七年二月九日号）。現代インドがそれからおおきくかわったことはいうまでもないが、それでもこの国が多様性の国であることにかわりはない。政治では、議会に三五もの政党がひしめくが、そのうち全国政党といえるのはふたつだけで、大半はひとつかふたつの州でしか影響力をもたない地域政党だ。そして、いくつかの州では、州議会の選挙の方が国政のそれよりも投票率がたかいという。また、経済では、地域ごとの所得の格差（東のビハール州のひとりあたり所得は、西のハリヤーナー州のそれの五分の一にすぎない）にくわえて、州によって税の種類がことなるため、国内の物のながれが地方税の寄せ集めでゆがめられ、経済政策のまとまりを欠くことになってもいる。多様性は、裏をかえせば「混然一体」と紙一重、ということなのかもしれない。要するに、インドはEUほどに分割されてはいないが、アメリカほどに結合されてもいない。そして、『エコノミスト』誌は問いかける。「はたしてインドは国家なのか、大陸なのか」と。

だが、この巨象にはおおきな可能性もある。インドの子供はなんと二、三歳で算数を学びはじめるという。数学は、古代インドのサンスクリットの昔から、社会と生活の一部として定着してきた。そして、多くの学生が医者やエンジニアをめざすのである。この国ではいま、四〇〇万人以上の有能なプログラム・エンジニアが月給六〇〇ドル以下ではたらいているという。彼らは、当初はデータのインプットからはじまって、初歩的なプログラミングから高度なそれへ、いまではビッグデータの解析や人工知能の開発エンジニアになっている。インドという国が、このまま安価なIT人材の供給源として貧しく巨大な消費財市場でありつづけるのか。あるいは将来、シリコンバレーや深圳をつなぐインターネット空間のサイバーシティ（仮想都市）を主導するあたらしい力となって変貌をとげるのか。

私は、インドが将来、自由でひらかれたアジアの民主主義大国としてかがやくことを期待したいと思う。幸いにも、日本は四方を海にかこまれた島国である。インドとのあいだに国境をもたない。したがって、この国に対し、国境地域の利害によって左右されない第三国として外交上のフリーハンドを有している。しかも、日本には貿易立国としての経験と産業育成や開発援助のノウハウもある。日本は、将来にわたって政治と経済の両面でインドとの交流をいっそう深め、この国の未来を力づよく援助していく必要があると思っている。世界はおおきくうごいている。これからの日本は、中国との互恵の関係をあたためつつ、ユーラシアの国ぐにとながい目で積極的に交流していく必要があるだろう。それが、ユーラシア・ダイナミズムがきりひらく大きな可能性と向きあうために、海の日本がすすむべき道なのだと私は思う。

モンゴル草原からはじめたユーラシア論の最後を、ムガール帝国と大英帝国から生まれたインドで締めくくることになった。モンゴルの草原は胎動するユーラシアの地平を見晴るかす。草原に風がそよぎ、世界はゆっくりと回転する。まるであの日、イシク・クルの湖畔であおぎみた満天の星のように。ユーラシアの重心は、北のロシアから東の中国へ移動しつつある。そして大陸は、中国を回転軸として、インドの発展を巻き込みながらおおきく旋回しようとしている。ユーラシアにおける中国とロシア、そこにもうひとつインドという軸が加わったこと。ユーラシア・ダイナミズムの核心は、まさにこの一点にあるといってよい。そこで記しておこう。中国とインドを知らずして世界の将来を語ること能わず、と。

ところで、これら三つの国を象徴する龍（中国）、熊（ロシア）、象（インド）は、どれも陸棲動物の代表的なひとつである。すると、そもそもインドは海洋国家なのか、という素朴な疑問がわいてくる。あるいは、だからこそ鯨は象の牙をぬいた、そして大陸の南のつきだしに英語と民主主義をのこした、ということだったかもしれないのだが（イギリスは一九世紀末に香港でもおなじことをした）。C・シュミットは記している。「陸と海との根本的な対立は古来言われてきたことなのだが、一九世紀の終わりごろになってもなお、当時ロシアとイギリスのあいだにあった緊張状態を熊と鯨のたたかいとして描くことが人気を呼んでいた。鯨はここでは巨大な神話上の魚、海獣リヴァイアサンである」。陸と海と、海と陸と。いうまでもなく、日本は大洋の島である。大陸の地形につながる列島である。日本は、陸と海との古典的ともいえる対立の構図をこえて、アジアと太平洋のひらかれた環であらねばならないと思っている。

主要参考文献

ロシアおよびロシア史に関して

石郷岡建著『ヴラジーミル・プーチン』東洋書店、二〇一三年。

G・ヴェルナツキー著、坂本是忠・香山陽平訳『ロシア史』東和社、一九五三年。

H・カレール・ダンコース著、谷口侑訳『甦るニコライ二世』藤原書店、二〇〇一年。

M・ゴールドマン著、鈴木博信訳『石油国家ロシア』日本経済新聞出版社、二〇一〇年。

D・トレーニン著、河東哲夫・湯浅剛・小泉悠訳『ロシア新戦略』作品社、二〇一二年。

藤村信著『ユーラシア諸民族群島』岩波書店、一九九三年。

D・ヤーギン著、日高義樹・持田直武訳『石油の世紀』日本放送出版協会、一九九一年。

D・リーベン著、袴田茂樹監修、松井秀和訳『帝国の興亡』（上下）日本経済新聞社、二〇〇二年。
Y. Gaidar, *Collapse of an Empire: Lessons for Modern Russia*, Brookings Institution Press, 2007.
D. Yergin, *The Prize*, Simon & Schuster UK Ltd, 1993.

中国および中国史に関して

井上靖『異域の人、幽鬼――井上靖歴史小説集』講談社文芸文庫、二〇〇四年。

王義桅著、川村明美訳『「一帯一路」詳説』日本僑報社、二〇一七年。
大木康訳『現代語訳史記』ちくま新書、二〇一一年。
近藤大介著『対中戦略』講談社、二〇一三年。
司馬遷著、小川環樹・今鷹真訳『史記列伝』岩波文庫、一九七六年。
宮崎市定著『中国史』（上下）岩波文庫、二〇一五年。
毛利和子著『中国とソ連』岩波新書、一九八九年。
森安孝夫著『シルクロードと唐帝国』講談社学術文庫、二〇一六年。
楊海英著『逆転の大中国史』文藝春秋、二〇一六年。
O・ラティモア著、中国研究所訳『アジアの焦点』弘文堂、一九五一年。

ユーラシアおよび中央アジア史に関して

井上靖著『シルクロード紀行』（上下）岩波同時代ライブラリー、一九九三年。
宇山智彦編著『中央アジアを知るための60章』（第二版）明石書店、二〇一〇年。
岡田英弘著『世界史の誕生』筑摩書房、一九九二年。
K・カルダー著、杉田弘毅監訳『新大陸主義』潮出版、二〇一三年。
杉山正明著『モンゴル帝国と長いその後』講談社学術文庫、二〇一六年。
堀江則雄著『ユーラシア胎動』岩波新書、二〇一〇年。
P・ホップカーク著、京谷公雄訳『ザ・グレート・ゲーム』中央公論社、一九九二年。
宮崎市定著『アジア史概説』中公文庫、一九八七年。
宮崎市定著、礪波護編『東西交渉史論』中公文庫、一九九八年。

山内昌之著『ラディカル・ヒストリー』中公新書、一九九一年。
Martha B. Olcott, *The Kazakhs*, Hoover Institution Press Pablication, 1995.

外交および地政学、その他

笠井亮平著『モディが変えるインド』白水社、二〇一七年。

I・サン・メザール著、太田佐絵子訳『地図で見るインドハンドブック』原書房、二〇一八年。

C・シュミット著、生松敬三・前野光弘訳『陸と海と――世界史的一考察』慈学社、二〇〇六年。

曽村保信著『地政学入門――外交戦略の政治学』中公新書、一九八四年。

谷川稔著『国民国家とナショナリズム』山川出版社、一九九九年。

Z・ブレジンスキー著、山岡洋一訳『世界はこう動く――21世紀の地政戦略ゲーム』日本経済新聞社、一九九七年。
G. Friedman, *The Next 100 years*, Anchor Books of Random House Publications, 2009.

世界地図など

『社会人のための世界史』東京法令出版、二〇〇七年。

『詳解現代地図』二宮書店、二〇一一年。

『地図で訪ねる歴史の舞台――世界』（第7版）帝国書院、二〇一六年。

Atlas Mira, Periodicheskoe Pechatnoe Izdanie, 2017.

あとがき

本書は、株式会社国際経済研究所での私のふたつの研究報告「モンゴル草原から見たユーラシア――中央アジア、モンゴル出張で考えたこと」（二〇一六年一月）と、「中国とロシア、そして胎動する大陸――シルクロード経済ベルト構想を考える」（二〇一八年四月）をベースにして書き下したものである。

二〇一六年の春だったと記憶している。元月刊『中央公論』編集長で、そのころ京都の大学で教鞭をとっておられた宮一穂氏にそのひとつをお見せしたところ、連載物を書いてみてはどうかとミネルヴァ通信『「究《きわめる》」』をご紹介いただいたことがきっかけとなった。はしがきにも記したように、連載は二〇一七年四月号にはじまって二〇一九年六月号で完結したが、その後全編を一冊の本として改稿し、このたびの上梓となった次第である。「ユーラシア・ダイナミズム」のタイトルは、連載をはじめるにあたり、ミネルヴァ書房の堀川健太郎氏からご提案いただいた。

連載の執筆は山登りに似ていると思う（もっとも、私自身が登山を趣味としているわけではないのだが）。雲にかすむはるか遠くの頂きを仰ぎみながら登りはじめ、大小いくつかの峠をこえ、なだらかな尾根をゆったりとすすみ、またときに険しい坂を登ってひたすら頂きをめざし、最後に高台からの見晴らしをおおきく俯瞰しながらようやくゴールまでたどりついた思いである。研究者として未熟な私に執筆の機会を与えてくださり、二年半にわたって辛抱づよく伴走いただいた両氏に心から謝意を表したい。

また、国際経済研究所の皆さんには、私の登山をあたたかく見守り、またときに叱咤激励いただいた。たびたびの現地調査に行かせていただいたことも大いにありがたかった。記して感謝申し上げたい。ちなみに、この国際経済研究所はトヨタ自動車の子会社で、故豊田英二最高顧問が工販合併の一九八三年にトヨタの国際化のための研究・交流活動の受け皿として設立した組織である。いまは、創業者のご長男である豊田章一郎名誉会長が、たゆみない活動を叱咤激励すべく自らご尽力されている。小さな所帯ながらも、グループのためのいわばインハウスのシンクタンクとしてさまざまな調査研究をおこなってきた。結果的に本書は、国際経済研究所における私自身の研究成果の一端を世に問うかたちになった。

他方、もうひとつ記しておきたいのは、これまでお世話になった内外の数多くの方々のことである。私は人との出会いに恵まれてきたとつくづく思っている。長銀総研から在ウクライナ日本大使館、トヨタ自動車勤務の時代まで、おおぜいの人たちに助けられてきた。特に、トヨタでは実に多くの貴重な経験をつんだ。これもひとえに献身的で気のおけない部下たちと、素晴らしい上司や先輩たちのおかげである。また、私の調査研究はフィールド・ワークを旨としている。本書をまとめるにあたっても、日本国内はいうにおよばず、ロシア、ウクライナ、中央アジア、モンゴル、中国、インドなど、行く先々でさまざまな分野で活躍されるたくさんの人たちのお世話になりご協力いただいた。言うなれば、私はそういう方々に育てていただいたようなものである。ここにひとりひとりのお名前を記す紙幅はないが、心よりお礼申し上げたいと思う。

もっとも、人は自らの身の丈以上には、目のまえの現実を理解し、変化とその意味を感じとり、おおきな構造変化に思いを致すことなどできないだろう。私の理解に誤りや浅さがあるとすれば、それはひとえに私自身の身の丈が及ばなかったが故である。ご容赦いただきたいと思うとともに、エコノミストは社会というおおきな器に育てていただくものだとも思っている。読者諸氏の忌憚のないご意見、ご批判を賜れれば幸いである。

最後に、この場をかりて、二〇一六年春に他界された故竹内宏氏（享年八五歳）のことにふれたい。早くも二五年もまえになる。当時、私は旧長銀の子会社の長銀総合研究所で中央アジアを調査したいと考えていた。シルクロードの古跡を訪ねたいという魂胆からだった。だが、すでにバブルがはじけて長銀の経営はかたむきはじめており、しかも邦銀ビジネスとはいかにも縁遠いアジアの辺境の調査に大義名分はみつからなかった。そこで、竹内さんをかつぎだして戦後日本の長期設備資金の供給システムについて講演にいくという知的支援プログラムを仕立てあげ、それを外務省にもちこんでスポンサーになってもらい、念願の中央アジア出張を実現させたのだった。

調査団のメンバーは、竹内さんを団長に、直属の上司だった上田信行国際調査部長（故人）と私、それにロシア科学アカデミー東洋学研究所で副所長をされていたK・サルキソフ博士を案内役とする四名。フランクフルトからルフトハンザ機で一路ウズベキスタンのタシケントへはいり、つぎにカザフスタンのアルマトゥイへ移動する。そして、そこから陸路ランドクルーザーで隣国キルギスをまわってふたたびアルマトゥイへもどると、今度は新疆航空で中国新疆ウイグル自治区のウルムチへ飛んで、最後に帰路、敦煌をまわって北京経由で帰国するという全体でおよそ二週間の旅になるはずだった。

ところが、私たちは中央アジアへ足を踏みいれたその日に旅の出鼻をくじかれた。フランクフルトから予定どおりウズベキスタンの首都タシケントへはいった。着いたその夜、孫崎享大使（当時）のご厚意により大使公邸での夕食会に招かれた。食事がひととおり終わりかけたころ、竹内さんの咳が忽然としてとまらなくなったのだ。内陸のステップ気候で空気が乾いていたためだったのだろう。当時、竹内さんはすでに肺気腫を患っていた。翌日には財務省の付属研究所で講演の予定があったため、大事をとってはやめに公邸を辞すことにした。

宿泊先のオクチャブリスカヤ・ホテル（「一〇月革命ホテル」の意。ソ連時代に共産党がゲスト用に使っていた宿泊施設）へもどって横になりかけたとき、枕もとの携帯電話がなった。「すぐに来てくれませんか」。発作がおきたのだった。いそいでかけつけると、竹内さんはベッドに横たわってぜいぜいと肩ではげしく息をしていた。その顔は死への恐怖にみちていた。そして、「すぐに日本へ帰る」と苦しそうにいわれる。これはえらいことになった。一刻もはやくヨーロッパへ出さねばならない。ただちに孫崎大使に連絡して翌朝のフライトがあるかどうか訊いてみると、あいにくルフトハンザ便はないがウズベキスタン航空のロンドン行きならあるという。ウズベキスタン航空ときいていささか不安はあったが、とにかくそれに乗せていただけるように特別のはからいをお願いして電話をきると、今度は東京の秘書（二〇一〇年の上海万博で日本産業館の館長をされた秋岡栄子女史である）に電話して、長銀のロンドン支店からヒースロー空港に担架と車いすを用意して出迎えにきてもらえるように依頼した。

翌朝、私たちはホテルの玄関さきで、萎れた花のようになった竹内さんを見送った。竹内さんは、財布とパスポートだけを背広の内ポケットに入れて、大使館がさしむけてくれた車に手ぶらで乗りこんだ。後ろ姿には無念の思いが滲んでいた。そして、あとは現地の日本大使館と長銀のロンドン支店に任せ、残ったメンバーで予定どおり講演旅行をつづけることにしたのだった（念願だった敦煌の視察はキャンセルした）。第一章で記した「天山の風」の、ほんの数日前に起きたサイドストーリーである。

幸いにも、竹内さんは無事ヨーロッパへ脱出し、二週間ほどロンドンの病院で静養したのち日本へ生還して事なきをえた。そして、その後は健康をとりもどされ、肺を患いながらも、それから二〇年間以上もエコノミストとして活躍された。亡くなる二日まえまで意欲的に原稿用紙に向かわれていたという。

一〇月革命ホテルの部屋には、ネイビーのおおきなトランクひとつが残された。銀色のテープで「竹内宏」とおおきく貼られていたことを覚えている。竹内さんといっしょに世界中をまわり、路地裏のエコノミストの旅の思い出がしみついていた。カバンはしばらく大使館で預かってくれていたようだが、その後は東京から中央アジアのタシケントまでわざわざそれを引き取りにいく機会もなかっためめ（その頃には長銀もそれどころではなくなっていた）、ご本人の意向を確認したうえで大使館員にお願いして処分していただいたと記憶している。カバンの底に、着替えや洗面用具にまぎれて井上靖の文庫本『シルクロード紀行』（上下）があった。出張の事前準備として、シルクロードに関連した本を皆で競うように読みあさった覚えがある。竹内さんのまわりにはそういう文化があった。いまとなっては懐かしい記憶である。

未完におわった遺稿のタイトルは「民族と宗教の経済学——大国の研究」だった。表紙をめくると次のようにある。「この報告書は、軍事的・思想的覇権国が、世界経済にいかなる『混乱と平和』『不幸と幸福』をもたらしたかを世界的観点から考察して、日本の将来のあり方を展望しようとするものである」。そして、つづく「はじめに」でこう記される。「キリスト教、儒教、イスラム教を中心として、東方正教やヒンズー教の世界にもふれ、日本経済の将来を展望するという困難な問題に、私の人生最後の挑戦を試みた」。嗚呼、何たるおおきな高みをめざしておられたことかと驚嘆を禁じ得ない。ご冥福を心からお祈りしたいと思う。

二〇一八年四月

西谷公明

叢書・知を究める

①脳科学からみる子どもの心の育ち　乾　敏郎 著
②戦争という見世物　木下直之 著
③福祉工学への招待　伊福部　達 著
④日韓歴史認識問題とは何か　木村　幹 著
⑤堀河天皇吟抄　朧谷　寿 著
⑥人間《ひと》とは何ぞ　沓掛良彦 著
⑦18歳からの社会保障読本　小塩隆士 著
⑧自由の条件　猪木武徳 著
⑨犯罪はなぜくり返されるのか　藤本哲也 著
⑩「自白」はつくられる　浜田寿美男 著
⑪ウメサオタダオが語る、梅棹忠夫　小長谷有紀 著
⑫新築がお好きですか？　砂原庸介 著
⑬科学哲学の源流をたどる　伊勢田哲治 著
⑭時間の経済学　小林慶一郎 著
⑮ホモ・サピエンスの15万年　古澤拓郎 著
⑯日本人にとってエルサレムとは何か　臼杵　陽 著

《著者紹介》

西谷公明（にしたに・ともあき）

1953年 生まれ。
1984年 早稲田大学大学院経済学研究科国際経済論専攻博士前期課程修了。
1987年 株式会社長銀総合研究所入社。ウクライナ日本大使館専門調査員をへて，
1999年 トヨタ自動車株式会社入社。ロシアトヨタ社長，BR ロシア室長，海外渉外部主査などを歴任。
2012年 株式会社国際経済研究所取締役理事。同シニア・フェローをへて，2018年独立。
現 在 エコノミスト，合同会社 N&R アソシエイツ代表。株式会社国際経済研究所非常勤フェロー。
主 著『通貨誕生——ウクライナ独立を賭けた闘い』都市出版，1994年。

叢書・知を究める⑰
ユーラシア・ダイナミズム
——大陸の胎動を読み解く地政学——

2019年10月30日 初版第1刷発行 〈検印省略〉

定価はカバーに
表示しています

著 者 西 谷 公 明
発行者 杉 田 啓 三
印刷者 田 中 雅 博

発行所 株式会社 ミネルヴァ書房
607－8494 京都市山科区日ノ岡堤谷町1
電話代表（075）581－5191
振替口座 01020－0－8076

創栄図書印刷・新生製本

ISBN978-4-623-08744-0
Printed in Japan

索　引

（*は人名）

あ　行

か　行

さ　行

た　行

な　行

は　行

ま　行

や　行

ら　行

欧　文